새로 쓰는 **우리말 꾸러미** 사전

새로 쓰는
우리말 꾸러미 사전

제1판 제1쇄 발행일 2019년 10월 9일

글 _ 최종규
기획 _ 숲노래, 책도둑(박정훈, 박정식, 김민호)
디자인 _ 토가 김선태
펴낸이 _ 김은지
펴낸곳 _ 철수와영희
등록번호 _ 제319-2005-42호
주소 _ 서울시 마포구 월드컵로 65, 302호(망원동, 양경회관)
전화 _ (02)332-0815
전송 _ (02)6091-0815
전자우편 _ chulsu815@hanmail.net

ISBN 979-11-88215-32-4 01710

철수와영희 출판사는 '어린이' 철수와 영희, '어른' 철수와 영희에게
도움 되는 책을 펴내기 위해 노력하고 있습니다.

새로 쓰는

우리말

새롭게 살려낸 한국말사전 ❸

꾸러미
사전

기획 **숲노래**
글 **최종규**

철수와영희

새로 쓰는
우리말 꾸러미 사전이라니……

─ 언제는 우리말(한국말) 사전이 없었나?

아주 어린 어느 날 할아버지가 문득 한 마디를 가르친 일이 있습니다. '말'하고 '마알'을 길고 짧은 소리로 갈라서 말해야 한다고 했어요. 아주 어린 그때에 할아버지 말씀을 잘 못 알아들었습니다. 나중에서야 비로소 알아들었는데, 어린 나날을 보내는 동안 할아버지 말씀은 늘 귀에 선했어요. 우리가 쓰는 말에 길고 짧은 소릿결이 있으니 이를 잘 살펴야 한다는 이야기를 곰곰이 새겼습니다.

대학교를 그만두기로 하고서 군대에 갔고, 군대에서 눈을 퍼내거나 여름에 물골을 내는 삽질을 하거나 40킬로그램이 넘는 등짐을 짊어지고 멧자락을 오르내리는 동안 앞길을 그렸어요. 통·번역을 하려던 꿈을 접기로 해서 앞길이 까마득했는데, 비록 외국말을 한국말로 옮기고, 한국말을 다시 외국말로 옮기는 일은 못하더라도, 한국말을 한국말답게 쓰는 길을 배우다 보면,

어쩌면 새로운 앞길을 열 만하지 않을까 생각했습니다. 이렇게 앞길을 그린 뒤에 군대에서도 '우리말 소식지'를 손글씨로 써서 엮었습니다. 군대를 마치고 이오덕 어른이 사는 과천집 주소를 얻었고, 이오덕 어른한테 우리말 소식지를 띄웠습니다. 어느 날 이오덕 어른이 저를 불러서 젊은이한테 도움말 몇 가지를 들려주고 싶다 하셨고, 그때 저한테 '부르다·불리다'를 가려쓸 줄 알아야 하고 '가끔씩'처럼 '-씩'을 붙이면 겹말이라는 대목을 짚어 주었습니다.

예닐곱 해쯤 되었는데 곁님이 어느 날 문득 '하지만'이란 말씨가 참 얄궂지 않느냐고 물었습니다. '그러하지만'이란 말에서 왜 '그러-'를 빼서 쓰는지 영문을 모르겠다고 묻더군요. 저는 대꾸할 말이 없었습니다. 그때까지 '하지만'이란 말씨를 그냥 썼거든요. 곁님 말을 듣고서 옛날 사전을 비롯해서 갖은 자료를 샅샅이 살핀 끝에 '하지만'뿐 아니라 '하여·해서'처럼 앞말을 떼내어 글 첫머리에 쓰는 말씨는 모두 엉성하구나 하고 깨달았습니다.

이렇게 세 걸음이 제가 말을 배운 다입니다. 저한테 말을 가르쳐 준 스승이나 어른은 이밖에 더 없습니다. 저는 늘 혼자서 말을 배워야 했습니다. 왜 이 말을 이런 자리에 쓰느냐고 여쭈어도 뾰족하게 수수께끼를 풀도록 알려준 분이 없습니다. 이런 자리에서는 어떤 말을 쓰면 좋을까 하고 여쭈어도 속시원히 말길을 틔워 준 분이 없어요.

"우리말로 글쓰기 배움수첩"을 1994년부터 썼습니다. 이름 그대로 배우는 수첩입니다. 저 스스로 우리말(한국말)을 새로 배울 적마다 수첩에 적습니다. 이렇게 적은 수첩은 책꽂이를 가득 채울 만큼 됩니다. 하도 배움수첩을 많이 써서 때로는 잃어버리기도 하고, 때로는 어느 짐짝에 섞여서 못 찾기도 합니다. 그때그때 배우며 쓴 수첩을 제대로 갈무리하지 못했습니다만, 수첩은 잃어도 그때그때 배운 말은 제 손끝이나 혀끝이나 눈길을 거쳐 마음으로 스미고 몸에 젖어든다고 느낍니다.

그런데 왜 "우리말로 글쓰기 배움수첩"일까요? 다른 분들 말을 하기 앞서 저 스스로 돌아본다면, 늘 쓰거나 듣거나 읽거나 하는 말은 겉보기로는 '우리말·한국말'이지만, 껍데기를 벗겨서 속살을 들여다보면 '아직 우리말이 아닌 말'이나 '참다운 한국말이라 하기 어려운 말'이기 일쑤거든요. 저는 우리말이 우리말답게 되거나 빛나거나 일어나거나 퍼지거나 날아오를 수 있도록, 한국이란 나라에서 살며 한국사람으로 쓰는 한국말이 슬기롭고 사랑스러우면서 넉넉하고 따사로운 한국말이 될 수 있기를 바라면서 배움수첩을 씁니다. 그리고 이 배움수첩을 살짝 들추어서 이웃님하고 수다를 떨고 싶어요. 같이 배워 보자고, 어렵지 않다고, 어렵다는 생각이 아니라 즐겁게 처음으로 배운다는 생각을 하자고, 우리는 아직 우리말·한국말을 배운 적이 없는 줄 기쁘게 받아들여서, 이제부터 새롭게 배우자는 수다를 떨고 싶습니다.

생각해 보면, 우리는 참말 우리말·한국말을 배운 적이 없지 싶습니다. 학교에서는 국어 수업을 하고, 국어 시험을 치러요. 그런데 '국어'란 무엇일까요? '국민학교'란 이름에 달라붙었던

'국민'처럼 '국어'는 일제강점기에 일본 우두머리가 제국주의 총칼을 앞세워 아시아 뭇나라를 식민지로 윽박지르고 내리누를 적에 '일본이 쓰는 말이 나라에서 쓰는 말'이란 뜻으로 퍼뜨린 이름이에요. 중국은 '중국어(중국말)', 조선은 '조선어(조선말)', 대만은 '대만어(대만말)', 일본은 '일본어(일본말)'인데, 여러 나라를 식민지로 억누르며 억지로 '국어(國語)'란 이름으로 묶었어요. 다시 말해서 한국에서 아직 '국어' 수업을 하고 시험을 치른다고 할 적에는 이 나라에는 우리말·한국말을 여태 제대로 못 가르치거나 안 가르친다는 뜻이기도 해요. 교과목이나 시험 과목으로는 있으나, 말이 말답고 글이 글답도록 가르치는 얼거리하고 멀다는 뜻이기도 하고요. 무엇보다도 교과목이나 시험 과목에서는 문법 지식을 외우도록 하는 데에서 그쳐요. 서로 생각을 나누거나 북돋우는 길에, 새로운 살림이나 삶이나 사랑을 배우도록 하는 길에, 말글을 어떻게 보고 익혀서 가다듬으면 즐거운가를 못 가르치거나 안 가르칩니다.

말을 배운다고 할 적에는 삶을 배웁니다. 우리가 쓰는 모든 말은 우리가 짓는 모든 삶을 나타내요. 그래서 삶을 모르면 이 삶을 나타낼 말을 어떻게 써야 하는가를 모릅니다. 그러니 새로 태어나는 과학문명이나 물질문명을 담아낼 새로운 한국말을 스스로 생각하거나 찾기보다는 일본 한자말이나 영어를 그대로 받아들이는 버릇이 꽤 이어졌어요.

삶을 배우려고 말을 배우는 몸짓이 된다면, 삶을 하나하나 우리 것으로 녹이는 동안에 이러한 삶을 나타낼 말을 우리가 저마다 슬기롭고 사랑스럽게 하나하나 새로 지을 줄 아는 마음으

새로 쓰는 **우리말 꾸러미** 사전

로 거듭날 만해요. 대학교를 다니지 않았어도, 대학교 국문학과를 마치지 않았어도, 책을 많이 안 읽었어도, 우리는 누구나 우리 삶을 나타낼 새로운 말을 즐겁고 사랑스러울 뿐 아니라 상냥하게 지을 수 있어요. "우리말로 글쓰기 배움수첩"이란, 다른 뜻으로 보자면 우리말·한국말을 처음부터 새롭게 배우고, 삶과 살림도 밑바닥부터 새롭게 배우는 동안, 생각과 마음을 말로 어떻게 담으면 좋을까를 배우려고 쓴 수첩인 셈입니다.

느긋하게 살피면서 차근차근 함께 배우면 좋겠어요. 우리말로 글쓰기를 재미나게 해보면 좋겠어요. 저는 예전에 '해 보다'처럼 띄어서 적었는데 요새는 '해보다'처럼 붙여서 써요. 왜 그러한가 하면, '해보다'처럼 붙여서 적으면 '시도하다·도전하다·시험하다' 같은 뜻이나 결이 드러나는구나 싶더군요.

사전에 '늙은몸'이란 낱말은 없고 '노구'란 한자말만 있어요. 으레 "늙은 몸"처럼 띄어서 쓰겠지요. 이때에 저는 '늙은몸'을 붙여서 새말로 삼고, 이와 맞물려 '젊은몸·어린몸·푸른몸·맑은몸·밝은몸·좋은몸·튼튼몸·여린몸·아픈몸'처럼 쓰면 한결 재미나다고 생각해요. 그리고 굳이 이렇게 붙여서 쓰지 않더라도 그때그때 어떤 말을 어떻게 쓰면 좋은가를 배울 수 있어요.

사전에 '따라가다'는 있어도 '따라하다'는 없습니다. 북녘 사전을 살피니 '따라배우다'라는 낱말이 나옵니다. 이제는 '따라하다'도 새로 올림말로 삼아서 뜻을 붙이고, '따라배우다'도 남북녘 가리지 말고 쓸 만하다고 느낍니다.

예전에는 '애완동물'이라 하다가 요새는 '반려동물'이라 하는데, 우리말로 새롭게 이름을 지을 수 있을까요, 없을까요? 곁에 두고 아끼거나 사랑하는 짐승이라면 '곁짐승'일 테고, 한식구로 여기는 짐승이라면 '곁벗'이라 해볼 만합니다.

아이들이 타고 노는 '시소'는 유럽에서 톱질을 하는 어른 곁에서 아이들이 널을 타고 앉아서 톱질 소리를 흉내내면서 비롯한 이름이라고 합니다. 한국말로 치면 '슥슥'이나 '쓱싹쓱싹'을 영어로는 '시소(시이소오)'로 나타냈어요. 그러면 우리도 이런 놀이를 새롭게 바라보면서 이름을 붙일 수 있을까요? 한국에 예부터 '널뛰기'가 있는 만큼, 널을 뛰지 않고 널에 앉아서 엉덩방아를 찧는 놀이라는 뜻으로 '널방아'라 할 수 있습니다. '널찧기'라 해도 어울리고 '널놀이'도 좋아요.

갑작스레 널리 퍼지는 '리액션'인데요, 한국은 예부터 장구를 치면서 놀다가 '맞장구'를 쳤어요. 네, 영어 '리액션'은 바로 '맞장구'입니다. '맞장구'를 바탕으로 '맞몸짓'이나 '맞말'이란 낱말을 지을 수 있습니다.

최저임금을 받으면서 '곁일'이나 '토막일'을 하는 이웃님은 밥을 먹을 틈조차 없어서 '밥차'를 못 쓴다고 합니다. '밥차'란 무엇일까요? '밥짬'이나 '밥틈' 같은 말을 지으면 어떨까요?

사랑을 담아서 쓰는 글월을 영어로는 '러브레터'라 한다면, 한자말로는 '연애편지'일 테고, 한국말로는 무엇일까요? 말 그대로 '사랑글'이나 '사랑글월'이라 하면 어떤가요?

오래도록 갈고닦아 솜씨가 좋은 사람을 '베테랑'이나 '전문가'라 하는데, 오래도록 갈고닦은 '솜씨'이니 '솜씨님' 같은 말을 쓸 수 있어요. '오래님'도 어울립니다.

우리는 입으로는 흔히 "안 먹는다"라 말하는데 '안먹기'처럼 줄이고 붙여서 쓰지는 않아요. 그런데 '안먹기'라 해보면, '금식·단식·절식'을 나타낼 수 있더군요. 재미있지 않나요?

저는 '이러쿵저러쿵·쥐락펴락·얼렁뚱땅·알뜰살뜰·거꾸로·거침없이·바꾸어' 같은 말을 즐겨써요. 자, 이런 말은 무엇을 나타낼까요? 이 말을 사자성어로 돌리면 '왈가왈부·좌지우지·임기응변·지극정성·적반하장·종횡무진·역지사지'가 됩니다.

우리 집 아이들이 퍽 어릴 적에 '지하철 환승역'이란 말을 못 알아듣고 어려워해서 "잇는 자리나 길목"이란 뜻으로 '이음목'이란 낱말을 지은 적 있습니다. 1998년 어느 날에는 교통방송 라디오에서 저한테 전화를 걸어 '인터체인지'를 쉽고 또렷한 한국말로 고칠 수 있느냐고 묻기에, '나들목'이란 낱말을 알려준 적이 있어요. 이렇게 알려준 그날부터 뜻밖에 널리 퍼져서 자리 잡았어요. 날씨를 알리는 분들은 비가 드세게 퍼부을 적에 '물폭탄'이란 무서운 싸움말을 아무렇지 않게 쓰더군요. 눈이 펑펑 내리면 '함박눈'이라 해요. 비가 펑펑 쏟아지면 '함박비'라 할 수 있지 않을까요?

'혼밥'이나 '혼놀이' 같은 말이 퍼지는 결을 살리면 '혼찍'으로 '셀카' 같은 말을 담아낼 수 있어요. 그리고 '꽃길'이란 말을 잘 헤아려서 '꽃-'을 붙인 온갖 말을 신나게 지을 만합니다. 꽃글, 꽃맺음, 꽃빔, 꽃사랑, 꽃살림, 꽃벗…….

갑자기 무시무시하게 쏟아진 너울을 두고 '쓰나미'라고 하는데, 커다란 물결을 '너울'이라 하고, 갑자기 무섭게 찾아오는 일을 '벼락'으로 나타냅니다. '물벼락'이란 말도 있듯이 '너울벼락'

같은 이름을 새로 지을 수 있습니다.

평등하고는 어긋난 이름 가운데 '가정주부'가 있습니다. '주부'는 가시내만 가리키는 이름이에요. 사내도 집에서 얼마든지 일이나 살림을 잘할 만한데, 집에서 일하는 사내는 '가정주부'나 '주부'란 이름을 '하는 일(직업)'로 밝힐 수 없습니다. 그러면 '살림꾼'을 새롭게 살려서 '살림님'이나 '살림지기'라는 이름을 쓰면 좋지 않을까요?

우리말을 배우는 수첩을 쓴 뜻을 돌아봅니다. 우리가 흔히 쉽거나 수수하게 쓰는 말씨이지만, 우리 스스로 잊거나 잃은 말씨를 하나하나 되새기면서 한결 재미나고 즐겁게 배우려고 하는 마음이에요. 하늘에서 뚝 떨어지는 말이 아닌, 어거지로 짜맞추는 말이 아닌, 사람들이 저마다 흔히 쓰지만 막상 그때에만 살짝 쓰고 나서 잊어버린 말씨를 찬찬히 적어 놓고서 더 널리 쓰면 좋겠다고 생각했어요.

이제 이 수첩을 바탕으로 새로운 사전, 《새로 쓰는 우리말 꾸러미 사전》을 엮어 봅니다. 새로 엮거나 지은 낱말마다 뜻을 새로 붙여 봅니다. 사전에 있는 낱말도 뜻풀이가 너무 오래된 나머지 새 쓰임새를 담아내지 못하는구나 싶으면, 뜻풀이를 손질하고 새롭게 뜻을 더해 봅니다. 《새로 쓰는 우리말 꾸러미 사전》은 하루하루 살아가며 보고 듣고 배운 말을 새로 엮을 뿐 아니라, 뜻풀이까지 새로 지어서 붙이는, 우리말을 배우는 사전입니다.

2018년 늦가을에 서울마실을 하며 마포구 한길을 걷는데, 건널목마다 선 커다란 해가리개에 '마포 그늘나루'란 이름이 적혔더군요. 재미나고 멋지다고 생각했어요. '나루'란 배를 타고 냇물을 건너는 곳을 가리키는 이름인데, 건널목에 놓은 그늘자리에 '그늘＋나루'란 얼개로 '나루'란 말을 새롭게 살려서 썼어요. 다시 말해서 '나루'는 이제 배를 타고 건너는 냇물에서뿐 아니라, 찻길을 건너는 자리에서도 새롭게 쓰도록 살릴 만하다는 셈이에요. 더 헤아리면 '마음나루'라든지 '꿈나루'나 '하늘나루'나 '기차나루'나 '버스나루'처럼 날개돋이를 해볼 수도 있습니다. 공항을 '하늘나루'로 담고, '버스터미널'을 '버스나루'로 담는달까요.

저는 이웃님 곁에서 '말나루·우리말나루'가 될 수 있을는지 모릅니다. 어쩌면 '생각나루'라든지 '새나루'가 되는지 몰라요. 그리고 우리는 서로서로 새롭게 생각을 살찌우는 상냥한 새나루가 되고, 이야기나루가 될 수 있겠지요. 모든 즐거운 나루가 될 수 있으면 좋겠어요. 책이라는 꾸러미는 배가 되어 나루를 떠납니다. 홀가분하게, 재미나게, 반갑게, 신나게, 아름답게, 무엇보다도 사랑스럽게 이 작은 사전 하나를, 읽으며 같이 배우는 사전이라는 쪽배를, 넉넉히 맞이해 주시기를 바라요. 고맙습니다.

사전 짓는 책숲 '숲노래'에서
글쓴이 적음

《새로 쓰는 우리말 꾸러미 사전》은 글쓴이가 1994년부터 한국
말사전을 새로 쓰는 길을 걷기로 하면서 적바림한 수첩에 갈무
리한 낱말을 새로 추스르고 엮어서 이야기를 지은 얼거리입니
다. 먼저 낱말 하나를 새로 떠올리거나 짓거나 얻은 바탕이 된
이야기를 풀어내고, 이다음에는 이 낱말을 새로 풀이해 봅니다.
이 낱말하고 짝이 되는 낱말도 가지를 뻗듯 새로 엮어 보면서
뜻풀이를 또 붙입니다.

국립국어원에서 펴낸 사전에 없는 낱말을 꽤 많이 다룹니다. 때
로는 국립국어원에서 펴낸 사전에 있는 낱말, 이를테면 '곱절'
이나 '웃-'이나 '따라가다' 같은 낱말도 뜻풀이를 새로 붙이는데
요, 국립국어원 사전이나 고려대학교민족문화연구원 사전에서
엉성하거나 어설피 다룬 뜻풀이를 바로잡거나 고치기도 했습니

다. 이들 사전뿐 아니라 보리국어사전을 보아도 '시늉'을 "모양이나 움직임을 흉내 내는 것"으로 풀이합니다. 우리 한국말사전은 이제껏 어느 사전을 살펴보아도 하나같이 겹말풀이나 돌림풀이가 가득합니다. '처음' 같은 낱말을 놓고 표준국어대사전이나 고려대한국어대사전 뜻풀이는 빠지거나 엉성한 대목이 있어요. 이런 잘잘못을 낱낱이 살펴서 바로잡아 뜻풀이를 붙였습니다만, 다른 사전에서 무엇이 어떻게 잘못되었는가는 굳이 밝히지 않습니다. 이《새로 쓰는 우리말 꾸러미 사전》은 잘잘못을 가리자는 뜻이 아닌, 우리 스스로 말을 새롭게 배워서 신나게 살려쓰는 길을 밝히려고 합니다.

새롭게 살리거나 짓는 낱말을 다루는 사전이기에 여느 맞춤법이나 띄어쓰기를 따르기 어렵습니다. 이 대목을 널리 헤아려 주시기 바랍니다. 여느 맞춤법이나 띄어쓰기를 넘어설 때에 비로소 말을 즐겁게 지어서 넉넉히 나눌 수 있다고 느낍니다. 앞으로 '손질말 꾸러미(순화어 사전)'를 살뜰히 엮어서 선보일 생각입니다. 이 사전에서는 맛보기로 '손질말 꾸러미'를 붙입니다.

글쓴이가 뜻풀이를 새로 붙일 적에 다음 책하고 사전을 곁에 두었습니다.

《우리말 동시 사전》(스토리닷, 2019)
《새로 쓰는 비슷한말 꾸러미 사전》(철수와영희, 2016)
《새로 쓰는 겹말 꾸러미 사전》(철수와영희, 2017)

《말 잘하고 글 잘 쓰게 돕는 읽는 우리말 사전 1》(자연과생태, 2017)

《말 잘하고 글 잘 쓰게 돕는 읽는 우리말 사전 3》(자연과생태, 2018)

《푸르넷 초등 국어사전》(금성출판사, 2001)

《한국 육서 노린재》(자연과생태, 2018)

《한국 식물 생태 보감 1》(자연과생태, 2013)

《한국 식물 생태 보감 2》(자연과생태, 2016)

《한글을 알면 영어가 산다》(비꽃, 2016)

《글쓰기 어떻게 시작할까》(스토리닷, 2016)

《언어는 인권이다》(피어나, 2017)

《최후의 사전 편찬자들》(사계절, 2017)

《어휘 늘리는 법》(유유, 2018)

《도감이라는 것》(자연과생태, 2018)

《거미 이름 해설》(자연과생태, 2017)

《고려대한국어대사전》(고려대학교민족문화연구원, 2009)

《조선말 대사전(증보판)》(사회과학출판사, 2006)

《조선말 대사전》(사회과학출판사, 1992)

《우리말 분류사전》(성안당, 1994)

《숲에서 살려낸 우리말》(철수와영희, 2014)

《마을에서 살려낸 우리말》(철수와영희, 2017)

《콩글리시 찬가》(뿌리와이파리, 2016)

《우리말은 서럽다》(나라말, 2009)

《아나스타시아 8-2 사랑의 의례》(한글샘, 2017)

《아나스타시아 10 아나스타》(한글샘, 2018)

《람타 화이트북》(아이커넥, 2013)

《부분과 전체》(지식산업사, 1982)

《국어사전 바로잡기》(한글학회, 1999)

《우리 문장 쓰기》(한길사, 1992)

《뉘앙스풀이를 겸한 우리말 사전》(아카데미하우스, 1993)

《뉴에이스 국어사전》(금성출판사, 2003)

《국어문법》(뿌리깊은나무, 1994)

《국어사전 편찬론》(과학사, 1984)

《국어대사전》(선일문화사, 1977)

《국학도감》(일조각, 1968)

《표준국어사전》(을유문화사, 1958)

《큰사전》(한글학회, 1957)

《표준 조선말 사전》(아문각, 1947)

《조선어사전》(조선어사전간행회, 1938)

● 차례

가을무지개

어느 가을이었습니다. 이웃님 한 분이 전남 고흥으로 마실을 오셨고, 가을이 깊은 멧자락을 바라보면서 물어봐요. "이런 가을 숲을 보면 다들 '단풍'이라 말하는데, 너무 흔한 말 같아요. 최종규 씨가 좀 다른 말을 지어 줄 수 없나요?" 빙그레 웃었습니다. 제가 왜 '단풍' 말고 새말을 지어 주어야 하는지 알 길이 없으니까요. 다만, 정 '단풍'이란 한자말을 안 쓰고 싶다면 새말을 스스로 지으면 된다고, 가을숲을 바라보는 느낌을 그대로 담으면 된다고 얘기했어요. 그러니 "그래도 좀 지어 주시지요?" 하시기에 "저는 이 가을숲을 보면 마치 무지개가 숲에 내려왔구나 싶어요. 늘푸른나무, 노란나무, 빨간나무, 앙상나무, 참말 '가을무지개' 아닌가요?" 이웃님은 '가을무지개'란 새말을 몹시 마음에 들어하셨습니다.

- **가을무지개** : 가을이 깊으면서 숲이나 들에 달라지는 알록달록한 빛깔. '단풍'이란 말처럼 나뭇잎이나 풀잎이 저마다 다른 빛깔로 바뀌면서 곱게 어우러지는 모습
- **별무지개** : 높다란 하늘에서 알록달록하게 온갖 빛깔이 어우러지면서 흐르는 기운. 이른바 '오로라'라고 한다
- **밤무지개** : 밤하늘에 뜬 별을 찬찬히 살피면 별빛이 하나가 아니라 다 다른 줄 알아차릴 수 있으니, 노랗고 빨갛고 푸르고 불그스름하고 파르스름한 갖가지 별빛이 그야말로 곱게 어우러지기에, 이러한 별잔치를

새로 쓰는 **우리말 꾸러미** 사전

가리킨다. '미리내'나 '은하수'라고도 할 수 있다

- **가을물** : 가을에 드는 물. 나뭇잎이나 풀잎이 가을이 되어 바뀌는 빛깔
- **가을빛** : 가을에 보는 빛. 나뭇잎이나 풀잎이 가을이 되어 바뀌는 빛으로, 이 가을빛으로 철이 바뀌는 흐름을 느낄 수 있다
- **가을잎** : 가을을 느끼도록 하는 잎. 가을이 되어 달라진 잎. 가을이 되어 물이 든 잎

갈무리

1994년 2월에 고등학교를 마치고 셈틀을 비로소 마주하면서 온누리가 다르게 보였어요. 눈으로 보며 만나는 이웃을 넘어 마음으로 만나는 벗이랑 이웃을 사귀었거든요. 사람은 겉모습이나 나이 아닌 마음과 살림으로 사귀는 줄 즐겁게 배웠지요. 이때에 새로운 곳으로 들어서는 길을 '피시통신'이라 했는데, '이야기· 새롬데이터맨'이라는 풀그림이 있어서, 두 풀그림으로 여러 이웃을 만났어요. 두 풀그림은 한국사람이 손수 짰고, 이모저모 한국말로 알차게 엮었답니다. '갈무리'를 이때 처음 보았는데 시골에서는 가을걷이 뒤에 열매를 건사하는 일을 나타내지요. 셈틀 화면을 긁을 적에 영어 '캡처' 아닌 '갈무리'를 쓰니 어울리더군요. '복사'란 말도요. 가만 보니 생각도 살림도 말도 갈무리할 적에 가지런하면서 고와요.

- **갈무리** : 1. 가을에 거둔 열매를 다음에 알맞게 쓸 수 있도록 제대로·잘·가지런히 있게 하는 일 2. 살림·물건을 알맞게 살피고 챙겨서 제자리에 잘 있게 하는 일. '정리'를 가리킨다 3. 하거나 맡은 일을 제대로·잘·가지런히 끝내도록 마음이며 힘을 잘 씀 4. 생각·마음·뜻·이야기가 가지런하도록, 또는 가지런히 펴거나 나누도록, 알맞게 모으거나 간추리거나 다루는 일 5. 나중에 보거나 쓰기 좋도록 오려서 모으는 일. '스크랩·자료 수집'을 가리킨다 6. 셈틀이나 누리그물을 쓸 적에 나중에 보거나 쓰기 좋도록 한켠에 잘 있게 하는 일. '저장·캡처'를 가리킨다 7. 다른 곳에 바로 잇거나 붙이려고 그대로 따서 옮기는 일. 흔히 셈틀이나 누리그물에서 쓴다. '복사'를 가리킨다
- **오려모으기** : 나중에 보거나 쓰기 좋도록 오려서 모으는 일. '스크랩·자료 수집'을 가리킨다
- **글갈무리** : 나중에 보거나 쓰기 좋도록 글을 그대로 모으는 일. '문장 복사·복사'를 가리킨다
- **그림갈무리** : 나중에 보거나 쓰기 좋도록 그림을 그대로 옮겨서 모으는 일. '스캔'을 가리킨다
- **바탕갈무리** : 셈틀이나 누리그물에서 바탕쪽에 보이는 그림이나 글씨를 통째로 옮기는 일. '화면 캡처'를 가리킨다
- **풀그림** : 1. 셈틀을 다루는 틀이나 얼개. '프로그램'을 가리킨다 2. 어떤 일을 하도록 짠 틀이나 얼개를 한눈에 알아보도록 펼친 그림. 한눈에 알아보도록 짜서 펼친 그림. '프로그램·프로·계획·계획표·일정·일정표'를 가리킨다

같은걸음

여럿이 모여 어떤 일을 할 적에 뿔뿔이 흩어지면 힘듭니다. 뜻
대로 안되어요. 여럿이 마음을 하나로 모아서 움직여야 비로소
제대로 할 수 있고, 서로 뜻한 대로 풀 수 있습니다. 영어로는 이
런 몸짓을 '팀플레이(team play)'라고 해요. 한국말로 헤아리자면,
함께 움직이는 모습이니 '함께하다·같이하다'가 어울릴 만해요.
'한마음·한뜻·한몸·한덩이'라 할 수 있고, '서로돕기'도 좋습니
다. 움직일 적에는 다리를 써서 걸어요. 그래서 '한걸음'이나 '같
은걸음·함께걸음·나란걸음' 같은 모습을 그릴 만합니다. 함께
걸어 볼까요? 같이 걸을까요? 함께 걸으니 '함께걷다'를, 같이
걸으니 '같이걷다'를 헤아려 봅니다. 무엇을 하고, 어떻게 움직
이며, 무슨 모습인가를 살피면서 새말을 길어올립니다.

- **함께하다** : 1. 여럿이 한자리에 모여서 한때에 하다 2. 어떤 몸짓·소리
  에 뒤이어 거의 한때에 하다 3. 어떤 몸짓을 한때에 하다 4. 빠뜨리거나
  떼거나 떨어뜨리지 않고 하다 5. 여럿이 마치 하나처럼 움직이거나 일
  하거나 돕다
- **같이하다** : 1. 여럿이 한자리에 모여서 한때에 하다 2. 어떤 몸짓·소리
  에 뒤이어 거의 한때에 하다 3. 어떤 몸짓을 한때에 하다 4. 빠뜨리거나
  떼거나 떨어뜨리지 않고 하다 5. 여럿이 마치 하나처럼 움직이거나 일
  하거나 돕다
- **서로돕기** : 어떤 뜻·일·꿈을 이루려고 여럿이 힘을 모으는 몸짓. '협력·

협동·상부상조'를 가리킨다

- **한덩이** : 1. 하나로 있거나 하나가 된 덩이 2. 움직이거나 나아가거나 일을 할 적에, 여럿이 따로 떨어지지 않고 하나가 되는 모습을 나타내는 말
- **한걸음** : 1. 쉬지 않고 그대로 나아가는 걸음 2. 처음으로 내딛는 걸음 하나. 이런 걸음을 빗대어 처음으로 어떤 일을 하려고 나아가는 모습·몸짓을 나타내기도 한다 3. 서로 하나가 되는 걸음. 서로 하나가 되는 몸짓으로 나아가는 걸음
- **같은걸음** : 1. 같이 내딛는 걸음 2. 여럿이 하나가 되는 몸짓으로 나아가는 걸음
- **함께걸음** : 1. 함께 내딛는 걸음 2. 여럿이 하나가 되는 몸짓으로 나아가는 걸음
- **나란걸음** : 1. 나란히 내딛는 걸음 2. 모두 나란히 움직이는 모습으로 나아가는 걸음
- **함께걷다** : 1. 여럿이 모여서 한때에 걷다 2. 여럿이 어떤 길을 갈 적에 마음을 하나로 모아서 가다. 여럿이 어떤 일을 할 적에 마음을 하나로 모아서 하다
- **같이걷다** : 1. 여럿이 모여서 한때에 걷다 2. 여럿이 어떤 길을 갈 적에 마음을 하나로 모아서 가다. 여럿이 어떤 일을 할 적에 마음을 하나로 모아서 하다

겉종이

어린이는 어른이 가르치거나 시키거나 쓰는 말을 고스란히 따릅니다. 국민학교를 다닐 무렵인데, 그러면서 배우는 날이면 으레 '도화지·두꺼운종이'를 장만해서 오라고 했어요. 1학년일 적부터 문방구 아저씨나 아주머니한테 "도화지 두 장 주셔요."나 "두꺼운종이 하나요." 하고 여쭈었어요. 그때에는 '도화지'가 뭔지 몰랐어요. 그림을 그릴 적에 쓰는 종이를 가리키는 이름으로 얼핏 헤아릴 뿐이었어요. 글을 쓰는 어른으로 살며 '원고지'란 "글을 쓰는 종이"일 뿐인 줄 뒤늦게 알아챘어요. '색종이'는 '빛(빛깔)'을 넣었을 뿐이요, '이면지'는 '뒤'를 쓸 수 있을 뿐이더군요. 종이를 '종이'라고, 겉을 '겉'이라고, 글을 '글'이라고, 그림을 '그림'이라고 말하고 나누는 삶을 이제야 찾습니다.

- **겉종이** : 겉을 이루거나 싸거나 덮은 종이. '표지·겉표지·겉장'을 가리킨다
- **그림종이** : 그림을 그리는 종이. 그림을 그리기 좋도록 깨끗한 종이. '도화지'를 가리킨다
- **글종이** : 글을 쓰는 종이. 글을 쓰기 좋도록 칸을 넣은 종이. '원고지·원고용지'를 가리킨다
- **두꺼운종이** : 두께가 꽤 있는 종이. '중량지·하드보드지'를 가리킨다
- **두툼종이** : 두께가 꽤 있는 종이. '중량지·하드보드지'를 가리킨다
- **뒷종이** : 종이를 앞뒤로 놓고 볼 적에, 쓴 한쪽이 아닌, 쓰지 않은 한쪽.

한쪽을 썼으나 다른 한쪽은 아직 쓰지 않은 종이. '이면지'를 가리킨다

- **띠종이** : 좁고 기다란 종이. 감거나 두르거나 묶으려고 쓰는 좁고 기다
란 종이. '띠지'를 가리킨다 (띠처럼 생기거나 지은 종이)
- **빈종이** : 1. 아직 아무것도 쓰거나 그리지 않은 종이. 또는 아직 쓰지 않
아서 깨끗한 종이. '백지'를 가리킨다 2. 아직 아무것도 넣지 않거나 담
지 않은 모습 3. 무엇을 쓰거나 담을 자리만 비운 모습
- **빛종이** : 여러 빛깔을 넣거나 물을 들인 종이. '색종이·색지'를 가리킨다
- **알림종이** : 둘레에·널리 알리려는 뜻·일·이야기를 담은 종이. '홍보
지·광고지·팸플릿'을 가리킨다
- **앞종이** : 종이를 앞뒤로 놓고 볼 적에, 쓴 한쪽
- **얘기종이(이야기종이)** : 얘기(이야기)를 담은 종이. 어느 동안 어느 곳
에서 일어난 여러 얘기(이야기)를 담은 종이. 어느 동안 어느 곳에서 일
어난 일이나 얘기를 알맞게 묶어서 꾸준하게 펴내기도 한다. '소식지·
회지·회보·뉴스레터'를 가리킨다
- **흰종이** : 1. 빛깔이 흰 종이. 또는 닥나무 껍질로 지은 종이. '백지'를 가리
킨다 2. 아직 아무것도 쓰거나 그리지 않은 종이. 또는 아직 쓰지 않아서
깨끗한 종이 3. 아직 아무것도 넣지 않거나 담지 않은 모습 4. 무엇을 쓰
거나 담을 자리만 비운 모습 5. 무엇을 아직 모르는 모습 6. 이미 하거나
이룬 어떤 일을 놓고서, 이 일을 하기 앞서나 이루기 앞서·처음으로 돌
아가도록 하는 모습
- **겉그림** : 겉에 넣거나 새긴 무늬, 또는 겉이 보기 좋도록 넣거나 새긴
그림
- **겉글** : 마음·생각·뜻하고는 다르게 겉으로 꾸며서 쓰는 글
- **겉말** : 마음·생각·뜻하고는 다르게 겉으로 꾸며서 하는 말

- **겉웃음** : 마음·생각·뜻하고는 다르게 겉으로 꾸며서 짓는 웃음
- **알림글** : 1. 알리는 글 2. 알리는 뜻·일·이야기를 담은 꾸러미나 종이.
  '소식지·회지·회보·뉴스레터'를 가리킨다
- **알림글월** : 알리는 뜻·일·이야기를 담아 보내는 글이나 글모음. 꾸준하
  게 펴내거나 누리집에서 누리글월로 보내기도 한다. '소식지·회지·회
  보·뉴스레터'를 가리킨다

곁님

'아내'라는 이름은 한자말 '내자(內子)'를 한글로 옮겼구나 싶은
낱말이에요. '아내'는 틀림없이 한국말이기는 한데 '내자'처럼
"안에 있는 사람", 곧 "집에 있는 사람"을 가리켜요. 옛날이라면
이런 이름도 그대로 쓰겠지만 오늘날 흐름하고는 안 어울려요.
'남편(男便)'은 "남자 쪽(짝)"을 가리키는데, 이와 맞물리는 '여
편'은 따로 없이 '여편네(女便-)'는 아내를 낮잡는 이름이에요.
삶결하고 안 어울릴뿐더러, 가시내를 낮잡는 말씨를 바꾸려는
목소리가 거의 없는 듯하지만, 저는 이런저런 이름이 모두 못마
땅해서 새 이름을 생각하기로 했고, 가시버시가 허물없이 마음
으로 아끼려는 뜻을 담는 '곁님(곁+님)'을 지어 보았어요. 곁에
서 서로 상냥하게 '님'으로 부르면 좋겠다고 생각해요.

- **곁님** : 곁에서 서로 아끼거나 돌보는 사람을 높이는 이름. 가시버시 사이에서 서로서로 쓸 수 있는 이름
- **곁지기** : 곁에서 지키는 사람. 곁에서 서로 아끼거나 돌보는 사람
- **곁사람** : 곁에 두면서 아끼거나 돌보는 사람
- **곁짝** : 곁에 두면서 아끼거나 돌보는 짝
- **곁책** : 곁에 두면서 마음으로 새기는 책
- **곁말** : 1. 빗대어서 하는 말 2. 곁에 두면서 마음으로 새기는 말
- **곁글** : 곁에 두면서 마음으로 새기는 글

곁밥

밥자리에 앉을 때면 어쩐지 어릴 적 모습이 늘 떠오릅니다. 해가 가고 달이 가도 자꾸 떠올라요. 저는 "혀도 입도 짧은" 아이였어요. 혀가 짧아 말소리가 새고, 입이 짧아 몸에 안 받는 먹을거리가 많았습니다. 달걀이나 우유를 한 달쯤 입에 안 대다가 먹으면 어김없이 배앓이를 하고, 찬국수나 동치미가 속을 뒤집었습니다. 김치는 그야말로 끔찍했지요. 서른 살을 넘고서야 제 몸은 삭힌 먹을거리가 안 받는 줄 비로소 알았지만, 예전에는 밥투정한다고만 여겼어요. 어린 마음에 속으로 '왜 꼭 밥에 곁들여 다른 것을 먹어야 하나?' 하고도 생각했습니다. 그때에는 몰랐는데, '반찬'이란 곁들여 먹는 밥이더군요. 참으로 긴 나날

을 '곁밥'으로 애먹었어요. 이제는 몸에 받는 '온밥'을 즐거이 차려서 먹는 밥살림을 꾸립니다.

- **곁밥** : 곁들여서 먹는 여러 가지. 밥을 더 맛나게 먹으려고 곁에 어울리도록 놓는 먹을거리. '반찬(飯饌)'을 가리킨다
- **밥투정** : 먹기 싫다고 하거나, 어느 것만 가려서 먹겠다고 하거나, 모자라서 더 달라고 골을 내거나 자꾸 바라는 짓
- **온밥** : 여러 가지 먹을거리를 두루 마련하거나 올려서 차린 밥. '정식(定食)·한정식'을 가리킨다
- **샛밥** : 끼니가 아닌 때·아침저녁 사이에 일손을 쉬면서 먹는 밥 (새참·곁두리)
- **길밥** : 길에서 먹는 밥. 마실이나 나들이를 다니다가 길·들·한데에서 차리거나 지어서 먹는 밥
- **군밥** : 1. 손님을 먹이려고 짓는 밥 2. 끼니가 아닌 때에 먹도록 짓는 밥 3. 먹고 남은 밥
- **모둠밥** : 1. 작게 갈라서 모아 먹는 밥 2. 여러 가지를 한꺼번에 누리도록 모은 밥 3. 여러 사람이 둘러앉아서 같이 누리는 밥. '회식'을 가리킨다
- **바로밥** : 바로 먹을 수 있도록 지은 밥. '즉석식품·인스턴트식품'을 가리킨다
- **느린밥** : 느긋하게 즐기도록 느긋하게 지어서 먹는 밥. '슬로푸드'를 가리킨다
- **빠른밥** : 빨리 먹을 수 있도록 지은 밥. '패스트푸드'를 가리킨다
- **마을밥** : 마을에서 심고 가꾸고 거둔 열매나 남새로 지어서 마을에서 누리는 밥. '로컬푸드'를 가리킨다

골목빛

제가 나고 자란 곳은 인천입니다. 인천이란 고장에서 1975년에 태어나 1995년에 떠났습니다. 2007년에 돌아갔다가 2010년에 다시 떠났습니다. 어릴 적에는 마냥 놀기에 바빠 제대로 몰랐으나 제가 태어나고 자란 터는 '골목'이더군요. 이곳을 떠난 지 열두어 해 만에 돌아와서 지내며 깨달았어요. 동무도 이웃도 모두 골목사람이요, 나고 자란 곳은 골목집이었어요. 둘레에서 '도둑고양이'라 일컫는 짐승은 '골목고양이'예요. 고양이가 싫으니 '도둑-'이라 일컫고, 고양이도 이웃이면 '골목-'이라 하지요. 이런 눈으로 인천을 새로 보니 '골목꽃·골목나무·골목새·골목놀이'를 하나씩 느낄 만했고, 골목노래를 부르는 골목빛이 있으면 자그마한 바람이 싱그러운 물결처럼 퍼져서 아늑하며 포근한 삶터가 되겠구나 싶어요.

- 골목 : 큰길에서 이곳저곳을 잇는 조그마한 길. 또는 큰길에서 집과 집 사이로 들어가는 좁은 곳. 또는 집이 많이 모인 곳에서 집과 집 사이를 잇는 곳
- 골목개 : 골목에서 사는 개. 집이 많이 모인 곳에서 사는 개
- 골목고양이 : 골목에서 사는 고양이. 집이 많이 모인 곳에서 사는 고양이. '도둑고양이'를 가리킨다
- 골목길 : 골목에 나거나 있는 길. 큰길에서 집과 집 사이로 들어가는 좁은 길. 집이 많이 모인 곳에서 집과 집 사이를 잇는 길

새로 쓰는 **우리말 꾸러미** 사전

- **골목꽃** : 골목에 핀 꽃. 큰길에서 집과 집 사이로 들어가는 좁은 곳에 핀 꽃. 집이 많이 모인 곳에서 집과 집 사이를 잇는 곳에 핀 꽃

- **골목나무** : 골목에서 자라는 나무. 큰길에서 집과 집 사이로 들어가는 좁은 곳에서 자라는 나무. 집이 많이 모인 곳에서 집과 집 사이를 잇는 곳에서 자라는 나무

- **골목노래** : 골목에서 부르는 노래. 골목을 이룬 마을에서 즐겁게 살아가는 모습이나 숨결

- **골목놀이** : 골목에서 하거나 즐기는 놀이. 큰길에서 집과 집 사이로 들어가는 좁은 곳에서 하거나 즐기는 놀이. 집이 많이 모인 곳에서 집과 집 사이를 잇는 곳에서 하거나 즐기는 놀이

- **골목마을** : 골목으로 이룬 마을. 골목이 모여 이룬 마을. 큰길에서 안쪽으로 들어간 곳에 이룬 마을. 집과 집 사이를 잇는 좁은 길을 사이에 두고 여러 집이 모여서 이룬 마을

- **골목빛** : 골목에서 드러나거나 느낄 수 있는 빛. 골목에서 피어나거나 자라는 숨결

- **골목사람** : 골목으로 이룬 마을에 사는 사람. 골목이 모여 이룬 마을에 사는 사람. 큰길에서 안쪽으로 들어간 곳에 이룬 마을에 사는 사람. 집과 집 사이를 잇는 좁은 길을 사이에 두고 여러 집이 모여서 이룬 마을에 사는 사람

- **골목새** : 골목에서 사는 새. 집이 많이 모인 곳에서 사는 새

- **골목이웃** : 골목마을에서 나란히 붙은 집에 사는 사람. 골목마을에서 서로 가까이 지내는 사이

- **골목집** : 골목에 있는 집. 골목으로 이룬 마을에 있는 집. 골목이 모여 이룬 마을에 있는 집. 큰길에서 안쪽으로 들어간 곳에 이룬 마을에 있는

집. 집과 집 사이를 잇는 좁은 길을 사이에 두고 여러 집이 모여서 이룬 마을에 있는 집

구경집

1990년으로 떠올립니다. 그무렵 우리 아버지는 어머니랑 형이 랑 저랑 함께 지내는 13평짜리 아파트가 매우 좁고 낡았다고 여 겼어요. 넓고 번듯하며 시원한 집으로 옮기기를 바라셨어요. 이 때에 '모델하우스'란 데를 처음 같이 갔습니다. 아버지는 "얘들 아, 앞으로 우리가 새로 살 집이 이렇게 생겼어!" 하면서 환한 웃음낯으로 이야기하셨지요. 저는 이제껏 살던 작은 살림집이 좋았어요. 이 작은 살림집이 깃들인 마을에는 오랜 동무랑 이웃 이 다 있으니까요. 아버지한테 이끌린 세 사람이 '모델하우스' 를 보러 갈 적에 어머니가 문득 "구경하는 집에 가자." 하고 말 씀하셨어요. '모델하우스'란 말은 뭔가 안 와닿았는데 이 말은 확 와닿았어요. "사는 집"이 아닌 "구경하는 집"이지요. 참말 그 렇지요.

- 구경것 : 앞으로 장만해서 쓸 것을 미리 만지거나 다루면서 알아보도록 보여주거나 늘어놓은 것. '진열 상품·견본 상품·견본'을 가리킨다
- 구경집(구경하는 집) : 살림을 하면서 지낼 집처럼 꾸며 놓은 곳으로, 앞

으로 지어서 지낼 집이 어떠한 얼개이거나 모습인가를 느끼도록 미리 살피도록 한 집. '모델하우스'를 가리킨다

- **구경하다(구경)** : 1. 마음을 기울이거나 좋아하면서 차근차근·하나하나·두루 보다 (마음을 기울여 두루 보면서 받아들이거나 배우려고 하는 마음이 있음) 2. 눈으로 가볍게·살짝·문득·어렴풋이 보다 3. 스스로 나서거나 할 만하다고 여기지 않으면서 바라보기만 하다 4. 스스로 겪거나 맞이하거나 하다. '관람하다·유람하다·흥미(흥밋거리)·당하다·체험하다'를 가리킨다
- **기쁨낯** : 기쁜 느낌이 흐르는 낯
- **눈물낯** : 눈물이 날 듯한, 또는 눈물이 나는 낯
- **슬픔낯** : 슬픈 느낌이 흐르는 낯
- **웃음낯** : 웃음을 지을 듯한, 또는 웃음을 짓는 낯

귀염짐승

귀여운 사람이나 짐승이나 꽃이나 살림을 두고 '귀엽다+이' 얼개로 '귀염이'라고들 합니다. 퍽 오래된 말인데, 사전에는 이 낱말이 없습니다. 귀여운 사람을 두고 '귀욤이·귀요미'라고 쓰는 분이 꽤 많습니다. 말씨를 살짝 바꾼 셈이에요. 이런 말결을 헤아린다면, 귀엽게 곁에 두는 짐승을 따로 '귀염짐승'이라 할 만합니다. 살림이라면 '귀염살림'으로, 꽃이라면 '귀염꽃'으로, 자

전거라면 '귀염자전거'로, 책이라면 '귀염책'으로, 노래라면 '귀염노래'로 쓸 만해요. 귀엽다는 마음보다는 곁에 있으면서 함께 살아가려는 마음이라면 '곁짐승'이나 '곁이·곁벗·곁아이·곁숨'이라 할 만해요. 서로 아끼고 함께 돌본다는 느낌을 '곁-'이라는 낱말에 살며시 얹습니다.

- **귀염-** : 귀엽다(작으면서 예쁘다고 느껴서 보기에 좋다)고 여기거나 볼 적에 앞에 붙이는 말. 귀염살림, 귀염꽃, 귀염자전거, 귀염책, 귀염노래, 귀염말, 귀염글, 귀염사랑, 귀염빛, 귀염집, 귀염밥
- **귀염짐승** : 귀엽다(작으면서 예쁘다고 느껴서 보기에 좋다)고 여기는 짐승. '펫(pet)'이나 '애완동물'을 가리킨다
- **귀염이** : 귀엽다(작으면서 예쁘다고 느껴서 보기에 좋다)고 여기는 사람
- **귀염벗** : 귀엽다(작으면서 예쁘다고 느껴서 보기에 좋다)고 여기면서 가까이에 두는 숨결. 사람이나 짐승이나 꽃이나 살림 모두 가리킬 수 있다
- **곁짐승** : 곁(보살피거나 도와줄 만큼 가까이)에 두는 짐승. 귀엽다고 여기는 마음이 아닌, 삶을 함께 누리는 숨결이라는 마음이 클 적에 쓰는 이름. '반려동물'을 가리킨다
- **곁이** : 곁(보살피거나 도와줄 만큼 가까이)에 두는 숨결. 삶을 함께 누린다는 마음으로 쓰는 이름. 사람이나 짐승이나 꽃이나 살림 모두 가리킬 수 있다
- **곁벗** : 1. 곁에 있으면서 오래오래 서로 아끼고 돌보는 벗 2. 곁(보살피거나 도와줄 만큼 가까이)에 두거나 곁에 함께 있는 사람·짐승·꽃·살

림을 가리키는 이름. 삶을 함께 누린다는 마음으로 쓴다. '반려자'를 가
리킨다

- **곁아이** : 곁(보살피거나 도와줄 만큼 가까이)에 두거나 곁에 함께 있는
  사람·짐승·꽃·살림을 귀엽게 가리키는 이름. 삶을 함께 누린다는 마음
  으로 쓴다

- **곁숨** : 곁(보살피거나 도와줄 만큼 가까이)에 두거나 곁에 함께 있는 모
  두를 가리키는 이름. 삶을 함께 누린다는 마음으로 쓴다

글벗

같이 놀면서 어울리는 동무이고, 같이 배우면서 어우러지는 동
무입니다. 마을이나 골목이나 마당에서는 서로 '놀이동무'라면,
배우는 터전에서는 '배움동무'예요. 책을 앞에 펼쳐서 배우는
'책동무'이고, 책에 적힌 글을 읽고 스스로 글을 써 보면서 같이
익히는 '글동무'예요. 마음에 흐르는 느낌이나 눈앞에 나타난
모습을 그림으로 담는 길을 익히며 '그림동무'예요. 우리는 멀
리 떨어져도 그대로 동무입니다. 글월을 주고받아요. '글월동무'
가 됩니다. 동무로 오래오래 지내고 보니 우리는 마음으로 가까
워 '글월벗'이 '배움벗'이 '그림벗'이, 무엇보다 '마음벗'이 되어
요. 다른 나라 이웃하고 두고두고 글월을 나누기도 해요. 누구
하고라도 글동무가 되고, '글벗'이 됩니다.

- **글벗** : 1. 글을 같이 배우거나 익힌 가까운 사이 2. 글을 주고받으면서 지내는 가까운 사이. '펜팔'을 가리킨다 3. 오래도록 글을 주고받은 가까운 사이

- **글월벗** : 글월을 주고받으면서 지내는 가까운 사이. '펜팔'을 가리킨다

- **글동무** : 1. 글을 같이 배우거나 익힌 사이 2. 글을 주고받으면서 지내는 사이. '펜팔'을 가리킨다

- **글월동무** : 글월을 주고받으면서 지내는 사이. '펜팔'을 가리킨다

- **그림벗** : 1. 그림을 같이 배우거나 익힌 가까운 사이 2. 그림을 주고받으면서 지내는 가까운 사이

- **그림동무** : 1. 그림을 같이 배우거나 익힌 사이 2. 그림을 주고받으면서 지내는 사이

- **책벗** : 책을 같이 배우거나, 책을 같이 읽으면서 지내는 가까운 사이

- **책동무** : 책을 같이 배우거나, 책을 같이 읽으면서 지내는 사이

- **마음벗** : 1. 마음이 맞거나, 마음을 나누거나, 마음을 서로 읽거나, 마음이 같이 흐르는 가까운 사이 2. 낯설거나 어려운 일을 마음으로 헤아려 주면서 차근차근 차분히 이야기를 들려주어 기운이 나도록 이끄는 가까운 사이

- **마음동무** : 1. 마음이 맞거나, 마음을 나누거나, 마음을 서로 읽거나, 마음이 같이 흐르는 사이 2. 낯설거나 어려운 일을 마음으로 헤아려 주면서 차근차근 차분히 이야기를 들려주어 기운이 나도록 이끄는 사이

- **배움벗** : 같이 배우면서 가까이 지내는 사이

- **배움동무** : 같이 배우면서 지내는 사이

글자락

'글'이라는 말이 진작부터 있지만, 막상 글을 다루는 자리에 있던 분은 '문서·서류'나 '공고문·게시문' 같은 한자말을 썼어요. 1990년대에 처음 누리그물이 퍼질 즈음에는 '게시물'이라는 한자말이 나타났어요. 누리그물에 나오는 글은 종이에 찍어서 돌리거나 퍼뜨리는 글하고는 다르다고 여겨 '-물'이란 한자를 붙이더군요. 2010년대로 접어들고서 '포스팅'이라는 영어가 차츰 퍼집니다. 가만 보면 아직 이 나라에서는 글을 '글'로 여겨서 바라보지 못해요. 글쓰기도 '작문·논술'이라 이르거든요. 누리그물에 올리는 글에 따로 이름을 붙이려 한다면 '글월'이라 할 만하고 '글자락' 같은 새말을 지어도 어울려요. 요새는 글씨에다가 그림이나 사진이나 노래도 곁들이기에 '-자락'을 살며시 달아 봅니다.

- 글 : 1. 생각·마음·뜻·일·이야기·몸짓·모습·흐름·하루·삶 들을 눈으로 보아서 알 수 있도록 나타낸 것 (눈으로 보아서 알 수 있도록 담아내거나 나타낸 그림) 2. 배운 깊이나 너비나 결. 배워서 아는 깊이나 너비나 결 3. 말을 나타낸 그림이나 무늬 4. 생각·마음·뜻·일·몸짓·모습·흐름·하루·삶·사람·사랑·숲을 비롯한 온갖 이야기를 어느 틀에 따라 줄거리를 짜고는, 차근차근 읽어서 배울 수 있도록 엮은 꾸러미. 살면서 배우거나 보거나 느끼거나 생각한 이야기를 엮어서 묶은 꾸러미. 종이로 빚어서 묶기도 하지만, 누리판으로 볼 수 있도록 짓기도 한다 (= 책)

5. 누구나 알아볼 수 있도록 줄거리·이야기·흐름·권리·뜻·다짐을 적어서 널리 밝히는 구실을 하는 꾸러미. 간추려서 적기도 하고, 낱낱이 적기도 한다. '문장·문헌·문서·서류·포스팅·게시물·게시문'을 가리킨다

- **글월** : 1. 생각·마음·뜻·일·이야기·몸짓·모습·흐름·하루·삶 들을 눈으로 보아서 알 수 있도록 나타낸 것 (= 글) 2. 들려주고 싶은 이야기·나누고 싶은 말·품은 생각·겪거나 한 일·즐긴 놀이나 하루·알릴 이야기 들을 적어서 띄우는 꾸러미. 짧게 쓸 수도 길게 쓸 수도 있다 3. 말을 나타낸 그림이나 무늬 (= 글씨) 4. '알리거나 밝히는 이야기를 적은 글'을 따로 나타내는 이름 5. 누구나 알아볼 수 있도록 줄거리·이야기·흐름·권리·뜻·다짐을 적어서 널리 밝히는 구실을 하는 꾸러미. 간추려서 적기도 하고, 낱낱이 적기도 한다. '편지·게시물·포스팅·게시문·안내문·홍보문'을 가리킨다

- **글자락** : '알리거나 밝히는 이야기를 적은 글'을 따로 나타내는 이름. 누구나 알아볼 수 있도록 줄거리·이야기·뜻 들을 적은 꾸러미. '포스팅·게시물·게시문'을 가리킨다

길그림

처음부터 '지도'를 좋아하지 않았으나, 여덟 살부터 집하고 학교 사이를 걸어다니고부터 땅이나 길을 담아낸 그림인 지도를

좋아했어요. 혼자 낯선 길을 따라 학교를 다니면서, 동무네 집을 놀러 다니면서, 동무하고 낯선 마을까지 씩씩하게 다녀오면서, 우리가 디딘 자리를 알아보고 싶었어요. 그러나 예전에는 마땅한 그림을 찾기 어렵더군요. 우리 마을을 비롯해서 제가 다닌 곳을 손수 종이에 그림으로 그리며 놀았어요. 이렇게 땅이나 길을 그림으로 그리다가 문득 한 마디가 튀어나왔어요. "뭐야, 지도란 '땅그림'이나 '길그림'이잖아?" 열몇 살 어린이는 불쑥 한 마디를 지었다가 이내 잊었지만, 요새는 '길그림'뿐 아니라 '삶그림'도 '집그림'도 '꿈그림'도 모두 즐겁게 그려요.

- **길그림** : 1. 살아가는 땅이나 다니는 길을 한눈에 알아보기 좋도록 담은 그림. 땅이나 길을 그 크기대로 담을 수 없기에, 알맞게 줄여서 담는다. '지도'를 가리킨다 2. 앞으로 무엇을 하려는가를 차근차근 꼼꼼히 밝힌 그림이나 글. '설계도·계획도·지침·로드맵'을 가리킨다
- **앞그림** : 앞으로 무엇을 하려는가를 밝힌 그림이나 글. '설계·계획·미래 계획·지침·로드맵'을 가리킨다
- **새그림** : 새롭게 무엇을 하려는가를 밝힌 그림이나 글
- **삶그림** : 살아가면서 무엇을 하거나 이루거나 맞이하려는가를, 또는 어떻게 살거나 가꾸거나 짓거나 돌보려는가를, 눈으로 보면서 쉽게 알도록 풀어낸 것. '인생 계획'을 가리킨다
- **꿈그림** : 앞으로 이루려고 하는 뜻·길·일을 밝힌 그림이나 글
- **일그림** : 어떤 일을 어떻게 어느 만큼 하거나 이루거나 맞이하려는가를 눈으로 보면서 쉽게 알도록 풀어낸 것. '일정표·작업 일정·작업 계획'을 가리킨다

- **집그림** : 집을 어떻게 짓거나 고치거나 가꾸려는가를 밝힌 그림이나 글

꽃등

꽃을 이토록 사랑할 줄 몰랐습니다. 나고 자란 고장인 인천에 2007년 4월에 돌아가며 골목집을 얻어서 살았고, 이 골목집에 깃들이며 골목마실을 다니며 골목꽃을 보며 깜짝 놀랐어요. 이 어여쁜 꽃은 늘 이곳에 있었으나 그동안 눈여겨보지 않은 탓에 못 알아봤거든요. 2008년에 큰아이가 찾아오면서 아기를 업거나 안으며 꽃마실을 다니니 아이는 어느새 꽃순이가 되었습니다. 꽃순이는 아버지를 보며 "내가 꽃순이라면 아버지는 '꽃아버지'인가?" 하고 얘기해요. '꽃'이란 낱말을 아마 1992년에 처음으로 사전에서 살폈지 싶은데 그때에 '꽃-'이 붙은 '꽃등'이란 낱말을 만났습니다. 사전을 뒤적이니 이토록 수수하면서 꽃다운 말, 이른바 꽃말이 저절로 다가오는군요. 별님 같은, 한별 같은, 꼭두빛 말마디입니다.

- **꼭두** : 1. 머리에서 숫구멍이 있는 자리. 어느 것보다 높이 있는 자리 2. 무엇보다 위이거나 높은 곳·자리 3. 무엇보다 위이거나 높은 곳·자리에 있는 사람·것 4. 무엇보다 앞인 때. 가장 이르다고 여길 때
- **꼭두머리** : 1. 일에서 무엇보다 앞이라 할 자리 2. 무엇보다 위이거나 높

은 곳·자리 (때로는 '우듬지'를 가리킨다) 3. 무엇보다 위이거나 높은 곳·자리에 있는 사람·것 4. 무엇보다 앞인 때. 가장 이르다고 여길 때

- **꽃등** : 어느 것·자리·사람보다 앞. 보기 좋도록 어느 것·자리·사람보다 앞. 맨 처음. '최우선·톱·원톱·최초·최고'를 가리킨다

- **우두머리** : 1. 어느 누구보다 높은 자리에 있는 사람 2. 무엇보다 위이거나 높은 곳·자리 (때로는 '우듬지'를 가리킨다) 3. 어느 누구보다 앞에 나서거나 일을 하는 사람

- **으뜸** : 1. 꼭 하나만 뽑을 만큼 좋거나 낫거나 높거나 곱거나 값진 것·사람. 여럿 사이에서 꼭 하나만 꼽도록 좋거나 낫거나 높거나 곱거나 값진 것·사람. 여럿을 나란히 놓고 살필 적에 처음으로 꼽을 만큼 좋거나 낫거나 높거나 곱거나 값진 것·사람 2. 바탕으로 삼거나 늘 생각하도록 두는 것·뜻

- **첫길** : 1. 처음으로 가는 길. 이제 나서는 길 2. 새로운 살림으로 가는 길 3. 아직 스스로 한 적이 없거나·아직 누구도 하지 않거나 모르는 일을, 맨 먼저 하려고 나서거나 가려는 길. '개척·제일보'를 가리킨다 4. 눈에 뜨이거나 남다르다 싶을 만큼 좋거나 낫다고 여겨 꼭 하나로 뽑을 만한 것·사람

- **첫째** : 1. 어느 것보다 앞에 있는 (가장 먼저 있는) 2. 무엇보다도 하나 3. 가장 먼저 태어난 아이 4. 가장 나이가 많은, 또는 가장 많이·오래 해 온 사람

- **첫손** : 어느 것·누구보다 좋거나 나은 하나. 여럿 사이에서 꼭 하나만 꼽도록 좋거나 나은 것·사람. 여럿을 나란히 놓고 살필 적에 가장 앞으로 꼽을 만큼 뛰어난 것·사람 (첫손가락)

- **첫손가락** : 1. 손가락 가운데 첫째로 있는 손가락 (엄지손가락) 2. 어느

것·누구보다 좋거나 나은 하나. 여럿 사이에서 꼭 하나만 꼽도록 좋거
나 나은 것·사람. 여럿을 나란히 놓고 살필 적에 가장 앞으로 꼽을 만큼
뛰어난 것·사람 (첫손)

- **꽃돌이** : 꽃을 좋아하거나 사랑하는 사내. 늘 아름답고 빛나면서 즐거운
  사내
- **꽃순이** : 꽃을 좋아하거나 사랑하는 가시내. 늘 아름답고 빛나면서 즐거
  운 가시내
- **꽃아버지** : 꽃을 좋아하거나 사랑하는 아버지. 늘 아름답고 빛나면서 즐
  거운 아버지
- **꽃어머니** : 꽃을 좋아하거나 사랑하는 어머니. 늘 아름답고 빛나면서 즐
  거운 어머니
- **꽃할머니** : 꽃을 좋아하거나 사랑하는 할머니. 늘 아름답고 빛나면서 즐
  거운 할머니
- **꽃할아버지** : 꽃을 좋아하거나 사랑하는 할아버지. 늘 아름답고 빛나면
  서 즐거운 할아버지

꽃맺음

'꽃길'이란 말이 널리 퍼질 적에 깜짝 놀라면서 반가웠습니다.
사전에 오른 '꽃길'은 "꽃이 피거나 꽃이 있는 길"이란 풀이뿐이
었지만, 오늘날 젊은 이웃님은 이 수수한 낱말에 새로운 뜻을

담아서 널리 써 주었거든요. 이제 '꽃길'은 "늘 아름답고 빛나면
서 즐겁게 누리거나 살아가는 길"이라는 둘쨋뜻이 생겼습니다.
중국 한자말로 '화양연화'가 있는데, 이 중국 한자말도 '꽃길' 한
마디가 너끈히 담아낼 수 있더군요. 이러면서 생각을 더 잇고
싶어요. '해피 엔딩'을 '꽃'이란 낱말을 넣어 '꽃맺음·꽃마무리'
라 해볼 만하지 않을까요? 아름다운 삶을 '꽃삶'으로, 아름답고
사랑스런 노래를 '꽃노래'로, 즐겁고 아름답게 하는 일을 '꽃일'
로, 그야말로 온누리가 꽃누리가 되기를 바라는 마음을 말에 담
아 봅니다.

- 꽃길 : 1. 꽃이 피거나 꽃이 있는 길 2. 늘 아름답고 빛나면서 즐겁게 누
  리거나 살아가는 길
- 꽃살림 : 늘 아름답고 빛나면서 즐겁게 누리거나 가꾸는 살림
- 꽃사랑 : 늘 아름답고 빛나면서 즐겁게 누리거나 가꾸는 사랑
- 꽃삶 : 늘 아름답고 빛나면서 즐거운 삶
- 꽃노래 : 늘 아름답고 빛나면서 즐겁게 부르는 노래
- 꽃사람 : 늘 아름답고 빛나면서 즐거운 사람
- 꽃짝 : 늘 아름답고 빛나면서 즐거운 짝
- 꽃일 : 늘 아름답고 빛나면서 즐겁게 하는 일
- 꽃집 : 1. 꽃이 있거나 꽃을 파는 집·가게 2. 늘 아름답고 빛나면서 즐겁
  게 살아가는 집
- 꽃맺음 : 어떤 이야기·책·영화에서 끝을 아름답고 빛나면서 즐겁게 맺
  는 일
- 꽃마무리 : 아름답고 빛나면서 즐겁게 짓는 마무리

나들목

1998년 어느 날 교통방송 라디오에서 전화가 와서 우리 말글을 어떻게 살리면 좋을까 하는 이야기를 했습니다. 방송을 맡은 분이 대뜸 "그런데 있잖아요, 저희가 교통방송이다 보니까 늘 'IC, 인터체인지' 같은 영어를 써야 해요. 이런 말은 어떻게 바꾸면 좋을까요?" 하고 묻습니다. 갑자기 물어서 놀랐지만 퍼뜩 떠오르기로, 그 인터체인지라는 곳은 온갖 자동차가 드나드는 길목이기에 "인터체인지라면 자동차가 들어오고 나가는 길목이네요. 그러면 '들나목'쯤 될 텐데, 이보다는 '나들목'이라 하면 좋겠네요. 전철에서 사람들이 들어오고 나가는 '출입구'도 '나들목'이라 하면 될 테고요." 하니, "나들목. 입에 착 감기고 아주 좋네요. 오늘부터 써야겠습니다." 하셨어요. 참말로 그날부터 이 말을 쓰시더군요.

- **나들목** : 나가고 들어오는 길·곳·자리. '인터체인지·출입구·통행로'를 가리킨다
- **나들가게** : 마을에 있는 작은 가게. 집에서 가볍게 가까이 드나드는 곳에 있는 가게라는 뜻이다
- **나들벗** : 나들이를 같이 다니는 벗
- **나들길** : 나들이를 가는 길
- **나들터** : 마을에서 가볍게 가까이 드나들 수 있는 곳. 마을에 있는 '문화센터' 같은 곳을 가리킨다

- **나들집** : 마을에서 가볍게 가까이 드나들 수 있는 곳으로, 집처럼 포근
하다는 뜻으로 쓰는 이름이다
- **나들마당** : 마을에서 가볍게 가까이 드나들 수 있는 열린 자리나 곳. 마
을에 있는 '문화센터·광장' 같은 곳을 가리킨다

나찍

말은 함부로 지을 수 없습니다만, 말은 딱딱하게 짓지 않아요.
말은 즐겁거나 재미나게 짓습니다만, 말은 아무렇게나 짓지 않
아요. 예나 이제나 말을 짓는 사람은 손수 삶을 짓는 사람이에
요. 흙을 갈고 쟁기질을 하던 이가 '쟁기'란 이름을 짓지요. 아기
를 낳아 사랑으로 돌본 어버이가 '돌보다'란 말을 지어요. 오늘
날 우리는 혼자 사진을 찍고 놀면서 '혼놀·혼놀이'나 '혼찍' 같
은 말을 짓지요. 둘이 찍으면? '둘찍'이에요. 함께 찍으면 '함찍'
이지요. 떼지어서 찍으면 '떼찍'입니다. 떼지어서 노래를 부르기
에 '떼노래'잖아요? 예전에는 '합창·독창'을 썼다면, 이제는 '함
노래(떼노래)·혼노래'라고 즐겁게 이야기합니다. 참 재미나고
새로워요. 우리 생각날개는 언제나 몽실몽실 눈부시게 자라납
니다.

- **나찍** : 스스로 제 모습을 찍기. '셀카'를 가리킨다

- **나찍놀이** : 스스로 제 모습을 찍으며 놀기. 스스로 저를 찍으면서 즐기는 놀이

- **혼찍** : 혼자 제 모습을 찍기. '독사진'을 가리킨다

- **혼찍놀이** : 혼자 제 모습을 찍으며 놀기. 혼자 저를 찍으면서 즐기는 놀이

- **함찍** : 여러 사람이 한꺼번에 나오도록 찍기. '단체 촬영'을 가리킨다

- **함찍놀이** : 여러 사람이 한꺼번에 나오도록 찍으며 놀기

- **둘찍** : 두 사람이 같이 나오도록 찍기

- **떼찍** : 떼로 우르르 모여서 찍기. '단체 촬영'을 가리킨다

- **떼노래** : 여러 사람이 모여 목소리를 맞추어서 부르는 노래. '합창'을 가리킨다

- **혼노래** : 한 사람이 처음부터 끝까지 부르는 노래. 혼자 처음부터 끝까지 부르는 노래. '독창'을 가리킨다

너나들이

국민학교란 이름인 곳을 다니던 1980년대에 '소꿉동무·어깨동무·글동무·책동무·놀이동무·말동무·길동무'처럼 쓰면서 왜 여느 자리에는 한자말 '친구'라 해야 하는지 아리송했어요. 중학교를 다닐 무렵에 알았는데 '동무'를 북녘에서 흔히 쓴대서 남녘에서는 못 쓰게 했다더군요. 어른들은 힘으로 억눌러 막은 셈인데 아이들은 소꿉에 놀이에 말에 길에 '동무'였어요. 고등

학교를 다니며 '마음벗' 하나 있으면 좋겠다고 여기는데, 어른들은 '죽마고우'란 한자말하고 '불알친구' 같은, 사내끼리만 쓸 수 있는 말을 으레 쓰더군요. 우리 이름이, 더욱이 가시내랑 사내가 함께 쓸 만한 이름이 있으리라 여기며 한국말사전을 샅샅이 읽으며 '너나들이'를 찾았습니다. 생각해 보면 '삶벗·사랑벗'이라 해도 되었겠지요.

- **너나들이** : 서로 너니 나니 하고 부르며 허물없이 말을 건네는 사이. 매우 사랑스럽다고 할 만한 사이. '죽마고우'를 가리킨다
- **길동무** : 1. 길을 함께 가는 사이 2. 오래도록 한길을 함께 걸은 사람. '동반자·반려자'를 가리킨다
- **길벗** : 1. 길을 함께 가는 가까운 사이 2. 오래도록 한길을 함께 걸은 가까운 사람. '동반자·반려자'를 가리킨다
- **꿈동무** : 꿈을 이루는 길을 같이 나아가려는 사이
- **꿈벗** : 꿈을 이루는 길을 같이 나아가려는 가까운 사이
- **동무** : 1. 늘 어울리는 사람 2. 어떤 일을 함께 하는 사이
- **동무님** : '동무'를 높이거나 따스하게 나타내는 말. 또는 한결 아끼는 '동무'를 나타내는 말
- **마음동무** : 1. 마음이 맞거나, 마음을 나누거나, 마음을 서로 읽거나, 마음이 같이 흐르는 사이 2. 낯설거나 어려운 일을 마음으로 헤아려 주면서 차근차근 차분히 이야기를 들려주어 기운이 나도록 이끄는 사이
- **마음벗** : 1. 마음이 맞거나, 마음을 나누거나, 마음을 서로 읽거나, 마음이 같이 흐르는 가까운 사이 2. 낯설거나 어려운 일을 마음으로 헤아려 주면서 차근차근 차분히 이야기를 들려주어 기운이 나도록 이끄는 가

까운 사이

- **벗** : 1. 나이가 비슷하면서 서로 가까이 어울리는 사이 2. 가까이에 두면서 심심함을 달래도록 돕는 것

- **벗님** : '벗'을 높이거나 따스하게 나타내는 말. 또는 한결 아끼는 '벗'을 나타내는 말

- **사랑동무** : 사랑하는 동무. 사랑스러운 동무. 사랑으로 서로 헤아리거나 살필 줄 아는 사이

- **사랑벗** : 1. 사랑스러운 벗. 사랑하는 벗. 사랑으로 만나는 벗. 사랑을 나누거나 이야기하는 벗. 때로는 '동호인'을 가리킨다 2. 사랑으로 오래도록 함께하는 가까운 사이. '배우자'를 가리킨다

- **오랜동무** : 오랫동안 어울리는 사이

- **오랜벗** : 오랫동안 서로 가까이 어울린, 나이가 비슷한 사이

- **이슬동무** : 새벽을 여는 이슬을 맞이하는, 또는 새벽을 여는 이슬을 떨어 주듯 먼저 나아가는 길에 같이 있는 사이

- **이슬벗** : 새벽을 여는 이슬을 맞이하는, 또는 새벽을 여는 이슬을 떨어 주듯 먼저 나아가는 길에 같이 있는 가까운 사이

너울벼락

이른바 '오일쇼크'가 터졌을 적에 저는 꼬마여서 둘레에 무슨 일이 벌어졌는지 모릅니다. 어머니나 아버지는 몹시 힘드셨겠

지요. 한자말로 '유류파동·석유파동'이라고, 영어로 '오일쇼크 (oil shock)'라 말하는 어른들이에요. 어느 말이든 꼬마인 저한테는 낯설고 어려웠습니다. 이제 어른이 된 저는 아이들한테 이 이야기를 들려줄 자리에 서는데, 예전 어른처럼 아이들한테 낯설거나 어려운 말을 쓰고 싶지 않아요. 기름값이 치솟아 갑자기 크게 힘든 살림이 되었다면, 기름값으로 벼락을 맞은 셈이거나 너울이 친 셈이에요. '기름벼락·기름너울'이지요. 벼락하고 너울을 떠올리면, 이웃나라에 갑자기 사납고 크게 뒤덮는 무시무시한 물결에 '너울벼락' 같은 이름을 붙일 수 있습니다.

- **너울** : 1. 바다에 이는 크고 사나운 물결 2. 크고 사납게 일어나거나 덮치는 일
- **벼락** : 1. 비를 머금은 구름·하늘하고 땅 사이에 흐르는 전기가 만나면서 일어나는 불덩어리 같은 크고 센 빛줄기 2. 크거나 아주 무섭게 나무라거나 꾸짖는 일 3. 날 듯이 매우 빠른 모습을 나타내는 말 4. 뜻하지 않았는데 뒤집어쓰거나 부딪혀야 하는 일 5. 아주 갑자기 이루어지거나 하는 일
- **기름벼락** : 기름값이 갑자기 치솟아 사람들 살림이 크게 힘들어진 일. '유류파동·석유파동·오일쇼크'를 가리킨다
- **기름너울** : 기름값이 갑자기 치솟아 사람들 살림이 크게 힘들어진 일. '유류파동·석유파동·오일쇼크'를 가리킨다
- **너울벼락** : 갑자기 사납고 크게 일어나서 뒤덮는 물결. '쓰나미(つなみ·津波·津浪·海嘯)'를 가리킨다
- **돈벼락** : 갑자기 한꺼번에 많이 생긴 돈

- **물벼락** : 1. 갑자기 크고 세게 쏟아지는 물 2. 갑자기 크고 세게 찾아든 고비나 어려움. 갑자기 넘겨받거나 찾아든 궂거나 힘든 일
- **일벼락** : 갑자기 한꺼번에 많이 생긴 일
- **글벼락** : 갑자기 한꺼번에 쏟아지는 글. 갑자기 한꺼번에 많이 받은 글·덧글·글월
- **더위벼락** : 갑자기 크게 더운 날씨
- **추위벼락** : 갑자기 크게 추운 날씨

넉마디

이웃나라 일본에는 "한 줄도 길다"고 하면서 참으로 짤막하게 지어서 나누는 글이 있어요. 참 재미있습니다. 한 줄이 길어도 한 줄로 글을 짓는다면 '한줄글'이에요. 한 마디로 글을 지으면 '한마디글·마디글'이고요. 석 줄로 글을 지어 '석줄글'입니다. 중국 한문에서 따온 네 글씨로 이룬 낱말이라면 '네글씨말'이나 '넉마디말'이라 할 만해요. 그런데 네 글씨나 넉 마디로 이룬 말은 한국말에도 많아요. 쏜살같이, 사람물결, 얼렁뚱땅, 쥐락펴락, 아슬아슬, 처음으로, 밤낮으로. 이런 말씨도 알맞춤하게 쓰는 '네글씨·넉마디'예요. 또는 '넉글·넉말'이라 할 만해요. 길든 대로 쓰면 새길을 열지 못하지만, 배우는 대로 살리면 언제나 새글을 짓고, 새마디를 열며, 새숨을 틔웁니다.

새로 쓰는 **우리말 꾸러미** 사전

- **한줄글** : 한 줄로 쓰거나 짓는 글
- **마디글** : 마디가 하나이도록 쓰거나 짓는 글
- **석줄글** : 석 줄로 쓰거나 짓는 글. '삼행시'를 가리킨다
- **넉마디** : 마디가 넷인 것이나 글을 가리킨다
- **네마디** : 마디가 넷인 것이나 글을 가리킨다
- **넉말** : 꼭 넷으로 쓰거나 맺는 말
- **네말** : 꼭 넷으로 쓰거나 맺는 말
- **넉마디말** : 마디가 넷이 되도록 쓰거나 하거나 짓는 말
- **네마디말** : 마디가 넷이 되도록 쓰거나 하거나 짓는 말
- **넉글** : 꼭 넷으로 쓰거나 맺는 글
- **네글** : 꼭 넷으로 쓰거나 맺는 글
- **네글씨한자(네마디한자·넉마디한자·넉글한자)** : 꼭 넷으로 쓰는 한자. '사자성어'를 가리킨다

널방아

널에 올라서서 쿵쿵 찧어 하늘로 오르는 놀이는 옆에서 지켜보면 아슬아슬 재미있는데, 막상 널에 올라서서 쿵쿵 찧어 하늘로 오르면 찌릿찌릿하더군요. 널을 잘 뛰는 동무를 보면 참 대단하구나 싶었어요. 제가 어릴 적이던 1980년대 첫무렵까지 마을에서 널을 뛰는 동무가 있었으나, 긴 널에 앉아서 엉덩이로 방아

를 찧는 놀이틀이 들어서면서 '널뛰기'는 감쪽같이 자취를 감추었습니다. 널로 방아를 찧으니 '널방아'요, 미끄러지는 틀인 '미끄럼틀'처럼 '널틀'이란 이름이 어울리는데요, 다른 나라에서는 톱으로 나무를 켜는 곳에서 톱질 소리를 흉내내어 '시소·시이소오(seesaw)'라 했대요. 우리는 톱질 소리를 '쓱싹쓱싹'이라 하니 '쓱싹놀이·쓱싹방아'쯤 되겠네요.

- **널방아** : 널 한가운데를 받치고서 두 끝에 올라타거나 앉은 다음에 서로 뛰면서 오르고 내리도록 하는 놀이틀. '시소'를 가리킨다
- **널찧기** : = 널방아
- **널틀** : = 널방아
- **놀이틀** : 타거나 오르거나 움직이거나 돌리면서 놀 수 있도록 마련한 틀. '놀이 기구·놀이 시설'을 가리킨다
- **미끄럼틀** : 미끄러져 내려오면서 놀 수 있도록 한쪽으로 기울도록 세운 틀
- **뜀틀** : 위쪽에 천이나 폭신한 것을 대고서 네모나게 짠 나무틀을 겹겹이 쌓을 수 있도록 하고, 이 나무틀을 손으로 짚어서 껑충 뛰어넘도록 한 틀
- **비탈틀** : 미끄러져 내려오기도 하고, 거꾸로 타고 오르기도 하도록 한쪽으로 기울여서 세운 틀. '미끄럼틀'이란 놀이틀을 미끄러져 내려오며 놀기만 하지 않고, 거꾸로 오르며 놀기도 하기에, 오르내리면서 놀도록 따로 마련하는 틀을 가리킨다

눈코귀입

한국말로는 누구나 '눈, 코, 귀, 입'처럼 이야기합니다. 이를 한
문으로 옮기면 '이목구비'가 되어 '귀, 눈, 입, 코' 얼거리예요. 삶
자리가 다른 두 나라는 얼굴을 바라볼 적에 어떻게 말하느냐 하
는 얼거리가 다른 셈인데요, 막상 사전에 '눈코귀입'이란 낱말
이 없습니다. 한국말로는 '눈코귀입'이라 하는데 이 낱말이 없
다면 우리 삶을 어떻게 그려야 좋을까요? 사전에는 '눈코'란 낱
말만 나옵니다. 앞으로는 달라져야겠지요. '눈코귀입'도 '눈코
귀'나 '눈코입'도 이야기할 수 있으면 좋겠어요. 삶을 담아내는
말을 사전에 살뜰히 담고, 살림을 드러내는 말을 사전이 알뜰히
북돋우면 좋겠습니다. "눈코귀입이 또렷하다"고 할 적에는 '잘
생겼다'는 소리이기도 합니다.

- **눈코귀입** : 눈, 코, 귀, 입을 함께 가리키는 말. 얼굴이 어떻게 생겼는가
  를 눈, 코, 귀, 입을 놓고서 살피거나 볼 적에 쓰는 말
- **눈코입** : 눈, 코, 입을 함께 가리키는 말. 얼굴이 어떻게 생겼는가를 눈,
  코, 입을 놓고서 살피거나 볼 적에 쓰는 말
- **눈코귀** : 눈, 코, 귀를 함께 가리키는 말. 얼굴이 어떻게 생겼는가를 눈,
  코, 귀를 놓고서 살피거나 볼 적에 쓰는 말
- **눈코** : 눈하고 코를 함께 가리키는 말. 얼굴이 어떻게 생겼는가를 눈하
  고 코를 놓고서 살피거나 볼 적에 쓰는 말

다시쓰다

1982년부터 국민학교란 곳을 다녔는데, 학교에서 늘 '폐품수집'을 했어요. 신문이며 빈병을 다달이 꾸러미로 들고서 갖다 내야했어요. 한 사람마다 낼 몫이 있어, 이 몫을 안 채우면 흠씬 얻어맞고는 이듬달까지 곱으로 내야 했습니다. 틀림없이 '다시쓰기'라는 좋은 뜻으로 꾀한 일이었을 테지만 매우 들볶거나 닦달해서 괴로웠어요. 다달이 억지로 신문꾸러미에 빈병을 챙겨야 했거든요. 부피를 줄이고 비닐을 덜 쓰거나 안 써야 한다고들 하지만, 정작 서울을 보거나 가게를 찾아가면 온통 부풀림짓에 비닐로 덮어요. 우리 삶길은 달라질 수 있을까요? 쓰레기로 버리는 꾸러미가 아닌, 꾸준히 손보면서 '되쓸' 살림으로 거듭나는, 알맞게 쓰고 나면 땅으로 돌아가는, '오래쓰'고 '더쓰'고 '되살리'는 살림길을 그립니다.

- **다시쓰다(다시쓰기)** : 1. 예전에 쓴 글을 버리고, 줄거리·이야기·뼈대·결을 바꾸거나 고쳐서 쓰다. '개작·개고'를 가리킨다 2. 예전에 쓰고서 더는 안 쓰던 것·물건·살림을 바꾸거나 고쳐서 쓰다. '재생·재사용'을 가리킨다 3. 예전에 일을 맡겼다가 더는 일을 안 맡긴 사람을 다시 부르거나 찾아서 일을 맡기다 (되쓰다)
- **더쓰다(더쓰기)** : 쓰임새가 다 되었다고 여길 만하지만 손질하거나 돌보면서 한동안 이어서 쓰다
- **되쓰다(되쓰기)** : = 다시쓰다. '재사용·재이용'을 가리킨다

- **되살리다(되살리기·되살림)** : 쓰임새가 적거나 없던 것·물건·살림을 새로운 곳에 맞도록 바꾸거나 고쳐서 쓰임새를 다시 넓히다. '리사이클·재활용·재생'을 가리킨다

- **살려쓰다(살려쓰기)** : 1. 이제까지 알던 쓰임새를 한껏 넓혀서 다른 곳이나 여러 자리에 알맞게 쓰다. '활용·이용'을 가리킨다 2. 쓰임새가 적거나 없던 것·물건·살림을 새로운 곳에 맞도록 바꾸거나 고쳐서 쓰임새를 넓히다. '재활용·재생'을 가리킨다

- **새로쓰다(새로쓰기)** : 1. 아직 없거나 아무도 하지 않은 이야기·줄거리·결을 처음으로 쓰다. '신작'을 가리킨다 2. 예전에 쓰고서 더는 안 쓰던 것·물건·살림을 새로운 곳에 맞도록 바꾸거나 고쳐서 쓰임새를 넓히다. '재활용·신활용'을 가리킨다

- **오래쓰다(오래쓰기)** : 꽤 많은 나날이 지나거나 흐르도록 쓰다. 낡거나 닳지 않도록 손질하거나 돌보거나 아끼면서 꾸준히·자꾸자꾸 쓰다 (이제 더는 쓰기 어렵다고 할 만한 때를 지났어도 알맞게 손질하거나 돌보거나 아끼면서 다루는 모습을 나타낸다)

- **부풀림짓** : 속은 얼마 안 되지만 마치 많이 있는 듯이 보이려고 하는 짓. 조금만 있는 알맹이를 감추려고 겉을 지나치게 꾸미는 짓. '과대포장'을 가리킨다

- **살림길** : 살림을 하는 길. 알맞거나 알뜰하거나 알차게 살아갈 수 있도록 집·모임·마을·고을·고장·나라를 꾸리거나 가꾸거나 돌보거나 이끄는 길

달마을

저는 인천에서 나고 자랐으며, 서울에서 아홉 해를 살았는데요, 이렇게 도시에서 지내는 동안 익숙하게 들은 이름이 '동네'입니다. 어릴 적에는 그냥 '동네'만 알았고, 어머니하고 아버지가 시골집에 가실 적에 비로소 '마을'이란 이름을 들었습니다. 예전에는 두 말이 다른 곳을 가리키는 줄 여겼으나, 막상 두 이름은 같은 곳을 가리키더군요. 사람들이 하나둘 집을 짓고 살며 이루는 터전이 '마을'이고, 도시 문화·문명이 시골하고 금을 그으려고 억지로 '洞內(또는 洞네)'라는 말을 지은 셈이더군요. 요새는 도시에서도 '마을'이란 이름을 널리 써요. 앞으로는 '달마을'이라 하면 한결 푸근하지 싶습니다. 하늘에 뜬 달도, 서른 날마다 찾아오는 달도, 그대로 아끼면서 새로운 말빛을 길어올리면 더 좋을 테고요.

- **달마을** : 시골이나 서울이나 사람들이 집을 지어 살며 저절로 모여 이루는 곳은 '마을'이다. 그런데 이런 마을을 놓고서, 일제강점기 무렵부터 '시골 = 마을', '도시(서울) = 동네(洞-)'라는 이름으로 가르려 했으며, 시골에서는 마을이름을 '-마을'로 했다면, 도시에서는 '-동'으로 했다. 이러면서 도시에서 가난한 사람들이 멧중턱이나 멧꼭대기를 둘러싸고 모인 마을도 '달마을' 아닌 '달동네'란 이름으로 널리 썼는데, 시골하고 도시를 굳이 가르기보다는 모두 사람이 모여서 이루는 터전이라는 뜻으로 '달마을'이라고 할 만하다

새로 쓰는 **우리말 꾸러미** 사전

- **달동네** : = 달마을. 가난한 사람들이 멧중턱이나 멧꼭대기를 둘러싼 곳에 옹기종기 모여서 살아가며 마을을 이루는 모습을 본 백기완 님은 '달동네'라는 이름을 지었다. 나라에서는 이런 마을을 '빈민촌'이라 일렀고, 백기완 님은 가난한 마을 사람들이 달을 가까이에서 마주보고 산다는 뜻으로 '달동네'라는 이름을 쓰자고 했다
- **달책** : 다달이 나오는 책. '월간잡지·월간지'를 가리킨다
- **달삯** : 어느 일터에 들어가서 일하는 사람이 다달이 받는 일삯
- **달밤마당** : 달이 깊은 밤에 열거나 누리는 저잣거리나 잔치판. '심야시장·심야축제'를 가리킨다
- **달빛마당** : = 달밤마당
- **달마실** : 달이 뜬 밤에 달이나 별을 보면서 다니는 마실
- **달빛마실** : = 달마실

덤돈

아이한테 "자, 네 마음껏 골라서 가지렴." 하고 묻습니다. 아이가 하나를 고르고는 망설입니다. "더 가지고 싶으면 더 가져." "음, 그래도 되나요?" 하나를 고른 뒤에 하나를 더 고른 아이한테 슬그머니 하나를 얹어 줍니다. "자, 덤이란다." "덤이오? 덤이 뭐예요?" "너한테 그냥 주는 내 마음이야." 우리 아이하고 이렇게 덤놀이를 하다가 문득 생각합니다. 저도 어릴 적에 둘레에서 여러

어른이 이렇게 덤놀이를 하면서 '덤'이란 말을 찬찬히 가르쳐 주었네 하고요. '우수리'란 낱말도 곁에서 어른들이 주고받는 말을 귀동냥으로 헤아리며 새겼어요. 즐겁게 나누는 덤이요 우수리라면, 일한 보람에 기쁘게 얹는 돈을 '덤돈'이라 해볼 만하지 싶어요. '덤삯'이나 '덧돈'이나 '덧삯'을 나눌 수도 있겠지요.

- **갑절** : 1. 무엇을 두 벌·번·판으로 더하거나 되풀이한 수·셈·부피·값·일 2. 무엇을 두 벌·번·판으로 뺀 수·셈·부피·값·일

- **곱** : 1. 무엇을 두 벌·번·판으로 더하거나 되풀이한 수·셈·부피·값·일 ('곱절'을 줄인 말) 2. 어느 수·부피를 그만큼 되풀이할 적에 세는 말 3. 어느 수를 그만큼 되풀이해서 얻은 값 4. 무엇을 두 벌·번·판으로 뺀 수·셈·부피·값·일

- **곱절** : 1. 무엇을 두 벌·번·판으로 더하거나 되풀이한 수·셈·부피·값·일 2. 어느 수·부피를 그만큼 되풀이할 적에 세는 말 3. 무엇을 두 벌·번·판으로 뺀 수·셈·부피·값·일

- **덤** : 1. 내야 할 값이나 제 값어치보다 더 주는 일·돈·물건. '추가·인센티브·성과급·사은품·가산점·추가금·추가 점수·플러스·일석이조·일석삼조·일석다조·보너스·혜택'을 가리킨다 2. 쓰거나 빌리고서 돌려줄 적에 처음 쓰거나 빌린 돈·값·물건에 붙여서 주는 돈·물건. '이자·할증'을 가리킨다 3. = 우수리 4. 바둑을 두는 자리에서, 검은돌을 쥔 사람이 흰돌을 쥔 사람한테 몇 집을 더 주는 일

- **우수리** : 1. 값을 내고서 받는 돈 2. 어느 만큼 차고서 남는 몫

- **곱값** : 곱으로 더 내거나 받는 값

- **곱돈** : 곱으로 받거나 주는 돈

- **곱몫** : 곱으로 오거나 가는 몫

- **곱삯** : 곱으로 더 받는 삯

- **덧돈** : 더 주거나 받는 돈. 더 붙여서 주거나 받는 돈

- **덤값** : 덤으로 주거나 받는 값

- **덤꾸러미** : 덤으로 주거나 받는 꾸러미

- **덤돈** : 덤으로 주거나 받는 돈. '팁·보너스·상여금'을 가리킨다

- **덤몫** : 덤으로 주거나 받는 몫

- **덤바퀴** : 더 두거나 챙기는 바퀴. '스페어타이어'를 가리킨다

- **덤삯** : 덤으로 주거나 받는 삯. '팁·보너스·상여금'을 가리킨다

- **덤터기** : 1. 한 적이 없는데 남한테 넘기는 짐·허물·걱정·잘못·손가락질. 또는 한 적이 없으나 남한테서 넘겨받는 짐·허물·걱정·잘못·손가락질 2. 한 적이 없으나 뜻하지 않게 받아야 하는 짐·허물·걱정·잘못·손가락질

덧이름

예전에 한문을 쓰던 분들은 '호'라는 말로 '새이름'을 손수 지어서 썼어요. 어느 만큼 철이 들 즈음이면 어버이가 지은 이름이 아닌 스스로 지은 이름을 썼다지요. 오늘날에는 셈틀이나 손전화로 누리집을 들락거리면서 스스로 새이름을 지어요. 이름이 또 있으니 '또이름'인 셈이요, 이름을 더 지으니 '덧이름'입니

다. 사람물결이 끊이지 않는 곳에서는 전철역이 아슬아슬할 수 있어, 문을 따로 마련합니다. 문을 더 달지요. 더 달기에 '덧문'입니다. 타고 내리는 문 말고 겹으로 더 있으니 '겹문'이에요. 바깥이 시끄럽다면, 또 춥거나 더운 바람이 스미지 않도록 창이나 문을 둘이나 셋으로 달기도 해요. 창이 둘이나 셋이면 '두겹창·세겹창'이겠지요. '겹창'이라 해도 되고요.

- **새이름** : 새로 짓거나 생긴 이름. 늘 부르거나 가리키는 이름 말고 새롭게 나타내거나 가리키려고 짓거나 붙인 이름
- **덧이름** : 더 붙인 이름. 늘 쓰는 이름 말고, 어느 곳에서 따로 쓰려고 짓거나 붙인 이름. '별칭·별명·호·아이디·닉네임'을 가리킨다
- **귀염이름** : 귀엽게 가리키는 이름. '애칭·별칭'을 가리킨다
- **사랑이름** : 사랑스럽게 가리키는 이름. '애칭·별칭'을 가리킨다
- **머릿이름** : 1. 앞에 내세우는 이름 2. 첫 닿소리나 글씨를 하나씩 따서 이은 새로운 이름. '숲노래'라면 'ㅅㄴㄹ'로, '숲을 사랑하는 모임'이라면 '숲사모'로 쓰는 이름. '이니셜'을 가리킨다
- **또이름** : 또 있는 이름. 늘 부르거나 가리키는 이름 말고 따로 나타내거나 가리키는 이름. '별명·별칭·호·닉네임'을 가리킨다
- **글이름** : 1. 글을 쓰는 사람을 밝히려고 붙이거나 지어 놓은 이름. 글을 쓸 적에만 따로 밝히거나 붙이거나 지어 놓은 이름. '필명·펜네임'을 가리킨다 2. 글·글씨·책을 잘 쓰거나 훌륭히 펴면서 널리 알려진 이름
- **덧문** : 1. 문 곁이나 바깥에 더 붙이거나 다는 문 2. 기차·전철·버스를 타는 곳에서 사람들이 기찻길·전철길·버스길에 떨어지거나 그쪽으로 미리 나가지 않도록 따로 마련해 놓은 문. '안전문·스크린도어'를 가리킨다

- **덧일** : 1. 맡거나 주어진 일에 붙은, 더 맡거나 주어진 일 2. 일을 하기로 주어진 때를 넘어서 더 하는 일. '추가근로·추가노동·시간외노동·시간 외근무·시간외근로'를 가리킨다
- **덧짓** : 더 하는 짓. 그만하지 않고 자꾸 하는 짓
- **겹문** : 1. 겹으로 있는 문. 포개어서 있는 문. 문 하나에 바로 붙여서 더 있는 문. 소리·추위·더위를 막으려는 뜻으로 마련한다. '이중문'을 가리 킨다 2. 더 있는 문. '안전문·스크린도어'를 가리킨다
- **겹창** : 겹으로 있는 창. 포개어서 있는 창. 창 하나에 바로 붙여서 더 있는 창. 소리·추위·더위를 막으려는 뜻으로 마련한다. '이중창'을 가리킨다

돌고돌다

똑같은 짓을 다시 하면서 무릎을 치기도 해요. 또 이렇게 하네 싶어 뉘우칩니다. 똑같은 일을 다시 하면서 새삼스럽기도 해요. 이 멋진 일을 또 맞이하면서 할 수 있구나 싶어 반갑습니다. 틀 림없이 똑같은 길이지만 어느 때에는 쳇바퀴에 갇힌 듯 맴을 돌 고, 어느 때에는 훨훨 날아오르듯이 신나서 춤을 추어요. 아무 마 음이나 생각이 없이 돌고돈다면 덧없거나 부질없으리라 느껴요. 제대로 마음을 기울이고 생각하면서 뚜벅뚜벅 나아간다면 쳇바 퀴질이 아닌 당찬 매무새가 될 테지요. 아이들 곁에서 한 마디 말을 건넬 적에, 스스로 다짐하는 말을 읊을 적에, 어떻게 돌고돌

말을 하려나 하고 곱씹습니다. 상냥한 말이 우리 입에서 태어나 온누리를 돌고돌 수 있어요. 아름찬, 보람찬, 힘찬 말이 우리 마음에서 꽃으로 피어날 수 있어요.

- **돌고돌다** : 돌고서 또 돌다. 돌고 돌기를 그치지 않다. 한 자리나 한 가지 모습으로 있지 않다. '회전·무한반복·반복·제행무상·무상'을 가리킨다
- **덧없다** : 1. 알지 못하는 사이에 때가 매우 빠르게 지나가거나 바뀌다. '제행무상·무상'을 가리킨다 2. 보람이나 쓸모가 없어 허전하거나 아쉽다 3. 갈피를 잡을 수 없거나 까닭·바탕이 없다
- **부질없다** : 1. 대수롭지 않거나 때가 지나가서, 쓸 만한 값어치가 없다. '제행무상·무상·별무소용·무소용·소용없다'를 가리킨다 2. 어떤 일을 하거나 마음을 품을 만하지 않다
- **쳇바퀴** : 1. 얇고 길며 반반한 나무를 둥글게 휘어 붙여서 짓는 체에서 몸이 되는 바깥쪽. 거르는 구실로 쓸 적에는 그물이나 천으로 쳇불을 메우고, 안쪽에 살만 대어 빙글빙글 돌게 하기도 한다. "다람쥐 쳇바퀴 돌 듯"이라 말할 적에 나오는 '쳇바퀴'는 바로 안쪽에 살만 댄 얼개이다 2. 늘 똑같이 되풀이를 하는 모습·몸짓·삶을 나타내는 말. 달라질 길이 없이 되풀이하면서 갇힌 듯한 모습·몸짓·삶을 나타내는 말. '구속된 생활·노예 생활·반복되는 일상·동일한 작업'을 가리킨다
- **쳇바퀴질** : 1. 쳇바퀴를 도는 일 2. 늘 똑같이 되풀이를 하는 모습·몸짓·삶. 달라질 길이 없이 되풀이하면서 갇힌 듯한 모습·몸짓·삶. '구속된 생활·노예 생활·반복되는 일상·동일한 작업'을 가리킨다

두밤

어릴 적에는 여름방학이나 겨울방학에 으레 시골집에 갔습니다. 이때에 어머니한테 여쭈지요. "거기 가면 몇 밤을 자고 와요?" "삼박사일쯤? 아니, 사박오일인가?" 어머니가 들려주는 '삼박사일'이나 '사박오일'은 알쏭달쏭했습니다. 국민학교 6학년에 가을마실로 몇 밤을 자러 다녀온 적이 있는데, 이때에 이틀을 묵었지 싶으나 어린 저는 '이박삼일'인지 '삼박사일'인지 헷갈렸습니다. 사전을 살피면 '밤'이란 낱말에 바깥에서 자거나 하루를 보내는 일이라는 뜻풀이가 없습니다. 한자말 '박(泊)'만 올림말로 나오고, 이 한자말에만 그 뜻풀이가 나와요. 어른들도 "한밤을 잔다"나 "몇 밤을 잘까"처럼 말합니다. '밤'을 알맞게 쓰면 며칠을 다른 곳에서 머무는가를 아이도 쉽고 또렷하게 알아들을 만합니다.

- **밤** : 1. 해가 지고 나서 어둠이 깔리고서 다시 해가 떠서 밝을 무렵까지 나타내는 말 2. 해가 없이 어두운 때처럼, 삶도 어둠과 같다고 할 적에 빗대는 말 3. 잠을 자는 어느 하루. 우리 집이 아닌 밖이나 다른 곳에서 하루를 자면서, 또는 밤을 보내면서 지내는 날. '박(泊)'을 가리킨다
- **가을마실** : 가을에 떠나거나 누리는 마실. 가을에 어디를 다녀오는 일. 학교에서는 '수학여행'을 가리킨다
- **두밤** : 밤을 둘 보내기. 두 날, 곧 이틀을 밖이나 다른 곳에서 자면서, 또는 밤을 이틀 보내면서 지내는 일. '이박삼일'을 가리킨다

- **사흘밤** : 사흘을 보내는 밤. 사흘을 밖이나 다른 곳에서 자면서, 또는 밤을 사흘 보내면서 지내는 일. '삼박사일'을 가리킨다
- **석밤(세밤)** : 밤을 셋 보내기. 석 날, 곧 사흘을 밖이나 다른 곳에서 자면서, 또는 밤을 사흘 보내면서 지내는 일. '삼박사일'을 가리킨다
- **이틀밤** : 이틀을 보내는 밤. 이틀을 밖이나 다른 곳에서 자면서, 또는 밤을 이틀 보내면서 지내는 일. '이박삼일'을 가리킨다

둑나루

고흥 나로에 사는 이웃님이 전화를 걸어서 한 가지를 물어보셔요. "이보게, 자네 포구 가운데 방파제 끝에 있는 포구를 아는가? 방파제에 있는 포구를 사진으로 찍었는데 이런 곳을 뭐라고 부르는지 모르겠네." 이름을 알면 알려주고, 아직 '방파제 포구'를 가리키는 이름이 없으면 제가 지어서 알려주라 하시기에, '방파제'란 한자말은 한국말로 하자면 '둑'이요, '포구'란 한자말은 한국말로 '나루'라 한다고 말씀을 여쭙니다. 그러니 '방파제 포구'라면 '둑나루·나루둑' 가운데 하나로 쓰면 되겠다고 했어요. 서울마실을 하며 마포구 한길을 걷는데 건널목에 '마포 그늘나루'란 이름을 적은 해가림천이 크게 있어요. 놀라며 반갑더군요. 찻길을 건너는 길목에 그늘을 드리우는 '그늘나루'란 이름이 참 훌륭해요.

- **둑나루** : 둑을 놓은 곳에 있는 나루. '방파제 포구'를 가리킨다
- **그늘나루** : 한길이나 찻길을 가로지르는 자리인 건널목에 놓아 사람들이 그늘을 누릴 수 있도록 하는 자리
- **포근나루** : 겨울에 한길이나 찻길이나 맞이마당 한쪽에 따뜻하도록 마련한 자리
- **하늘나루** : 하늘길을 오가려고 비행기를 타는 곳. '공항'을 가리킨다
- **버스나루** : 이 고장에서 저 고장으로 오가려고 버스를 타는 곳. '버스터미널'을 가리킨다
- **기차나루** : 이 고장에서 저 고장으로 오가려고 기차를 타는 곳. '기차역'을 가리킨다
- **새나루** : 이곳하고 저곳을 새롭게 잇는 곳이나 자리
- **생각나루** : 이 생각하고 저 생각을 잇도록 하는 곳이나 자리나 마음
- **꿈나루** : 꿈을 이곳에서 저곳으로 펼치도록 하는 곳이나 자리나 마음이나 사람
- **이야기나루** : 이곳에서 흐르는 이야기를 저곳으로 나누거나 퍼뜨리도록 하는 곳이나 자리나 사람이나 책
- **마음나루** : 이 사람하고 저 사람 사이에 마음이 흐르거나 만날 수 있도록 하는 곳이나 사람이나 숨결

뒷밥

바삐 밥을 짓는 어머니 곁에 붙어서 심부름을 하다 보면 "자, 맛보기로 먹어 봐." 하면서 국물 한 숟가락이나 먹을거리 한 조각을 건네곤 합니다. 맛있다고 더 달라 여쭈면 "맛만 봐야지. 이따가 먹고." 하면서 더 안 주시다가도 "그럼 하나만 더." 하면서 내어주셨어요. 배부르게 잘 먹은 다음에는 때때로 "뭘로 '입가심'을 하면 좋을까?" 하고 말씀하셨고, 이때에 능금이나 배를 언니나 제가 깎곤 했습니다. '맛보기'는 밥을 짓는 동안 가볍게 맛을 보는 먹을거리라면, '입가심'은 밥을 먹고서 밥자리를 치우는 먹을거리입니다. '입씻이'는 앞이나 나중 모두 가리키는 먹을거리일 텐데, 먼저 맛을 보듯 먹어서 '앞밥'을, 배불리 먹고서 입을 가시듯이 '뒷밥'을 먹는다고 할 만하지 싶습니다.

- **뒷밥** : 넉넉히 다 먹고서 입에 어떤 맛이나 냄새가 남지 않도록 입을 비우려고 가볍게 마련하는 먹을거리나 마실거리. '디저트·후식'을 가리킨다

- **앞밥** : 밥맛이 나게 미리 마련하는 먹을거리나 마실거리. '애피타이저·전채'를 가리킨다

- **입씻이** : 1. 입을 씻는 일. 살짝 먹거나 마셔서 입을 비우거나, 입에 남은 것을 없애는 일. 먼저 무엇을 살짝 먹거나 마시면서 입에 남은 맛이나 냄새가 사라지도록 하는 일을 가리키고, 이렇게 한 뒤에 넉넉히 차려서 밥맛을 한결 깊고 넓게 느끼거나 누리려고 한다. 또는 넉넉히 다 먹고서

새로 쓰는 **우리말 꾸러미** 사전

입에 어떤 맛이나 냄새가 남지 않도록 입을 비우려고 가볍게 무엇을 먹거나 마시는 일. 또는 이런 먹을거리나 마실거리. '애피타이저·전채·디저트·후식'을 가리킨다 2. 숨기거나 감추거나 꿍꿍이·속셈이 있어서, 또는 누구한테 안 좋은 이야기가 드러나지 않도록, 이를 남들이 알지 못하도록, 누구한테 돈이나 물건을 주어 그 이야기가 그 사람 입밖으로 나오지 않도록 하는 일. 또는 이렇게 하려고 주는 돈이나 물건

- **입가심** : 1. 입을 가시는 일. 살짝 먹거나 마셔서 입을 비우거나 깨끗이 하는 일. 먼저 무엇을 살짝 먹거나 마시면서 입에 남은 맛이나 냄새가 사라지도록 하는 일을 가리키고, 이렇게 한 뒤에 넉넉히 차려서 밥맛을 한결 깊고 넓게 느끼거나 누리려고 한다. 또는 넉넉히 다 먹고서 입에 어떤 맛이나 냄새가 남지 않도록 입을 비우려고 가볍게 무엇을 먹거나 마시는 일. 또는 이런 먹을거리나 마실거리. '애피타이저·전채·디저트·후식'을 가리킨다 2. 크거나 대단하거나 뜻깊은 일을 하기 앞서 가볍게 몸·손·마음을 풀거나 다스리려고 하는 작거나 수수한 일

- **맛보기** : 1. 맛이 어떠한지 알려고 살짝·가볍게 먹는 밥. '시식'을 가리킨다 2. 힘이나 마음을 쏟아 어떤 일을 오랫동안·깊이·신나게 하기 앞서 가볍게 몸·손·마음을 풀거나 다스리려고, 또는 그 일이 어떠한가를 살짝 알고자 해보는 작거나 수수한 일 3. 책이나 영화에서 줄거리를 어림할 수 있도록 가볍게 간추려서 살짝 보여주거나 들려주는 이야기. '예고편'을 가리킨다

- **앞가심** : 밥맛이 나게 미리 마련하는 먹을거리나 마실거리. '애피타이저·전채'를 가리킨다

- **앞씻이** : 밥맛이 나게 미리 마련하는 먹을거리나 마실거리. '애피타이저·전채'를 가리킨다

- **뒷가심** : 넉넉히 다 먹고서 입에 어떤 맛이나 냄새가 남지 않도록 입을 비우려고 가볍게 마련하는 먹을거리나 마실거리. '디저트·후식'을 가리킨다
- **뒷씻이** : 넉넉히 다 먹고서 입에 어떤 맛이나 냄새가 남지 않도록 입을 비우려고 가볍게 마련하는 먹을거리나 마실거리. '디저트·후식'을 가리킨다

등짐

저는 등에 꽤 묵직하게 짊어지면서 다닙니다. 아이들하고 움직이노라면 아이들 옷가지나 여러 살림을 챙겨야 하고, 제가 읽을 책이나 아이들이 읽을 책도 챙기거든요. 여기에 사진기도 건사해요. 이런 차림새를 본 어느 이웃님이 "우리도 예전엔 다 '등짐'을 하고 다녔지. 지게가 다 그런 셈이지." 하고 말씀합니다. 인천이란 고장에서 나고 자라면서 지게를 진 일이 없습니다. 요즈음 시골에서 지게를 진 이웃을 만나기 어렵습니다. 짐차나 경운기에 실어 날라요. 가만히 따지면 '등짐·지게'가 오늘날 '배낭' 구실이요, '보따리·보퉁이'가 '가방' 노릇입니다. 오랜 살림을 새로운 살림으로 가꾸거나 가다듬는 길을 헤아려 봅니다. '어깨짐'을 걸치거나 '수레짐'을 끌거나 '책보따리'를 들 수 있습니다.

새로 쓰는 **우리말 꾸러미** 사전

- **짐** : 1. 어느 곳으로 가져가거나 들고 가려고, 잘 모으거나 묶거나 엮거나 챙긴 것·살림·물건 2. 하기로 한 일. 하기로 해서 풀거나 해낼 일 (하기로 한 일인데 무척 어렵거나 힘이 많이 든다는 느낌을 나타낸다) 3. 힘이 많이 들어야 하거나, 힘을 많이 들여야 하거나, 마음에 안 들거나, 손을 많이 써야 하거나, 그리 안 하고 싶은 일 (사람이나 물건을 가리키기도 한다) 4. 한 사람이 한 걸음에 들어서 옮길 수 있을 만한 부피나 크기를 세는 말 5. 무엇을 넣어서 등에 얹거나 어깨에 걸치거나 손에 들거나 허리에 차고서 다닐 수 있도록 지은 살림
- **등짐** : 1. 짐을 등에 지는 일. 또는 등에 얹은 짐 2. 짐을 넣어서 등에 지고 다닐 수 있도록 지은 살림. '배낭·가방·백팩'을 가리킨다
- **손짐** : 1. 손에 쥐거나 든 짐. 손으로 가볍거나 쉽게 들고 다닐 수 있는 짐 2. 짐을 넣어서 손에 가볍게 들고 다닐 수 있도록 지은 살림. '손가방'을 가리킨다
- **수레짐** : 1. 수레에 얹거나 담은 짐 2. 짐을 넣어서 끌고 다닐 수 있도록 지은 살림 (밑에 작은 바퀴를 붙이고 단단하게 겉을 대어 짐을 가볍게 다루거나 안 다치도록 넣어서 끌고 다닐 수 있도록 지은 살림). '여행가방·캐리어'를 가리킨다
- **어깨짐** : 1. 짐을 어깨에 얹는 일. 또는 어깨에 얹은 짐 2. 짐을 넣어서 어깨에 가로질러 들고 다닐 수 있도록 지은 살림. '숄더백'을 가리킨다
- **짐수레** : 1. 짐을 실어서 끌고 다니거나 나르는 수레 2. 커다란 가게에서 장만하는 물건을 담아서 끌고 다니는 수레. '쇼핑카트'를 가리킨다
- **짐차** : 짐을 실어서 나르는 차. '트럭'을 가리킨다
- **책보따리** : 1. 책을 싸서 들고 다니도록 하는 천. 또는 천에 싸서 들고 다니는 책 2. 잔뜩 꾸려서 묵직한 책

따라하다

아이들은 제가 잘하거나 못하거나 안 따져요. 그냥 그대로 따라
합니다. 이래서 어버이 노릇이란 제대로 해야겠구나 하고 깨달
으면서 하나를 더 배웁니다. 아직 하나도 모를 적에는 좋거나
싫다는 마음이 없이 모두 그대로 따라해야 하더군요. '이건 아
닌 듯한데?' 하고 여기면서 하나라도 마음대로 바꾸면 그만 못
배우거나 샛길로 빠져요. 처음 차리는 밥이라면 곁에서 시키는
대로 해야지, 양념이나 간이나 손질을 함부로 바꾸면 안 되어
요. 고스란히 따르고 나서야 비로소 알아차립니다. 아이들을 보
면 참 '따라쟁이'에 '흉내쟁이'인데, 어른인 저도 숱한 이슬떨이
나 길벗을 지켜보면서 따라배웠습니다. 앞선 분을 따라가면서
어느덧 제가 걸을 길을 새롭게 찾기도 해요. 처음엔 시늉질이지
만, 차근차근 새빛을 가꾸어요.

- **따라가다** : 1. 앞에 가는 사람·길·무엇을 보면서 이렇게 가는 대로 가다
  (뒤에 서서 똑같이 가다) 2. 곧게 난 자리·길·금·흐름을 그대로 밟으면
  서 가다 3. 다른 사람·무엇·무리가 하는 일이나 모습, 또는 누가 시키
  는 말을 그대로 하거나 똑같이 하다 4. 앞에 있는 만큼·앞서가는 만큼·
  앞에서 이룬 만큼·앞에서 보여주는 만큼 가깝게·비슷하게·거의·제법
  되거나 이르거나 있거나 하다 (뒤떨어진 곳에 있기에, 더는 뒤떨어지지
  않으려고 하다. 멀리 떨어지려 하기에, 더 떨어지지 않도록 따라잡으려
  고 하다) 5. 앞에서 하거나 가거나 보여주거나·누가 시키는 대로 하거

　　　　　　　　　　　　　새로 쓰는 **우리말 꾸러미** 사전

나 갈 뿐, 스스로 더 생각하거나 살피지 않다

- **따라하다** : 1. 앞에서 하는 사람·길·무엇을 보면서 이렇게 하는 대로 하다 2. 앞에 있는 만큼·앞서가는 만큼·앞에서 이룬 만큼·앞에서 보여주는 만큼 가깝게·비슷하게·잘·좋게 되거나 이르거나 있으려고 그대로 하거나 배우다 3. 앞에서 하거나 가거나 보여주거나·누가 시키는 대로 하거나 갈 뿐, 스스로 더 생각하거나 살피지 않다

- **따라배우다** : 앞에서 하거나 있거나 보여주는 그대로 해보면서 배우다

- **따라쟁이** : 앞에서 하거나 있거나 보여주는 그대로 하려는 사람

- **따라버릇** : 앞에서 하거나 있거나 보여주는 그대로 하려는 몸짓

- **곁배우기** : 가까이에 함께 있으면서 배우기

- **흉내** : 남이 하거나 보이는 말·모습·일을 그대로 하는 짓

- **흉내쟁이** : 남이 하거나 보이는 말·모습·일을 그대로 하는 사람

- **흉내질** : 남이 하거나 보이는 말·모습·일을 자꾸 그대로 하는 짓

- **시늉** : 어느 흐름·모습·움직임·소리·결·무늬·느낌을 비슷하게 해보는 짓

- **시늉쟁이** : 어느 흐름·모습·움직임·소리·결·무늬·느낌을 비슷하게 해보는 사람

- **시늉질** : 어느 흐름·모습·움직임·소리·결·무늬·느낌을 비슷하게 자꾸 해보는 짓

- **새빛** : 1. 새로 생기거나 나오거나 밝은 빛 2. 새롭게 가꾸거나 짓거나 하는 일·길·살림이 보기 좋거나 환하게 피어나는 모습

※ 사전 올림말로 삼지 않아도 넉넉히 나눌 만한 말마디 : 보고 배우기, 어깨너머 배우기

떠난분

죽은 사람을 높인다는 뜻에서 '고인'이란 한자말을 쓴다고 해요. 그런데 한국말을 보면 '가다'라는 낱말을 '죽다'로도 쓰고, 어느 분이 죽었기에 이를 높이려는 뜻으로 '가시다'처럼 써요. 사전에는 아직 '가시다'가 오르지 않지만, 앞으로는 따로 높임말로 삼도록 올려야지 싶습니다. 이와 맞물려 '돌아가시다'도 쓰지요. 때로는 '떠나다'란 말도 써요. 에둘러서 나타내는 말인데, '가시다·떠나다'를 살려서 새말을 지을 만합니다. '떠난분·가신분'이라 하거나 '떠난님·가신님'이라 할 만해요. 수수하게 '죽은분·죽은이'라 해도 되고, '죽은님'이라 해도 높이는 말이 되어요.

- **떠난분** : 죽은 사람을 에둘러 나타내면서 높이는 말
- **떠난님** : 죽은 사람을 에둘러 나타내면서 높이는 말. 죽은 사람이 나한테 고마웠거나 사랑스러웠다는 느낌을 나타내거나, 죽은 사람이 훌륭하거나 아름다웠기에 기리려는 뜻으로 하는 말
- **떠난이** : 죽은 사람을 에둘러 나타내는 말
- **가신분** : 죽은 사람을 높이는 말
- **가신님** : 죽은 사람을 높이는 말이면서, 죽은 사람이 나한테 고마웠거나 사랑스러웠다는 느낌을 나타내거나, 죽은 사람이 훌륭하거나 아름다웠기에 기리려는 뜻으로 하는 말
- **가신이** : 죽은 사람을 높이는 말

새로 쓰는 **우리말 꾸러미** 사전

- **죽은분** : 죽은 사람을 높이는 말
- **죽은님** : 죽은 사람을 높이거나, 죽은 사람이 나하고 가깝거나 사랑스러웠다는 뜻을 나타내는 말
- **죽은이** : 죽은 사람을 수수하게 나타내는 말

뜬꿈

'희망고문'이란 말을 누가 하면 어쩐지 괴롭습니다. '고문'이란 한자말이 사람을 못살게 굴 뿐 아니라 모질게 들볶거나 두들겨 패서 죽음으로까지 내모는 끔찍한 짓인 터라, 이런 말을 붙인 '희망고문'은 꿈이 아닌 아픔이기만 하다고 느껴요. 될 듯 말 듯, 이룰 듯 말 듯 한 모습이 아니라, 되지도 않고 이룰 수도 없는 느낌을 나타낸달까요. 생각해 보면 "헛된 짓은 그만두라"고 말씀한 어른이 꽤 있습니다. "오르지 못할 나무 쳐다보지 말라"고도 하지요. 이른바 '헛꿈'은 품지 말라 하지요. '개꿈'일 뿐이라고도 해요. '붕 뜬 꿈' 같은 말도 쓰고요. 그렇지만 '꿈'이란 이루기를 바라는 마음이에요. 이루기를 바라며 마음에 씨앗으로 심는 생각이 꿈일 테지요. 삶꿈으로, 사랑꿈으로, 살림꿈으로 나아가기를 빕니다.

- **뜬꿈** : 이루려고 하거나 이루기를 바라지만, 자꾸 다른 길로 새거나 뜨

고 말아서 이루지 못하는 뜻·생각·일·이야기

- **뜬소리** : 1. 여러 사람 입에 오르내리면서 잘못 퍼지는 이야기 2. 제대로 나지 않고 한쪽으로 솟으면서 새는 소리 3. 이루거나 하지 못할 듯하면서 자꾸 떠서 퍼지는 이야기

- **붕뜬꿈** : 이루려고 하거나 이루기를 바라지만, 아주 다른 길로 새거나 뜨고 말아서 이루지 못하는 뜻·생각·일·이야기

- **헛꿈** : 1. 어수선하거나 두려운 마음에 꾸는 꿈 2. 이룰 수 없다고 여길 만하지만, 이루려고 하거나 이루기를 바라는 뜻·생각·일·이야기 3. 말이 안 되거나 믿을 수 없는 뜻·생각·일·이야기

- **개꿈** : 1. 무엇인지 알기 어렵거나 헤아릴 수 없도록 꾸는 꿈. 무슨 이야기인지 모르도록 어수선하거나 어지러운 꿈 2. 이룰 수 없다고 여길 만하지만, 이루려고 하거나 이루기를 바라는 뜻·생각·일·이야기

- **삶꿈** : 살면서 품는 꿈. 살아가면서 이루거나 펴기를 바라는 뜻·생각·일·이야기

- **사랑꿈** : 사랑으로 품는 꿈. 사랑이 되거나 사랑으로 이루기를 바라는 뜻·생각·일·이야기

- **살림꿈** : 살림으로 짓거나 품거나 펴거나 이루려는 꿈. 살릴 수 있기를 바라는 뜻·생각·일·이야기. 또는 살림살이가 잘되거나 넉넉하기를 바라는 뜻·생각·일·이야기

뜻밖일

영어 '아이러니(irony)'를 아마 중학교에 들어가서 처음 들었지
싶습니다. 중학교에서는 이 영어를 한자말로 풀이해서 가르쳤
고, 요즈음 한국말사전 뜻풀이에 나오듯 '모순·역설·이율배반'
쯤으로 다루었습니다. 그러나 아무래도 이런 뜻풀이로는 모자
라지 싶더군요. 얄궂게도 둘레에서는 아무 자리에나 '아이러니'
를 썼어요. 네, 참 '얄궂'더군요. '아리송하'고 '알쏭하'고 '알쏭달
쏭한' 일이에요. 뭔가 '엇갈리'거나 '안 맞'거나 '안 어울리'지 싶
었어요. '뜻밖에·오히려·도리어'가 어울려요. 곰곰이 생각하니
'어이없다·뜬금없다·터무니없다' 같은 말도 있는데 우리는 '엉
뚱하'게도 한국말을 제대로 살려쓰는 길을 못 배웠고 안 가르쳤
구나 싶어요.

- **뜻밖일** : 생각을 하지 못하거나 벗어난 일. 그러리라고 여길 수 없는 일
- **뜻밖말** : 생각을 하지 못하거나 벗어난 말. 그러리라고 여길 수 없는 말
- **뜬금일** : 갑작스럽게 바뀌는 일. 뜻하지 않은 모습으로 빠르게 바뀌
  는 일
- **뜬금말** : 갑작스럽게 바뀌는 말. 뜻하지 않은 모습으로 빠르게 바뀌
  는 말
- **뚱딴지말** : 뚱딴지같은 말. 여느 틀을 확 벗어나거나 지나치다 싶은 말
- **엉뚱일** : 여느 생각이나 흐름하고는 크게 다르거나 무척 지나치다 싶
  은 일

- 엉뚱말 : 여느 생각이나 흐름하고는 크게 다르거나 무척 지나치다 싶은 말

마음벗

어느 날 불쑥 '멘토·멘티'라는 말이 퍼졌습니다. 마치 하늘에서 뚝 떨어진 듯합니다만, 아주 빠르게 온나라를 집어삼켰습니다. 마을도 학교도 공공기관도 인문책도 강의도 온통 '멘토·멘티'투성이입니다. 그만큼 서로 말을 나누지 못하는 삶터였구나 싶고, 이렇게 모두들 이야기를 바랐구나 싶었어요. 어디에든 사람은 많으나 이웃이 사라지고, 동무하고 벗도 사라지며, 지기도 찾기 어렵다는 뜻이지 싶어요. 아무나 '말벗·말동무'가 되지 않습니다. 누구나 '길벗·길동무'가 되지 않아요. 말벗이란 언제나 '마음벗'입니다. 아무 말이나 하지 않지요. 마음을 헤아리며 말을 하고, 서로 '길잡이'가 되어 줍니다. 우리는 오늘 '삶벗'을 바라고, '삶지기'를 찾으면서, 서로 '삶동무'가 될 수 있습니다.

- 마음벗 : 1. 마음이 맞거나, 마음을 나누거나, 마음을 서로 읽거나, 마음이 같이 흐르는 가까운 사이 2. 낯설거나 어려운 일을 마음으로 헤아려 주면서 차근차근 차분히 이야기를 들려주어 기운이 나도록 이끄는 가까운 사이

- **마음동무** : 1. 마음이 맞거나, 마음을 나누거나, 마음을 서로 읽거나, 마음이 같이 흐르는 사이 2. 낯설거나 어려운 일을 마음으로 헤아려 주면서 차근차근 차분히 이야기를 들려주어 기운이 나도록 이끄는 사이
- **마음지기** : 1. 마음을 나누거나 마음이 맞으면서 지켜 주는 사람이나 무엇 2. 낯설거나 어려운 일을 마음으로 헤아려 주면서 차근차근 차분히 이야기를 들려주거나 몸으로 보여주거나 곁에서 돌보아 기운이 나도록 지켜 주는 사람이나 무엇
- **길잡이** : 1. 길을 이끌어 주는 무엇 2. 나아갈 곳이나 이룰 뜻을 이끌어 주는 무엇 3. 낯설거나 어려워하는 사람한테 도움말을 들려주면서 기운이 나도록 이끌어 스스로 나아가도록 하는 사람. '멘토'를 가리킨다
- **길라잡이** : = 길잡이
- **말벗** : 1. 말을 섞거나 이야기를 하는 가까운 사이 2. 낯설거나 어려운 일을 차분하면서 차근차근 이야기를 들려주어 기운이 나도록 이끄는 가까운 사이
- **말동무** : 1. 말을 섞거나 이야기를 하는 사이 2. 낯설거나 어려운 일을 차분하면서 차근차근 이야기를 들려주어 기운이 나도록 이끄는 사이
- **삶벗** : 1. 살아가며 마음을 나누거나 마음이 맞는 가까운 사이 2. 같은 집이나 마을에서 함께 살아가는 가까운 사이 3. 살면서 마주하거나 부딪히거나 겪는 온갖 일을 깊고 넓게 헤아려 주면서 차근차근 차분히 이야기를 들려주거나 몸으로 보여주거나 곁에서 돌보아 기운이 나도록 지켜 주는 가까운 사이. '동반자·반려자'를 가리킨다
- **삶동무** : 1. 살아가며 마음을 나누거나 마음이 맞는 사이 2. 같은 집이나 마을에서 함께 살아가는 사이 3. 살면서 마주하거나 부딪히거나 겪는 온갖 일을 깊고 넓게 헤아려 주면서 차근차근 차분히 이야기를 들려주

거나 몸으로 보여주거나 곁에서 돌보아 기운이 나도록 지켜 주는 사이.
'동반자·반려자'를 가리킨다

- **삶지기** : 1. 살아가며 마음을 나누거나 마음이 맞으면서 지켜 주는 사람
  이나 무엇 2. 같은 집이나 마을에서 함께 살아가며 지켜 주는 사람이나
  무엇 3. 살면서 마주하거나 부딪히거나 겪는 온갖 일을 깊고 넓게 헤아
  려 주면서 차근차근 차분히 이야기를 들려주거나 몸으로 보여주거나
  곁에서 돌보아 기운이 나도록 지켜 주는 사람이나 무엇. '동반자·반려
  자'를 가리킨다

막나가다

'막'이란 낱말을 놓고서, 어릴 적에는 알쏭했습니다. 두 갈래로
쓰잖아요. 하나는 "이제 막 왔어요!"로, 다른 하나는 "그렇게 막
하지 마!"로. 참말로 또렷이 갈리는 두 자리에 쓰는 '막'인데 어
쩐지 재미있기도 했어요. 쓰임새는 틀림없이 확 갈리지만, 깊이
헤아리면 두 낱말이 만나더군요. 두 '막'은 '때가 이른' 느낌을
나타내요. 하나는 알맞거나 반갑게 때가 이른 느낌이라면, 다른
하나는 알맞지 않고 반갑지 않게 때가 이른 느낌이에요. 두 '막'
사이를 제대로 가누려면 '잘' 해야 해요. 잘 살피고 잘 해야지요.
잘 살피고 잘 여미면, 또 사랑을 잘 받으면 '잘팔리'는 책이 되어
요. 잘되는 길이라면 때를 알맞게 살피면서 마음이며 뜻이며 힘

새로 쓰는 **우리말 꾸러미** 사전

이며 품도 알맞게 쓸 줄 아는 살림이지 싶습니다.

- **막 1** : '마구'를 줄인 말
- **막 2** : 1. 이곳에서 이때에 2. 이제부터 그대로 이어서
- **마구** : 1. 몹시 세차거나 지나치게 2. 가리지 않거나 살피지 않으면서. '무참히·무단·강제로'를 가리킨다
- **마구먹다** : 제대로 살피거나 가리거나 따지거나 지켜보지 않고서 먹다. '과식'을 가리킨다
- **마구쓰다** : 제대로 살피거나 가리거나 따지거나 지켜보지 않고서 쓰다. '낭비·과소비·무단 사용'을 가리킨다
- **마구하다** : 제대로 살피거나 가리거나 따지거나 지켜보지 않고서 하다. '무단 행동·무단 행위'를 가리킨다
- **막나가다** : 제대로 살피거나 가리거나 따지거나 지켜보지 않고서, 무엇을 하거나 나가거나 움직이다. 몹시 세차게·지나치게 무엇을 하거나 나가거나 움직이다. '무소불위·저돌적·아주 심하다·조심성 결여'를 가리킨다
- **막먹다** : = 마구먹다
- **막삽질** : 제대로 살피거나 가리거나 따지거나 지켜보지 않고서 밀어붙이거나 파헤치거나 허물거나 내쫓는 삽질. '막개발·난개발'을 가리킨다
- **막쓰다** : = 마구쓰다
- **막하다** : = 마구하다
- **잘** : 1. 다룰 줄 아는 힘이 있게. 힘을 많이 들이지 않고도 할 수 있게 (솜씨 있게. 훌륭하게) 2. 쓸 만하게. 할 만하게. 볼만하게. 사랑받을 만하게. 마음에 들 만하게 3. 모자라지도 넘지도 않게. 한쪽으로 지나치지 않

게 (알맞게. 좋게) 4. 걱정·근심·아프거나 다칠 일이 없이. 힘들거나 어렵지 않게. 마음을 푹 놓을 수 있게 (가볍게. 좋게. 마음껏) 5. 마음이 차도록. 마음이 차서 아쉬운 느낌이 없도록 (흐뭇하게. 기쁘게. 즐겁게) 6. 있는 그대로 부드럽게·따뜻하게 (옳게. 바르게. 착하게) 7. 마음을 다하여. 마음을 다하면서 넉넉하게 (따뜻이. 살갑게. 살뜰히. 알뜰히) 8. 마음을 깊거나 넓게 쓰면서. 흔들리거나 흐트러지지 않게끔 마음을 깊거나 넓게 써서 (반듯하게, 차분하게) 9. 섞이거나 어지럽지 않게. 아주 드러나거나 나타나도록 하나하나. 넓거나 깊도록 하나하나 (또렷하게, 환하게) 10. 다른 데에 마음을 쓰지 말고. 마음이 다른 데에 가지 않도록 (똑똑히) 11. 마음에 안 드는 일이 없도록. 마음에 안 드는 일이 없도록 넉넉하게 12. 무슨 일만 있다 하면. 어느 때나 자리이든. 틈이 나거나 틈을 내어 (툭하면. 자주. 흔히. 버릇처럼. 쉽게. 늘. 걸핏하면) 13. 좋거나 싫다는 마음이 없이 (가리지 않고. 아무렇지 않게) 14. 힘·품·겨를을 많이 들이지 않아도 되도록 (쉽게. 수월하게. 거침없이. 시원스레. 빨리) 15. 보기에 아주 좋게 (멋지게. 곱게. 예쁘게) 16. 잘은 모르지만 어느 만큼 될 만하게 (어림으로 보아 넉넉하게) 17. 100,000,000(억)을 가리키는 이름. '충분히·만족스레·편하게·적절히·순조롭게·탈 없이·자세히·정확히·분명히·능란하게·선하게·정직하게·성의껏·친절히·유감없이'를 가리킨다

- **잘나가다** : 막히거나 걸리는 일이 없이 쭉쭉 뻗듯이 나아가거나 되거나 이루거나 사랑받거나 반기다

- **잘팔리다** : 막히거나 걸리는 일이 없이 쭉쭉 뻗듯이 팔리다

만나보기

영어 '인터뷰(interview)'가 들어오지 않던 무렵에도 사람들은 만났습니다. 서로 만나면서 "우리, 만나자."라 말한다거나 "아무개 님을 만나고 싶어요."라 말했어요. 이런 말씨가 신문·방송에서는 '인터뷰 요청'이나 '취재 요청'으로, 일터에서는 '면접·면담'으로, 학교에서는 '상담'으로, 정치에서는 '회견'으로 바뀝니다. 가만히 보면 모두 만나는 자리입니다. '만나다'라 할 수 있고, 새로 '만나보다·만나보기' 같은 말을 쓸 수 있어요. '인터뷰 장소·회견실·면담 장소·상담실'은 '만남자리·만남터·얘깃자리·이야기터'라 할 만하지요. 만나서 나눈 말이라면 '만남말'이 되어요. 만날 사람이라면 '만남이·만남님·만남손님·만남벗'이라 하면 어울려요.

- **만나보기** : 만나서 이야기를 하는 일. '인터뷰·면접·회견'을 가리킨다
- **만남** : 만나는 일. 둘이나 여럿이 한자리에 모여서 여러 가지를 하거나 어울리거나 이야기를 하는 일
- **만남자리** : 만나는 자리. 둘이나 여럿이 한자리에 모여서 여러 가지를 하거나 어울리거나 이야기를 하는 자리
- **만남말** : 만나서 나누는 말
- **얘깃자리** : 둘이나 여럿이 모여서 얘기를 하는 자리. '인터뷰장·면접장·회견장'을 가리킨다
- **만남손님** : 만나서 이야기를 할 사람이나 손님. '회견자·출연자·인터뷰

이·게스트'를 가리킨다

- **만남벗** : 만나서 이야기를 할 사람. '상담자'를 가리킨다

맞짓

어느 때부터인가 방송이며 책이며 '리액션'이란 영어가 넘칩니다. 뭔가 커다란 몸짓이나 말씨로 대꾸를 하지 않으면 안 되는 듯 여기는 바람이 불기도 하는데, 영어 '리액션'은 한자말 '반응'을 가볍게 밀어냅니다. 그리고 예전부터 우리가 흔히 쓰던 '맞장구'나 '맞장단'이란 말씨를 까맣게 잊어버리게 내몰아요. 한 사람이 하는 말이나 몸짓이나 춤이나 노래를 들으면서 "옳거니!"나 "얼씨구!"나 "절씨구!"나 "어절씨구!"처럼 맞가락이나 맞말을 놓곤 합니다. 몸짓으로 대꾸할 적에는 '맞짓'이라 할 만하겠지요. 이와 비슷하게 '곁장구·곁장단'이 있어요. 이밖에 '곁짓'이나 '곁대꾸' 같은 말도 쓸 만해요.

- **맞짓** : 누가 하는 말이나 몸짓을 받아서 들려주는 말이나 보여주는 몸짓
- **맞장구** : 1. 마주보면서 치는 장구 2. 누가 하는 말이나 몸짓을 그대로 받아들여서 하는 말이나 몸짓. 때로는 더 크게 보여주기도 한다
- **맞장단** : 1. 마주 쳐 주는 장단 2. 누가 하는 말이나 몸짓을 그대로 받아들여서 하는 말이나 몸짓. 때로는 더 크게 보여주기도 한다

- **곁짓** : = 맞짓
- **곁장구** : = 맞장구
- **곁장단** : = 맞장단
- **맞대꾸** : 마주 해 주는 대꾸. 누가 하는 말이나 몸짓을 마주보면서 하는 대꾸
- **곁대꾸** : = 맞대꾸
- **맞몸짓** : 누가 하는 몸짓을 받아서 보여주는 몸짓
- **맞말** : 누가 하는 말을 받아서 들려주는 말

몰래밟기

슬그머니 따라붙는 사람이 많던 우리 삶터예요. 아늑하거나 아름답지 못한 곳에서는 아늑하거나 아름다운 길을 바라는 사람을 괴롭히려고 뒤를 밟거나 몰래 좇는 사람이 곳곳에 많았어요. 이들은 마치 우리 곁에서 아무렇지 않은 듯 속모습을 감추면서 우리를 엿보지요. 이제 이런 '몰래밟기'나 '몰래좇기'는 사라졌을까요? 앞으로 이런 '몰래질'은 자취를 감출까요? 그런데 다른 사람이 모르게 일을 꾸미곤 해요. 잔치판에서 깜짝 놀랠 선물을 주려고요. 때로는 남이 모르도록 어떤 길을 꿋꿋하게 걸어가지요. 이 길을 못마땅하게 보는 이가 많아서 조용히 걸어 '몰래길'처럼 보이곤 해요. 돈셈이나 검은셈을 하면서 이웃

을 '몰래찍기'하는 사람도 있어요. 아직 드러낼 수 없어 '몰래사랑'도 하고요.

- **몰래** : 헤아리거나 느끼지 못하는 사이에 가볍게·조용히 (알지 못하는 사이에 가볍게·조용히)
- **몰래밟기** : 둘레에서 헤아리거나 느끼지 못하는 사이에 가볍게·조용히 뒤를 따라가는 일. 이렇게 뒤를 따라가면서 지켜보거나 꼬투리를 잡으려고 한다 (알지 못하는 사이에 가볍게·조용히 뒤를 밟는 일). '미행'을 가리킨다
- **뒤밟기(뒤밟다)** : 무엇을 하거나 어떻게 하는가를 살피려고 뒤를 따라가는 일. '미행'을 가리킨다
- **뒤좇기(뒤좇다)** : 1. 뒤를 따라서 가는 일. 앞에 가는 이를 잡거나 멈추게 하려고 뒤에서 따라가는 일 2. 뒤를 이어서 가는 일. 앞에 가는 이가 품거나 밝히거나 나누는 뜻·말·길을 그대로 이어서 가는 일
- **몰래걸음** : 둘레에서 헤아리거나 느끼지 못하는 사이에 가볍게·조용히 걷는 일 (알지 못하는 사이에 가볍게·조용히 걷는 일)
- **몰래길** : 둘레에서 헤아리거나 느끼지 못하는 사이에 가볍게·조용히 걷거나 짓거나 일구는 길 (알지 못하는 사이에 가볍게·조용히 걷거나 짓거나 일구는 길)
- **몰래사랑** : 둘레에서 헤아리거나 느끼지 못하는 사이에 하거나 나누는 사랑
- **몰래질** : 1. 둘레에서 헤아리거나 느끼지 못하는 사이에 가볍게·조용히 자꾸 하는 일 (알지 못하는 사이에 가볍게·조용히 자꾸 하는 일) 2. 다른 사람이 일구거나 얻거나 알아내거나 찾아낸 것을 그 사람이 헤아리

거나 느끼지 못하는 사이에 가볍게·조용히 자꾸 보는 일 3. 다른 사람
몸·몸짓을 그 사람이 헤아리거나 느끼지 못하는 사이에 함부로 자꾸
보는 일

* **몰래좇기** : 둘레에서 헤아리거나 느끼지 못하는 사이에 가볍게·조용히
  뒤를 따라가는 일 (알지 못하는 사이에 가볍게·조용히 뒤를 따라가는
  일)
* **몰래찍다** : 둘레에서 헤아리거나 느끼지 못하는 사이에 가볍게·조용히
  사진으로 찍다. 그 사람이 받아들이지 않았는데 함부로 찍는 일을 가리
  킨다 (알지 못하는 사이에 가볍게·조용히 사진으로 찍다). '도촬'을 가리
  킨다
* **몰래하다** : 둘레에서 헤아리거나 느끼지 못하는 사이에 가볍게·조용히
  하다 (알지 못하는 사이에 가볍게·조용히 하다)
* **검은셈** : 나쁜 마음을 품고서 벌이려는 일. '음모'를 가리킨다
* **돈셈** : 돈을 밝히거나 따지거나 생각하는 일. 다른 무엇보다 돈을 더 밝
  히거나 따지거나 생각하는 일

몰이질

여러 사람이 한 사람을 괴롭히는 짓이 사회에서나 학교에서나
자꾸 생긴다고 해요. 이를 두고 '집단폭력·집단폭행'이라 일컫
습니다. 힘이 센 여러 사람이 힘이 여린 한 사람을 괴롭히는 짓

이 재미있을까요? 참 아리송합니다. 힘이 센 사람이라면 이 힘으로 여린 이웃을 돕고 아픈 동무를 돌본다면 더없이 아름다우리라 생각해요. 사람들이 무리를 지어 궂은 짓을 일삼는다는 이야기를 듣다가 '무리질'이란 뭔가 하고 생각했습니다. 그리고 '몰매'가 떠오르더군요. 군대에서 흔히 겪는 '몰매질'인데, 아늑하거나 아름답지 않은 삶터일 적에 '몰이질·몰이짓'이 태어나지 싶어요. 여럿이 글로 괴롭힌다면 '몰매글'이 되겠지요.

- **몰매** : 여러 사람이 달려들어 한꺼번에 때리는 매 ≒ 뭇매·물매·모다깃매·무더기매·무릿매. '집단폭력·집단폭행'을 가리킨다
- **몰매질** : 여러 사람이 달려들어 한꺼번에 때리는 짓 ≒ 뭇매질·물매질·모다깃매질·무더기매질·무릿매질. '집단폭력·집단폭행'을 가리킨다
- **몰글** : 몰아서 쓰는 글
- **몰매글** : 여러 사람이 어느 한 사람한테 달려들어 한꺼번에 나무라거나 꾸짖는 글
- **몰이질** : 모두 한곳으로 가도록 하는 일이나 모습
- **몰이짓** : 모두 한곳으로 가도록 하는 짓
- **몰빵** : 몰미는 일이나 짓. 다른 곳은 살피지 않고 그저 한곳으로 모두 가도록 하는 일이나 짓
- **몰밀다** : 모두 한곳에 밀다. 다른 곳은 살피지 않고 그저 한곳으로 모두 가도록 하다

새로 쓰는 **우리말 꾸러미** 사전

무지개천

여러 가지 빛깔로 꾸민 모습을 본 어른들이 "이야, 참 무지개 같구나. 곱네."라 하는 말을 어릴 적부터 들었습니다. 아직 무지개를 잘 모르던 무렵에는 그저 고개를 갸우뚱했어요. 아마 두어 살이나 서너 살 즈음이었겠지요. 이러다가 소나기가 지나간 뒤 걸린 무지개를 보았고, 열 살 무렵 아주 커다란 무지개를 보고는 왜 무지개를 보며 '곱다'고 하는가를 몸으로 깨달았습니다. 그래서 '무지개빛(무지갯빛)'은 그저 무지개 빛깔뿐 아니라 고운 빛깔을 나타내고, 고운 모습도 빗댑니다. 빛깔이나 무늬가 고운 천이 있다면? 이때에는 '무지개천'이에요. '빛천'이나 '알록천'이라 할 수 있고, 고운 빛이나 모습은 '꽃'으로도 빗대니 '꽃천·꽃그림천'이라 할 수 있습니다.

- **무지개천** : 1. 무지개 무늬나 그림을 담은 천 2. 여러 가지 빛실로 짠 천. 여러 가지 빛실로 그림을 곱게 넣은 천. 빛깔이나 무늬나 그림이 아름다운 천. '태피스트리(tapestry)'를 가리킨다
- **꽃천** : 1. 꽃을 무늬나 그림으로 담은 천 2. 무늬나 그림을 곱게 담은 천
- **꽃그림천** : 1. 꽃을 그림으로 담은 천 2. 무늬나 그림을 곱게 담은 천
- **빛천** : 1. 빛실을 써서 빛깔을 넣은 천 2. 무늬나 그림이 여러 빛깔로 고운 천
- **알록천** : 빛실을 써서 여러 빛깔이 어우러지는 천

물결타기

마치 물결을 타듯이 마음이 움직일 때가 있어요. 출렁출렁한달
까요, 넘실넘실한달까요. 오르락내리락이란 말이 어울릴 듯한
데, 마음이 물결을 타는 날에는 싱숭생숭합니다. 몸이 물결을
탄다면 잘되다가 안되다가 되풀이를 하겠지요. 배를 잘 모는 사
람을 두고 '물결을 탈' 줄 안다고 해요. 바다에 널조각 하나를 띄
우고는 살며시 올라서서 물결이랑 노는 사람이 있어요. 물결을
거스르지 않는, 물결을 고이 타면서 바다하고 하나되는 길을 누
리는 몸짓이로구나 싶어요. 물결을 타듯 누리그물이란 바다도
누비는데, 물결이 일렁이는 바다는 참으로 넓습니다. 서울 같은
고장은 사람이 마치 바다처럼 많고, 물결처럼 넘실거립니다. 시
골내기 눈으로 보자면 '사람물결'이 마치 숲 같아요. '사람숲'이
로구나 싶습니다.

- **물결** : 1. 물이 움직이며 올라가고 내려오는 움직임 2. 물결과 같이 움직
  이는 모습을 빗댈 때에 쓰는 말
- **물결타기** : 1. 길쭉한 널빤지에 올라서서 물결을 따라 나아가거나 물결
  사이를 빠져나가면서 즐기는 놀이 (물결을 타는 놀이). '파도타기·서핑'
  을 가리킨다 2. 다른 사람·흐름·말·모습에 따라 움직이는 일. 스스로
  생각하거나 움직이기보다는 다른 사람·흐름·말·모습에 휩쓸리거나
  휘둘리는 일을 나타낸다 3. 누리그물 여러 곳을 두루 찾아다니면서 글
  을 읽거나 그림·사진·영상을 보거나 이야기를 살피는 일 (온갖 누리집

새로 쓰는 **우리말 꾸러미** 사전

을 누비는 일). '웹서핑'을 가리킨다

- **누리마실** : 누리그물 여러 곳을 두루 찾아다니면서 글을 읽거나 그림·
  사진·영상을 보거나 이야기를 살피는 일 (온갖 누리집을 누비는 일).
  '웹서핑'을 가리킨다
- **사람물결** : 사람으로 물결을 치는 모습. 또는 물결을 치듯 넘치는구나
  싶도록 많은 사람. '인파·인산인해'를 가리킨다
- **사람바다** : 사람으로 바다를 이룬 모습. 또는 바다를 이루는구나 싶도록
  많은 사람. '인파·인산인해'를 가리킨다
- **사람숲** : 사람으로 숲을 이룬 모습. 또는 숲을 이루는구나 싶도록 많은
  사람. '인산인해'를 가리킨다
- **사람판** : 사람으로 가득한 판. 또는 어느 곳을 가득 채운 사람들

물림가게

한국말로 옮긴 일본책을 읽으면 일본 한자말을 한글로만 바꾼
말씨를 자주 봐요. 이 가운데 '노포(老鋪)'가 있는데, '늙은가게
(늙다老+가게鋪)'라는 얼거리로 지은 한자말이 낯설었습니다. 일
본에서는 백 해쯤 묵은 가게를 두고 '노포'라 한다는데요, 가게
한 곳이 백 해쯤 되려면, 처음에 어버이한테서 물려받고, 아이
가 자라 어른이 되면 새 아이한테 물려주기를 되풀이합니다. 이
흐름을 살펴 '물리다＋가게'로 '물림가게'란 이름을 생각했어요.

옷을 흔히 물려입으며 '물림옷'이란 말을 써요. 어버이가 물려주는 글씨(글)는 '물림글씨·물림글'이 될 테고, 물려받는 '물림일'도 있겠지요. 2018년 가을에 서울시는 '오래가게'란 이름으로 오래된 가게를 기리는 일을 한다고 밝힙니다. '오래가게'란 이름도 좋습니다.

- **물림가게** : 물려받거나 물려주는 가게. 집안에서 물려받을 수 있고 남한테서 물려받을 수 있다
- **물림집** : 물려받거나 물려주는 집
- **물림일** : 물려받거나 물려주는 일
- **물림옷** : 물려받거나 물려주는 옷
- **물림지기** : 물려받거나 물려주는 집·가게를 잇거나 일을 하는 사람
- **오래가게** : 오래된 가게. 꽤 많은 나날이 지나도록 물려받거나 물려주면서 이어온 가게
- **오래집** : 오래된 집. 꽤 많은 나날이 지나도록 물려받거나 물려주면서 이어온 집
- **오래일** : 오래된 일. 꽤 많은 나날이 지나도록 물려받거나 물려주면서 이어온 일
- **오래지기** : 꽤 많은 나날이 지나도록 물려받거나 물려주는 일을 이어온 사람

바른붓

우리 아버지는 교사라는 일을 했습니다. 인천에 있는 집에서 경기도 곳곳으로 먼길을 오가셨고, 일요일이면 모자란 잠을 낮까지 달게 주무시는데, 으레 아침마다 심부름을 맡겨요. "얘야, 신문 사 오너라." '신문'이 뭔지 무슨 이야기가 담겼는지 모르는 채 심부름을 했어요. 열 살 즈음 되자 비로소 신문이 뭔지 알았으나 뜻은 몰랐지요. "새로 듣는다"고 해서 '신문(新聞)'이던데요, 열여섯 살이 될 때까지 신문에 거짓글이 실리는 줄 까맣게 몰랐습니다. 이때에 '정론직필'이란 말을 들었고 '바른붓'이란 말도 함께 들었어요. 힘으로 눌러도 눌리지 않고, 돈으로 꾀어도 흔들리지 않는 붓이기에 바르겠지요. 거짓이 아닌 '참글'이요, 바람이 불어도 곧게 나아가는 '곧은길'입니다. 참소리, 참말, 참붓, 참길이 삶을 가꿉니다.

- **바른글** : 바르게 쓰는 글. 드러나거나 보이거나 밝힌 모습·삶·사람·이야기를 있는 그대로 쓰는 글. 맞도록 쓰는 글. 틀리지 않게 쓰는 글

- **곧은글** : 곧게 쓰는 글. 드러나거나 보이거나 밝힌 모습·삶·사람·이야기를 그대로 담거나 옮겨서 쓰는 글. 다른 글·힘·이름에 얽매이거나 휘둘리거나 휩쓸리거나 물들지 않고서 쓰는 글. 한길을 걸으면서 쓰는 글

- **참글** : 참답게 쓰는 글. 참하게 쓰는 글. 숨기거나 가리거나 덮거나 없애거나 지우거나 고치거나 바꾸지 않으면서 쓰는 글. 드러나거나 보이거

나 밝힌 모습·삶·사람·이야기를 모두 또렷하게 담거나 옮겨서 쓰는 글. 누구나 제대로 알거나 보도록 그대로 쓰는 글

- **바른길** : 바르게 난 길. 바르게 가는 길. 다른 이야기·힘·이름에 얽매이거나 휘둘리거나 휩쓸리거나 물들지 않고 그대로 가는 길

- **곧은길** : 곧게 난 길. 곧게 가는 길. 다른 이야기·힘·이름에 얽매이거나 휘둘리거나 휩쓸리거나 물들지 않고서, 어느 쪽으로도 치우치지 않고서 가는 길

- **참길** : 참다운 길. 참답게 가는 길. 다른 이야기·힘·이름에 얽매이거나 휘둘리거나 휩쓸리거나 물들지 않고서, 또렷하거나 환하거나 밝거나 곱게 가는 길

- **바른붓** : 드러나거나 보이거나 밝힌 모습·삶·사람·이야기를 있는 그대로, 틀린 곳이 없도록 글로 쓰는 모습이나 몸짓이나 사람이나 모임

- **곧은붓** : 드러나거나 보이거나 밝힌 모습·삶·사람·이야기를 그대로, 다른 글·힘·이름에 얽매이거나 휘둘리거나 휩쓸리거나 물들지 않고서 글로 쓰는 모습이나 몸짓이나 사람이나 모임

- **참붓** : 드러나거나 보이거나 밝힌 모습·삶·사람·이야기를 있는 그대로, 숨기거나 가리거나 덮거나 없애거나 지우거나 고치거나 바꾸지 않고서 글로 쓰는 모습이나 몸짓이나 사람이나 모임

- **바른소리** : 바르게 나거나 내는 소리. 드러나거나 보이거나 밝힌 그대로, 틀리지 않게 들려주는 소리

- **곧은소리** : 곧게 나거나 내는 소리. 드러나거나 보이거나 밝힌 대로, 다른 소리·힘·이름에 얽매이거나 휘둘리거나 휩쓸리거나 물들지 않고서, 어느 쪽으로도 치우치지 않고서 들려주는 소리

- **참소리** : 참답게 나거나 내는 소리. 드러나거나 보이거나 밝힌 대로, 숨

기거나 가리거나 덮거나 없애거나 지우거나 고치거나 바꾸지 않고서
들려주는 소리

박살나다

사전을 쓰는 사람입니다만, 사전을 안 들추면 모르는 말이 퍽
많습니다. 사전을 들추다가 깜짝 놀라는 말도 많아요. 어릴 적
부터 으레 듣던 '박살'인데, 꽤 오랫동안 '박살나다'는 올림말로
없었어요. 2000년을 넘어선 뒤에까지도 "박살이 나다"로만 받
아들이더군요. 한자말 '박살'도 있으나 뜻이 퍽 무시무시해요.
한국말 '박살·박살나다'는 '깨지다'하고 비슷하면서 다른 말이
고, '부서지다·무너지다'하고도 비슷하지만 결이 달라요. 어른
들은 가끔 "크게 박살이 나 봐야 넋을 차리면서 제대로 배우지."
같은 말씀을 하셨어요. 어린 마음에 굳이 왜 박살까지 나야 하
느냐고, 가볍게 뒤통수를 치며 배워도 좋으련만 싶었지요. 그런
데 차츰 자라 어른으로 살고 보니, 박살이 안 나면 못 배우더군
요. 박살나야 우뚝 일어서요.

* **박살** : 1. 조각조각이 남. 하나였던 것이 조각으로 되어 여기저기로 감 2.
  하나로 있던 사람들·모임·자리·마을·나라가 서로 등을 돌리거나 마
  음이 바뀌면서 여기저기로 가거나 나뉨. '파괴·파손·와해·대파·완파'

를 가리킨다

- **박살나다** : 1. 조각조각이 나다. 하나였던 것이 조각으로 되어 여기저기로 가다 2. 하나로 있던 사람들·모임·자리·마을·나라가 서로 등을 돌리거나 마음이 바뀌면서 여기저기로 가거나 나뉘다

- **박살내다** : 1. 조각조각이 나게 하다. 하나였던 것이 조각으로 되어 여기저기로 가게 하다 2. 하나로 있던 사람들·모임·자리·마을·나라가 서로 등을 돌리거나 마음이 바뀌면서 여기저기로 가거나 나뉘도록 하다

- **깨지다** : '깨어지다'를 줄인 말

- **깨어지다** : 1. 조각조각이 나다. 하나였던 것이 조각으로 되어 여기저기로 가다 2. 일이 잘 안되다. 뜻하던 일을 이루지 못하다 3. 맞거나 부딪혀서 다치다 4. 쉽게 넘기 어렵던 곳·자리·길을 넘다 5. 이제까지 흐르거나 잇거나 있거나 벌어지던 흐름·기운·자리·모습·결이 바뀌다 6. 겨루거나·맞붙거나·싸울 적에, 어느 쪽이 다른 쪽한테 뒤서거나 못하다. '파손·부상·파경·파투·파산·파탄·돌파·경신·전환·패배·실패·파멸·요절·전락·망하다'를 가리킨다

밥버러지

밥을 많이 먹으면 으레 '밥벌레'라고 놀립니다. 그런데 '벌레'는 서울·인천·경기 언저리에서 쓰는 말이에요. 여러 고장에서는 '버러지·벌거지·벌게·물컷' 같은 말을 써요. 저는 인천에서 나

고 자랐으니 '밥벌레' 소리를 들었으나 다른 고장 동무를 만나면 '밥버러지' 소리를 듣습니다. 버스를 타거나 걸을 적에도 손에 책을 쥐면 한쪽에서는 "책 참 좋아하네."라 하고, 한켠에서는 "책버러지네."라 합니다. 가만히 보면 사람을 두고 '밥꾼·밥님'이나 '책꾼·책님'이라 하면 될 텐데, 굳이 '벌레·버러지'를 들어서 말하곤 합니다. '일벌레·돈벌레·잠벌레'가 예부터 있어요. 요사이는 '빵벌레·글벌레·놀이벌레·영화벌레'나 '사진벌레·마실벌레·배움벌레'가 하나둘 태어납니다.

- **벌레** : 1. 등뼈가 없는 작은 목숨을 모두어 나타내는 말. 지렁이·지네·사마귀·파리 들을 통틀어서 나타내는 말. 기는벌레(다리가 없는 벌레), 다리벌레(다리가 있는 벌레), 딱정벌레(몸이 딱딱한 껍데기로 싸인 벌레)·마디벌레(마디가 있는 벌레), 날벌레(날아다니는 벌레)로 나눌 수 있다. '곤충(昆蟲)'은 으레 '딱정벌레·마디벌레'를 좁게 가리킨다 2. 어느 한 가지에 푹 빠지거나·매우 좋아하거나·무척 즐기는 사람을 빗대는 말 3. 어느 모습이 싫거나 더럽거나 나쁘거나 멀리하고 싶다는 뜻으로 빗대는 말

- **버러지** : 1. 등뼈가 없는 작은 목숨을 모두어 나타내는 말 2. 어느 한 가지에 푹 빠지거나·매우 좋아하거나·무척 즐기는 사람을 빗대는 말 3. 어느 모습이 싫거나 더럽거나 나쁘거나 멀리하고 싶다는 뜻으로 빗대는 말

- **돈벌레(돈버러지)** : 1. 돈을 매우 잘 벌거나 모으거나 좋아하는 사람 2. 오로지 돈만 지나치게 알거나 좋아하거나 밝히거나 모으려고 하는 사람

- **밥벌레(밥버러지)** : 1. 밥을 매우 잘 먹거나 좋아하는 사람 2. 일은 하지 않고서 밥만 많이 먹어서 없애는 사람
- **일벌레(일버러지)** : 1. 다른 데에는 눈길이나 마음을 두지 않고서 일을 바지런히 하는 사람. 2. 놀지 않고서 일만 바지런히 하는 사람
- **잠벌레(잠버러지)** : 1. 잠을 매우 오래 자거나 즐기는 사람 2. 다른 일은 하지 않고서 그저 잠만 오래 자는 사람
- **책벌레(책버러지)** : 1. 책을 매우 좋아하거나 즐겨읽는 사람 2. 일은 하지 않고서 책만 읽는 사람
- **글벌레(글버러지)** : 1. 글을 매우 좋아하거나 즐겨쓰는 사람 2. 오로지 글만 지나치게 알거나 좋아하거나 쓰는 사람
- **놀이벌레(놀이버러지)** : 1. 놀이를 매우 좋아하거나 즐기는 사람 2. 오로지 놀이만 할 생각뿐, 다른 일에는 마음이 없는 사람
- **마실벌레(마실버러지)** : 1. 마실·나들이·여행을 좋아하거나 즐기는 사람 2. 집에 머물 생각이 없이 틈만 나면 바깥으로 돌아다니거나 떠나려고 하는 사람
- **배움벌레(배움버러지)** : 1. 배우기를 좋아하는 사람 2. 언제나 배우기만 할 뿐, 배운 길을 삶에 제대로 쓰거나 펴지는 못하는 사람
- **빵벌레(빵버러지)** : 1. 빵을 매우 잘 먹거나 좋아하는 사람 2. 다른 것은 잘 먹지 않고서 오직 빵만 먹으려고 하는 사람
- **사진벌레(사진버러지)** : 1. 사진을 매우 좋아하거나 즐겨찍는 사람 2. 툭하면 사진기를 꺼내어 무엇이든 찍으려고 하는 사람

밥짬

곁님이 '등뼈찌개'를 바랄 적에 한참 품을 들여 마련해 놓으면 아이들도 밥상맡에 둘러앉아서 소리 없이 그릇을 비웁니다. 매운양념을 아이들이 먹을 수 있기까지 열 해 남짓 기다렸어요. 이 등뼈찌개란, 등뼈찜도 그렇지만, 참말로 품이며 겨를을 많이 들여야 해요. 그렇다고 불가를 떠나 다른 일을 볼 수 없습니다. 등뼈찌개에 넣을 여러 가지를 손질하노라면 설거지감이 잔뜩 나오니 그야말로 숨돌릴 틈이 없습니다. 푹 고아야 하기에 오래 걸리니 아이들은 커다란 솥을 하염없이 쳐다봐요. 다른 밥거리를 차려서 내놓고 다시 부엌일. 이동안 일꾼은 밥짬을 못 냅니다. 요즈음에는 곁일이나 토막일을 하는 여러 이웃님이 '밥차(-次)'조차 없이 힘들다고 하는데, '밥 먹을 짬이나 틈'을 누구나 느긋이 누릴 수 있으면 좋겠어요.

- **밥짬** : 밥을 먹을 짬. 다른 일을 하다가 밥을 먹을 만한 짧은 때
- **밥틈** : 밥을 먹을 틈. 다른 일을 하다가 밥을 먹을 만한 짧은 때
- **밥말미** : 밥을 먹을 말미. 다른 일을 하다가 살짝 쉬면서 밥을 먹을 만한 때
- **달짬** : 달마다 일을 살짝 쉬는 때
- **달틈** : 달마다 일을 살짝 쉬는 때
- **달말미** : 달마다 일을 쉬는 때. '월차'를 가리킨다
- **해짬** : 해마다 일을 살짝 쉬는 때

- **해틈** : 해마다 일을 살짝 쉬는 때
- **해말미** : 해마다 일을 쉬는 때. '연차'를 가리킨다
- **등뼈찌개** : 토막을 낸 등뼈를 오래 푹 끓이고 감자·우거지·들깨를 넣어서 부드럽게 익히고 양념을 한 찌개. '감자탕'을 가리킨다
- **등뼈찜** : 토막을 낸 등뼈에 감자·우거지·들깨를 넣어서 오래 푹 찐 먹을거리
- **밥거리** : 1. 밥을 지을 여러 가지. '식재료'를 가리킨다 (= 밥감) 2. 밥이 되거나 밥으로 삼는 여러 가지 (= 먹을거리) 3. 먹고살려고 하는 일거리
- **밥감** : 밥을 지을 여러 가지, 또는 밥이 되는 여러 가지. '식재료'를 가리킨다 (= 밥거리)

배움삯

어릴 적에 학교나 학원을 다니며 다달이 내라는 돈이 제법 되었고, 틈틈이 낼 돈이 꽤 되었어요. 살림돈이 넉넉하지 못하면 이런 곳을 다니기 힘들겠구나 싶었어요. 나이가 차츰 들며 머리가 트일 무렵 생각이 좀 바뀝니다. 학교를 안 다녀도 배우기 마련이에요. 먹을거리를 장만해서 밥을 지어도, 옷을 마련하고 손질해도, 책을 사서 읽어도, 영화를 보아도, 마실길을 다녀도, 모두 스스로 새로 배우는 삶이에요. '배움돈'이란 우리가 살아가며 늘 배우는 길에 들이는 값이라고 느껴요. '배움삯'이란, 학교나

시설에 치르는 값이에요. 배우려고 '배움마실'을 나서고, 같이 배우는 '배움동무'가 있고, 스스로 '배움이'로 살며, 배우는 동안 생각을 밝혀 '배움글'을 써요. 삶자리는 보금자리 되고 '배움자리'가 되기도 해요.

- **배움돈** : 살아가며 하루를 배우는 길에 들이는 돈
- **배움삯** : 배우려고 어느 곳을 다니면서 치르는 값이나, 스승을 곁에 두고 배우면서 치르는 값. '교육비·학비'를 가리킨다
- **배움마실** : 집이나 마을을 멀리 떠나 다른 고장이나 나라에서 배우는 길. '유학·체험학습·현장학습'을 가리킨다
- **배움이** : 배우는 사람. '학생'을 가리킨다
- **배움길** : 배우는 길. 삶·살림·사랑처럼 우리를 이루는 모든 얼거리를 배우는 길이 있고, 배움터에서 흐름에 맞추어 배우는 길인 '학습과정·교육과정'을 가리킬 수 있다
- **배움터** : 배우는 터. 삶·살림·사랑처럼 우리를 이루는 모든 얼거리를 배우는 터가 있고, 따로 집을 세우고 여러 가지를 갖추며 가르칠 어른을 두는 터인 '학교'를 가리킬 수 있다
- **배움집** : 배우는 집. 삶·살림·사랑처럼 우리를 이루는 모든 얼거리를 배우는 집이 있고, 따로 집을 세우고 여러 가지를 갖추며 가르칠 어른을 두는 곳인 '학교'를 가리킬 수 있다
- **배움자리** : 배우는 자리. 삶·살림·사랑처럼 우리를 이루는 모든 얼거리를 배우는 집이 있고, 따로 집을 세우고 여러 가지를 갖추며 가르칠 어른을 두는 '학교·교육환경'을 가리킬 수 있다
- **배움글** : 배우면서 쓰는 글. 배운 이야기를 쓰는 글. 배운 이야기를 엮어

ㅂ

서 쓰는 글일 적에는 '논문·학위논문'을 가리킬 수 있다

- **배움빛** : 1. 슬기롭고 훌륭하게 배운 사람 2. 슬기롭고 훌륭하게 가르치거나 이끄는 사람. '교사·선생·지도자'를 가리킬 수 있다

벗냥이

오래도록 마음을 나누면서 함께 지내는 사이일 적에 비로소 '벗'이라는 이름을 씁니다. '길벗·글벗·벗님' 같은 낱말은 퍽 오래되었는데, '벗'을 앞뒤에 붙이면 '벗짐승'이나 '벗냥이(벗고양이)'나 '벗멍이(벗개)' 같은 이름을 얻을 만합니다. 이른바 '반려동물'을 담아낸다고 할 만해요. '인생의 동반자'라면 '삶벗'으로 짧고 단단하게 담아내고, 사랑으로 오래도록 함께할 사이라면 '사랑벗'으로, '평생 동업자'라면 '일벗'으로 담아낼 만하지요. 저는 스무 살이나 서른 살 무렵에는 '벗'이라는 낱말이 깊이 다가오지 않았어요. 그때까지는 '동무'만 있었다면, 어느 만큼 나이를 먹고서야 '벗'이 와닿더군요. 오래오래 마음으로 아낄 만한 삶길을 걷고서야 비로소 보이고 말할 수 있는 '벗'이더군요.

- **벗고양이** : 가까이에 두거나 있거나 지내는 고양이. '반려묘'를 가리킨다
- **벗냥이** : 가까이에 두거나 있거나 지내는 고양이를 귀엽게 이르는 말.

새로 쓰는 **우리말 꾸러미** 사전

'반려묘'를 가리킨다

- **벗개** : 가까이에 두거나 있거나 지내는 개. '반려견'을 가리킨다
- **벗멍이** : 가까이에 두거나 있거나 지내는 개를 귀엽게 이르는 말. '반려견'을 가리킨다
- **벗짐승** : 가까이에 두거나 있거나 지내는 짐승. '반려동물'을 가리킨다
- **일벗** : 오래도록 함께 일한 가까운 사람. '동업자'를 가리킨다

벗바리

살짝 발을 담근 대학교에서 동무들이 곧잘 하는 말로 세 가지 장학금이 있습니다. '성적 장학금, 근로 장학금' 둘에 '가정 장학금'이에요. 세 가지를 모두 받으면 대학살림을 잘한 셈이라고들 했어요. '가정 장학금'이란 어버이한테서 받는 배움삯인데, 참 재미나면서 옳게 붙인 이름이지 싶습니다. 우리를 돕는 사람은 누구보다 어버이요, 언니하고 동생일 테니까요. 1994년부터 2001년까지 "우리말 소식지"를 이틀마다 한 가지씩 내놓으며 둘레에 그냥 나눠 주었어요. 이때에 이 "우리말 소식지" 복사하는 값을 돕겠다는 분이 여럿 계셨는데, 어느 한 분한테서 '뒷배'란 말을 처음 들었고, 말뜻을 살피려고 사전을 뒤지다 '벗바리'란 말을 만났어요. 고마운 '도움벗'이자 '도움님'이었습니다.

- **벗바리** : 뒤에서 조용히 돌보는 사람. 남한테 드러나지 않도록 보살피는 사람. 앞에 나서지 않으면서 돕는 사람. '후원자·원조자·스폰서'를 가리킨다

- **뒷배** : 뒤에서 조용히 돌보는 일. 남한테 드러나지 않도록 보살피는 일. 앞에 나서지 않으면서 돕는 일

- **돕다** : 1. 남이 하는 일이 잘되도록, 또는 힘이 덜 들도록 함께 하거나 힘을 더하다 2. 돈이나 물건을 주어서 어려운 때나 살림에서 벗어나도록 하다 3. 한결 좋아지게 하거나, 안 좋던 모습을 나아지게 하다 4. '갈 길을 빨리 가도록 하여'를 나타내는 말 5. 힘이 되어 주다 (모자라는 곳을 채우는 힘이 되어 주다) 6. 일이 잘되도록 힘을 더하다 7. 뒤를 밀어주다 (뒤에서 힘이 되어 주다) 8. 바르게 가도록 이끌다

- **도움님** : 돕는 사람을 높이는 이름. '후원자·원조자·스폰서'를 가리킨다

- **도움벗** : 곁에서 돕는 사람. 또는 도와주는 가까운 사이

- **도움지기** : 도우며 지키는 사람

- **뒷배님** : 뒤에서 조용히 돌보는 사람을 높이는 이름. '후원자·원조자·스폰서'를 가리킨다

- **뒷배벗** : 뒤에서 조용히 돌보는 가까운 사이

- **뒷배지기** : 뒤에서 조용히 돌보며 지키는 사람

보금숲

오늘을 살아가는 이곳을 즐겁게 가꾸고 싶다는 꿈을 키웁니다. 아직 엉성하거나 서툰 대목이 있으면 가다듬고, 여태 꽤 잘했구나 싶은 모습이라면 북돋우려 합니다. 밭자락에 씨앗을 묻고, 집 둘레로 나무가 우거지도록 돌보고 싶어요. 새가 깃들이는 자리인 '보금자리'를 사람이 사는 집이 아늑하다고 할 적에도 빗대어 쓰는데, 이 말씨를 더 살려서 '보금+숲'이라든지 '보금+길'처럼 생각을 뻗어 봅니다. 아늑한 숲이 되고, 아늑한 길이 되며, 아늑한 나라(보금나라)가 될 뿐 아니라, 아늑한 놀이(보금놀이)도, 아늑한 책(보금책)도 곁에 두면 참 기쁘겠구나 싶어요. 우리 마을이라면 '보금마을'로, 우리 고장이라면 '보금고장'으로 가꾸는 길에 살며시 손길을 보태고 싶기도 합니다.

- **보금자리** : 1. 새가 알을 낳거나 깃들이는 곳 2. 짐승이 잠을 자거나 들어가서 사는 곳 3. 사람들이 지내기에 매우 포근하고 아늑한 곳. '안락한 가정'을 가리킨다
- **보금고장** : 지내기에 매우 포근하고 아늑한 고장
- **보금길** : 다니기에 매우 포근하고 아늑한 길
- **보금나라** : 지내기에 매우 포근하고 아늑한 나라
- **보금놀이** : 어우러지며 즐기기에 매우 포근하고 아늑한 놀이
- **보금누리** : 지내기에 매우 포근하고 아늑한 누리
- **보금마을** : 지내기에 매우 포근하고 아늑한 마을

- **보금숲** : 다 같이 지내기에 매우 포근하고 아늑한 숲
- **보금책** : 다 같이 읽거나 누리기에 매우 포근하고 아늑한 책
- **보금책집** : 누구나 매우 포근하고 아늑히 찾아가서 누릴 수 있는 책집
- **보금터** : 지내거나 어우러지기에 매우 포근하고 아늑한 터

보람없다

잘해 보고 싶었으나 도무지 안될 적이 있습니다. 하고 또 하고 자꾸 하지만 어쩐지 하면 할수록 잘되기는커녕 더 안되는구나 싶을 적이 있어요. 한참 부딪히다가 한숨을 포옥 쉬고는 자리를 털고 일어섭니다. 그래, 오늘은 영 안되는 날이네, 혼잣말을 하고는 빙긋 웃어요. 보람없이 보낸 하루가 아니라, 이렇게 안될 적에는 얼마나 안될 만한가를 몸소 진득하게 겪으면서 배운 셈으로 칩니다. 때로는 무척 쉽게 해내면서 보람있어요. 때로는 어렵구나 싶은 수수께끼를 드디어 풀어서 더없이 보람차고요. 보람을 느끼니 좋다 싶지만, 이루기에 보람이 있지는 않더군요. 내처 깨지고 줄곧 넘어지더라도 이러면서 우리 어버이랑 이웃이랑 동무를 떠올릴 수 있어요. 다들 이렇게 고비를 넘기고 가시밭길을 헤쳤구나 하고요.

- **보람** : 1. 살짝 보이는 자취나 모습 2. 여느 것하고 가르려고·잊지 않으

새로 쓰는 **우리말 꾸러미** 사전

려고·알아보기 쉽도록 놓거나 두는 것 3. 하거나·나서거나·돕거나·함께하면서, 또는 이렇게 하고 나서, 좋거나 반갑거나 즐겁거나 기쁘다고 느끼는 마음 4. 사람들 앞에서 좋은 말을 들을 만하다고 느끼는 마음이나 값어치. '자부심·만족감·영광·영예·효과·효력·효험·표적·금지'를 가리킨다

- **보람되다** : 1. 하거나·나서거나·돕거나·함께하면서, 또는 이렇게 하고 나서, 좋거나 반갑거나 즐겁거나 기쁘다고 느낄 만하다 2. 사람들 앞에서 좋은 말을 들을 만하다고 느끼거나 이런 값어치가 있다. '만족스럽다, 영광스럽다, 영예롭다, 자부심, 당당하다'를 가리킨다

- **보람없다** : 1. 하거나·나서거나·돕거나·함께하면서, 또는 이렇게 하고 나서, 좋거나 반갑거나 즐겁거나 기쁘다고 느끼지 못하다 2. 사람들 앞에서 좋은 말을 들을 만하다고 느끼지 못하거나 이런 값어치가 없다. '백약무효·허무·허탈'을 가리킨다

- **보람있다** : 1. 하거나·나서거나·돕거나·함께하면서, 또는 이렇게 하고 나서, 좋거나 반갑거나 즐겁거나 기쁘다고 느끼다 2. 사람들 앞에서 좋은 말을 들을 만하다고 느끼거나 이런 값어치가 있다. '만족스럽다, 영광스럽다, 영예롭다, 자부심, 당당하다'를 가리킨다

- **보람차다** : 1. 하거나·나서거나·돕거나·함께하면서, 또는 이렇게 하고 나서, 좋거나 반갑거나 즐겁거나 기쁘다고 크게 느끼다 2. 사람들 앞에서 좋은 말을 들을 만하다고 크게 느끼거나 이런 값어치가 크다. '만족스럽다, 영광스럽다, 영예롭다, 자부심, 당당하다'를 가리킨다

- **보람하다** : 여느 것하고 가르려고·잊지 않으려고·알아보기 쉽도록 놓거나 두다. '표시하다, 표를 하다, 표적을 두다'를 가리킨다

- **글보람** : 글을 쓰거나 나누면서 좋거나 반갑거나 즐겁거나 기쁘다고 느

끼는 마음

- **일보람** : 일을 하거나 펴면서 좋거나 반갑거나 즐겁거나 기쁘다고 느끼는 마음
- **삶보람** : 살아가면서 좋거나 반갑거나 즐겁거나 기쁘다고 느끼는 마음
- **하루보람** : 하루를 살거나 지내면서 좋거나 반갑거나 즐겁거나 기쁘다고 느끼는 마음

부엌지기

퍽 오랫동안 부엌일은 가시내가 도맡아야 한다고 여겼습니다. 우리 어머니나 이웃 아주머니를 지켜보면 하루 내내 밥짓기로 바쁠 뿐 아니라, 아기를 돌보랴 살림을 꾸리랴 빨래에다가 쓸고 닦는 집일에다가 그야말로 눈코 뜰 사이가 없었어요. 이러면서 바느질에 뜨개질이 있어요. 사람이 사는 길에서 밥살림이란 큰 몫을 차지할 텐데, 정작 '부엌데기'라 하면서 밥살림을 맡은 가시내를 얕보는 말까지 있어요. 이런 자취가 짙은 탓일까요? '부엌·정지'란 말은 수그러들고 '주방'이나 '주방장' 같은 한자말은 마치 높이는 결을 나타낸다고 여겨요. '주방데기'나 '셰프데기'라 말하는 사람은 없어요. 사내가 부엌으로 들어와서 어깨동무를 할 적에 비로소 '부엌지기'에 '부엌님'에 '부엌벗' 같은 이름이 태어나리라 생각해요.

- **부엌** : 밥을 짓고 설거지를 하는 자리
- **정지** : 밥을 짓고 설거지를 하는 자리. 서울을 뺀 나라 곳곳에서 쓰는 이름
- **부엌지기** : 부엌을 지키는 사람. 부엌에서 일을 하는 사람. 밥을 짓는 일을 하는 사람이나, 밥짓기를 앞장서서 이끌거나 이 일을 여러 사람한테 알맞게 나누는 사람. '주방장·요리사'를 가리킨다
- **부엌어른** : 부엌을 지키는 어른. 부엌에서 일을 하는 어른. 밥을 짓는 일을 앞에서 이끌거나 이 일을 여러 사람한테 알맞게 나누는 어른. '주방장·마스터 셰프'를 가리킨다
- **부엌님** : 부엌을 지키는 사람이나 숨결. 부엌에서 일을 하는 사람이나 부엌을 지키는 숨결을 높이는 이름
- **부엌벗** : 부엌에서 일을 함께 하는 사람
- **밥지기** : 밥을 짓는 사람. 밥짓기를 즐겁거나 알차게 하는 사람
- **밥님** : 밥을 짓거나, 밥짓기를 즐겁거나 알차게 하는 사람을 높이는 이름
- **정지님** : 정지를 지키는 사람이나 숨결. 정지에서 일을 하는 사람이나 정지를 지키는 숨결을 높이는 이름
- **정지어른** : 정지를 지키는 어른. 정지에서 일을 하는 어른. 밥을 짓는 일을 앞에서 이끌거나 이 일을 여러 사람한테 알맞게 나누는 어른. '주방장·마스터 셰프'를 가리킨다
- **정지벗** : 정지에서 일을 함께 하는 사람
- **열린부엌** : 부엌에서 밥을 하면 냄새·김·연기가 다른 곳으로 튀거나 흐르기 마련이라, 으레 막힌 다른 자리에 두곤 한다. 이러한 부엌을 마루나 방 가까이에 열어 놓고서 밥을 하는 일을 다 볼 수 있도록 하는 곳. '오픈키친'을 가리킨다

- **트인정지** : 정지에서 밥을 하면 냄새·김·연기가 다른 곳으로 튀거나 흐르기 마련이라, 으레 막힌 다른 자리에 두곤 한다. 이러한 정지를 마루나 방 가까이에 틔워 놓고서 밥을 하는 일을 다 볼 수 있도록 하는 곳. '오픈키친'을 가리킨다

북적손님

영어를 모르던 어린이일 무렵, 어른들이 '러시아워'라 말하면 '러시아'라는 나라하고 뭐가 얽힌 소리인가 하고 생각했습니다. 중학교에 들어가서 영어를 배우니 '러시아워'는 'rush hour'였더군요. 그때까지 엉뚱하게 알던 낱말 하나를 깨달으니 곧장 여러 말이 귀에 들어왔어요. 버스를 타고 학교를 오가면 버스일꾼은 으레 "차가 붐비네."라 말해요. 사람이 많은 곳에 동무하고 놀러 가면 "여기는 북적인다." 하고 말하지요. 나이가 좀 있는 어른은 '북새통'이라는 말씀을 들려주었어요. 우리 아이들하고 서울로 나들이를 가면 시외버스에서 창밖을 내다보며 "우와, 차 되게 많아! 길이 엄청 막혀!" 하고 외쳐요. 아이들 외침말에 "그래, 차가 북적이네. 이 북적길을 얼른 벗어나면 좋겠어." 하고 대꾸해 줍니다.

- **붐비다** : 1. 좁은 곳에 어지럽게 뒤섞이거나 모인 채 움직이다 2. 어떤 일

이 갈피를 잡기 어렵게 얽히고설킨 채 돌아가다

- **북적거리다** : 1. 한곳에 많이 모여 매우 어지럽게 떠들면서 자꾸 움직이다 2. 그리 많지 않은 물이 끓으며 자꾸 거품이 일다 3. 술이나 식혜처럼 삭히는 것이 괴어 자꾸 끓어오르다

- **북새통** : 1. 사람이 많이 모여서 시끄럽게 떠들며 어지러운 모습 2. 사람이나 자동차가 한꺼번에 너무 많이 모여서 시끄럽고 어지러워 길이 막히는 모습이나 때. 흔히 아침저녁에 이런 모습이나 때가 있고, 커다란 도시에서는 하루 내내 이런 모습이나 때이기도 하다. '러시아워·교통혼잡'을 가리킨다

- **북적길** : 한곳에 사람이나 자동차가 많이 모여서 시끄럽거나 어지러운 길. '러시아워·교통혼잡'을 가리킨다

- **북적손님** : 많이 모여서 시끄럽거나 어지러운 손님. '천객만래'를 가리킨다

- **북적잔치** : 많이 모여서 시끄럽거나 어지러운 잔치

- **북적마당** : 많이 모여서 시끄럽거나 어지러운 마당

- **붐빔길** : 좁은 곳에 사람이나 자동차가 많이 모여서 시끄럽거나 어지러운 길. '러시아워·교통혼잡'을 가리킨다

- **온손님** : 1. 모든 손님. 손님을 모두 아우르는 말 2. 온갖 손님. 저마다 다른 여러 손님을 아우르는 말

- **온갖손님** : 저마다 다른 여러 손님. 꾸준하게 많이 찾아오는 저마다 다른 온갖 손님. '천객만래'를 가리킨다

뽕밭바다

제가 열 살이던 1984년에 우리 마을에서 또래나 동생이나 언니들은 딱히 학원을 안 다녔습니다. 서로 어울리며 놀거나 같이 모여서 배웠어요. 이무렵 마을 할아버지가 천자문을 가르쳐 주었어요. 한자 천 글씨를 익히면서 '상전벽해'란 말을 처음 만났습니다. 네 글씨 한자말을 익히는 자리에서 글씨보다는 뽕나무밭이 바다로 바뀌는 그림을 머리에 떠올리느라 바빴어요. 어떻게 하면 그리 달라지나 하고 마음그림을 그렸답니다. 확 바뀌니 "확 바뀌다"이고, 크게 달라지니 "크게 달라지다"예요. 그리고 '뽕밭바다'처럼 말을 엮으면 퍽 재미나게 말을 익힐 만하지 싶습니다. "옛날얘기가 되다"나 "이슬처럼 사라지다"도 어울리고, '옛날얘기·이슬길·바람길'에 새뜻을 담아도 좋아요.

- **뽕밭바다** : 뽕밭이 바뀌어 이룬 바다. 온누리 온갖 일이 무척 빠르게 달라지는 흐름을 빗대는 말. '상전벽해'를 가리킨다
- **옛날얘기(옛날이야기)** : 1. 옛날에 있던 일 2. 옛날부터 흘러서 오늘로 이은 이야기 3. 옛날하고 오늘날을 대면 확 바뀌어서 알아보기 어렵다는 뜻으로 쓰는 말
- **이슬길** : 1. 이슬이 맺힌 길 2. 새벽에 맺혀 아침에 사라지는 이슬이 가는 길처럼, 어느 때에 갑자기 사라지듯 달라지는 모습을 나타낸다
- **바람길** : 1. 바람이 흐르거나 불거나 지나는 길 2. 바람이 잘 드나들 수 있도록 마련한 자리. '환풍구'를 가리킨다 3. 바람이 지나가는 길을 보

면, 바람이 지나가더라도 그 자리에 따로 자국을 남기지 않으니, 마치
바람이 지나간 듯이 예전하고 오늘이 확 바뀐 모습을 나타낸다

사랑글

마음에 드는 이한테 좋아한다는 뜻을 밝히려고 쓰는 글을 두고
둘레에서는 언제부터인지 '러브레터'라는 영어를 써요. 이런 영
어를 쓰기 앞서는 '연서' 같은 한자말을 으레 썼어요. '좋아하다'
하고 '사랑'은 다릅니다만, 이렇게 쓰는 글월을 '사랑글월'이라
할 만하지 않을까요? '사랑글'이라 할 수도 있어요. 사랑은 달콤
하다고 여겨 '달콤글월·달콤글'이라 할 만하지요. 사랑이 즐거
우니 마치 꽃이네 싶어 '꽃글월·꽃글'이라 해도 어울려요. 하나
씩 헤아리면서 쓰노라면 새록새록 곱게 이름을 지을 만합니다.
사랑이란 곱다고 여기면 '고운글월·고운글'이라 해도 좋고, '별
빛글월·별빛글'이나 '꽃바람글·꽃내음글'이나 '달빛글'처럼 이
름을 지어도 되어요.

- **사랑글월** : 사랑을 속삭이거나 들려주거나 나누는 말. 사랑을 담은 글
  월. 달콤하고 따스하게 들려주거나 쓴 글월
- **사랑글** : 사랑을 속삭이거나 들려주거나 나누는 말. 사랑을 담은 글. 달
  콤하고 따스하게 들려주거나 쓴 글

- **사랑말** : 사랑을 속삭이거나 들려주거나 나누는 말. 사랑을 담은 말. 달콤하고 따스하게 들려주는 말
- **달콤글월** : 달콤하게 속삭이거나 들려주거나 나누는 마음을 담은 글월
- **달콤글** : 달콤하게 속삭이거나 들려주거나 나누는 마음을 담은 글
- **꽃글월** : 늘 아름답고 빛나면서 즐거운 글월. 꽃처럼 곱고 사랑을 담아서 쓴 글월
- **꽃글** : 늘 아름답고 빛나면서 즐거운 글. 꽃처럼 곱고 사랑을 담아서 쓴 글

사랑이

2000년대로 접어든 어느 날 만화책을 무척 좋아한다는 분이 〈한겨레〉에 쓴 글을 읽는데, 그분은 스스로 '만화 마니아'나 '만화 중독자'가 아닌 '만화 즐김이'라고 밝혔어요. 깜짝 놀랐어요. 흔히들 무엇을 아주 좋아하는 사람을 '팬·애호가·마니아'로, 또는 '광팬·중독자'라 하기 일쑤인데, 그분은 '즐김이'란 말을 즐겁게 쓰시더군요. 어쩌면 그분이 처음 지은 말일 수 있고, 다른 분이 지어서 쓰다가 그분 눈에 뜨였을 수 있습니다. 가만히 보면 '만화바보·책바보'처럼 '-바보'도 무엇을 좋아한다고 할 적에 써요. '즐김이'란 말도 좋고 '-사랑'을 뒤에 붙이거나 '사랑이'처럼 쓸 수 있으며, '동호인'은 '사랑벗·즐김벗'처럼 쓰면 어

울리겠구나 하고 생각합니다.

- **-사랑** : 무척 곱고 크며 깊고 넓고 따스하게 여기거나 다루면서 즐기는 일. '만화사랑·책사랑·글사랑·이웃사랑·섬사랑·숲사랑·동무사랑·마을사랑'처럼 쓴다
- **사랑이** : 1. 사랑하는 사람. 서로 사랑하는 사이 2. 누구나 어느 것·책·일·영화 들을 매우 아끼거나 즐기는 사람. '팬'이나 '마니아'나 '애호가'를 가리킨다
- **사랑님** : 1. 사랑하는 사람을 높이는 말. 서로 사랑하는 사이를 높이는 말 2. 누구나 어느 것·책·일·영화 들을 매우 아끼거나 즐기는 사람을 높이는 말
- **사랑꾼** : 누구·무엇을 아끼거나 즐기려고 하는 사람
- **즐김이** : 누구·무엇을 아끼거나 즐기는 사람
- **즐김벗** : 누구·무엇을 아끼거나 즐기는 벗. '동호인'을 가리킨다

사흘마음

우리 마음은 오래오래 갈 수 있지만, 며칠 못 갈 수 있습니다. 오래오래 가는 마음이라면 '오래마음·오랜마음'이라 하면 어울릴까요? 며칠 못 가는 마음이라면 무엇이라 일컬으면 어울릴까요? 흔히 한자말로 '작심삼일(作心三日)'을 들곤 하는데, 사흘을

못 가는 마음이라면 '사흘마음'이라 하면 꼭 맞겠구나 싶습니다. 애써 품은 마음이 나흘을 가고 그친다면 '나흘마음'이라 하면 되지요. 사흘 만에 끝나면 '사흘끝', 사흘만 가는 다짐이라면 '사흘다짐', 사흘 만에 마감을 본다면 '사흘마감'이라 할 수 있어요. 마음을 품어도 사흘을 넘기기 어렵다면 '사흘고개'에 걸린다거나 '사흘고비'를 맞는다고 할 수 있어요. 때로는 "사흘 만에 끝나다"나 "사흘 만에 손들다"처럼 이야기를 해볼 수 있습니다.

- **사흘마음** : 사흘 동안 이어가는 마음, 그러니까 사흘을 넘기지 못하는 마음
- **사흘뜻** : 사흘 동안 이어가는 뜻, 그러니까 사흘을 넘기지 못하는 뜻
- **사흘다짐** : 사흘 동안 이어가는 다짐, 그러니까 사흘을 넘기지 못하는 다짐
- **사흘마감** : 사흘 만에 마감을 본다는 뜻
- **사흘끝** : 사흘에 이르면 끝이 난다는 뜻
- **사흘고개** : 사흘에 이르면 고개에 이른다는 뜻으로, 사흘을 넘기기 어려운 모습이나 몸짓을 나타낸다
- **사흘고비** : 사흘에 이르면 고비가 된다는 뜻으로, 사흘을 넘기기 어려운 모습이나 몸짓을 나타낸다

살뜰님

예전에는 '조강지처(糟糠之妻)' 같은 말을 사람들이 흔히 썼다면, 오늘날에는 새말을 지어야지 싶습니다. '집사람'이나 '아내' 같은 이름도 낡은 말이라고 느껴요. 함께 사는 사이에서 가시내 쪽을 "집에 있는 사람"이라거나 "안(집)에 있는 사람"이라 가리키는 이름은 그만 쓸 노릇이라고 느껴요. 서로 살림을 돌보는 사이로 지내고, 함께 사랑을 가꾸는 길을 간다는 뜻으로, 때로는 가시밭 같은 고되거나 모진 길도 씩씩하게 함께 이겨낸다는 뜻으로, '살뜰님'이나 '알뜰님'이나 '가시밭님' 같은 이름을 그려봅니다. 가시버시 사이가 아니어도 이런 이름을 쓸 만해요. 한 집에서 산다면, 한모임을 꾸린다면, 한마을을 일군다면, 한나라를 돌본다면 말이지요.

- **살뜰하다** : 1. 일이나 살림을 매우 마음을 쏟아 잘 다뤄서 빈틈이 없다 2. 사랑하거나 아끼려는 마음이 매우 따스하고 넓다
- **알뜰하다** : 1. 일이나 살림을 잘 다루다 2. 사랑하거나 아끼려는 마음이 참되며 넓다
- **가시밭길** : 1. 가시가 많은 덤불이 잔뜩 있는 길 2. 어렵거나 힘들거나 괴롭거나 벅차거나 모질거나 사나운 일을 겪거나 맞이하거나 견디거나 이겨내면서 나아가는 길
- **살뜰곁님** : 일이나 살림을 매우 마음을 쏟아 잘 다뤄서 빈틈이 없는, 이러면서 곁에서 서로 아끼거나 돌보는 사람을 높이는 이름. '조강지처'를

가리킨다

- **살뜰님** : 일이나 살림을 매우 마음을 쏟아 잘 다뤄서 빈틈이 없는 사람을 높이는 이름
- **살뜰벗** : 일이나 살림을 매우 마음을 쏟아 잘 다뤄서 빈틈이 없는 가까운 사이
- **알뜰곁님** : 일이나 살림을 잘 다루는, 이러면서 곁에서 서로 아끼거나 돌보는 사람을 높이는 이름. '조강지처'를 가리킨다
- **알뜰님** : 일이나 살림을 잘 다루는 사람을 높이는 이름
- **알뜰벗** : 일이나 살림을 잘 다루는 가까운 사이
- **가시밭님** : 어렵거나 힘들거나 괴롭거나 벅차거나 모질거나 사나운 일을 겪거나 맞이하거나 견디거나 이겨내면서 나아가는 길을 같이 가는 사람을 높이는 이름
- **가시밭벗** : 어렵거나 힘들거나 괴롭거나 벅차거나 모질거나 사나운 일을 겪거나 맞이하거나 견디거나 이겨내면서 나아가는 길을 같이 가는 가까운 사이

살림동무

열두 살 적에 학교에서 '장래 희망'을 적는 종이를 나누어 줬어요. 다섯 가지를 적으라 했는데, 저는 첫자리에 '가정주부'를 적고 싶었습니다. 집에서 살림을 돌보면서 아이를 보살피는 길이

무척 뜻있다고 여겼어요. 1986년에 사내가 '가정주부'가 둘째 꿈이라 적어서 내니 담임교사한테 실컷 꿀밤을 맞았습니다. 요즘은 어떨까요? 좀 달라졌을까요? 찬찬히 묻고 싶어요. 왜 사내는 집일을 하는 길을 가면 안 될까요? 서로 돕는 길이 아름답지 않나요? 그나저나 '가정주부'란 이름은 집일은 가시내만 맡는다는 느낌이 짙어요. 이래서야 어깨동무하고는 동떨어집니다. 어버이가 사랑으로 살림을 짓자면 이름부터 바꿔야지 싶어요. 서로 아끼려는 숨결까지 담아 '살림지기'로, '살림벗·살림동무'로, 나아가 '살림님'으로요.

- **살림꾼** : 1. 집안일을 하는 사람 2. 집·밥·옷을 돌보거나 짓거나 갈무리하면서 아이를 곱게 보살피는 알뜰한 사람. '주부·가정주부'를 가리킨다
- **살림님** : 집·밥·옷을 돌보거나 짓거나 갈무리하면서 아이를 곱게 보살피는 알뜰한 사람을 서로 높이거나 아끼는 이름. '주부·가정주부'를 가리킨다
- **살림지기** : 집·밥·옷을 돌보거나 짓거나 갈무리하면서 아이를 곱게 보살피는 알뜰하며 든든한 사람. '주부·가정주부'를 가리킨다
- **살림순이** : 집·밥·옷을 돌보거나 짓거나 갈무리하면서 아이를 곱게 보살피는 알뜰한 가시내
- **살림돌이** : 집·밥·옷을 돌보거나 짓거나 갈무리하면서 아이를 곱게 보살피는 알뜰한 사내
- **살림동무** : 집·밥·옷을 돌보거나 짓거나 갈무리하면서 아이를 곱게 보살피는 일인 '살림'을 함께 맡아서 하는 사이. 한집에서 살면서 서로 살림이며 집일이며 나누어 하거나 서로 살펴서 하는 사이. '가사분담을 하

는 동반자·배우자'를 가리킨다

- **살림벗** : 집·밥·옷을 돌보거나 짓거나 갈무리하면서 아이를 곱게 보살 피는 일인 '살림'을 함께 맡아서 하는 가까운 사이. 한집에서 살면서 서로 살림이며 집일이며 나누어 하거나 서로 살펴서 하는 가까운 사이. '가사분담을 하는 동반자·배우자'를 가리킨다

- **살림꽃** : 곱고 알차며 훌륭하고 사랑스레 돌보는 살림. 집·밥·옷을 돌보거나 짓거나 갈무리하면서 아이를 곱게 보살피는 일을 알차며 훌륭하고 사랑스레 하는 모습

- **앞길** : 1. 앞에 있거나·앞에 나거나·앞으로 있어서 지나가는 길 2. 이제부터 나아가려는·살아가려는·이루려는·하려는 길이나 뜻 (앞날·꿈길) 3. 어디로 가는·가려는 길

- **앞꿈** : 이제부터 나아가려는·살아가려는·이루려는 꿈. '장래 희망·미래 희망·미래 계획'을 가리킨다

- **어깨동무** : 1. 서로 어깨에 팔을 얹거나 끼면서 나란히 있거나 서거나 걷거나 노는 일 2. 나이·키·마음·뜻이 비슷하거나 같아서 즐겁거나 부드럽게 어울리는 사이 3. 마음·뜻·일·길이 비슷하거나 같다고 여겨서 돕거나 돌보거나 아끼거나 어울리는 사이. '평등·연대·공조·협동'을 가리킨다

삶배움터

제가 어릴 적에 둘레 어른은 어려운 말 쓰기를 무척 즐겼습니다. 어려운 말을 써야 똑똑한 사람으로 여기셨어요. '맹모삼천지교'는 도무지 알아듣기 어려운 말 가운데 하나였어요. 나중에는 하도 자주 들어 뭔 말인지 알아차렸는데요, 왜 '맹자 어머니 가르침'처럼 수수하게 이야기를 들려주지 못했을까요? 맹자 어머니는 집을 세걸음 옮기면서 '텃자리가 배움자리'라는 뜻을 밝혔어요. '삶자리가 배움자리', '삶터가 배움터', '마을이 배움터', '집이 곧 배움터', '집에서 배운다', '마을에서 배운다', '어른을 보며 배운다', '또래를 보며 배운다', '지켜보며 배운다', '바라보며 배운다', '따라하며 배운다', '삶이 배움', '살림이 배움'이라는 뜻이기도 해요. 한 마디로 '삶배움터'요, '배움살림'을 지을 노릇입니다.

- **삶배움터** : 삶에서 배우고 삶이 바로 배움이라는 뜻으로, 살아가는 곳이 배우는 터라는 말
- **배움살림** : 배우는 살림. 배울 수 있도록 가꾸는 살림. 같이 배우고 나누도록 다스리는 살림. '교육환경·교육여건'을 가리킨다

※ 사전 올림말로 삼지 않아도 넉넉히 나눌 만한 말마디 : 맹자 어머니 가르침, 텃자리가 배움자리, 삶자리가 배움자리, 삶터가 배움터, 마을이 배움터, 집이 곧 배움터, 집에서 배운다, 마을에서 배운다, 어른을 보며

배운다, 또래를 보며 배운다, 지켜보며 배운다, 바라보며 배운다, 따라 하며 배운다, 삶이 배움, 살림이 배움

삶터

초등학교 교사로 일하는 이웃님이 어느 날 "예전부터 '사회'라는 이름을 잘 모르겠어요. 아이들한테 '사회'가 무엇인지 어떻게 가르쳐야 좋을까요?" 하고 여쭈셨어요. 그래서 '사회(社會)'라는 일본 한자말을 어떻게 풀어내야 하는지 헤아려 보았어요. 일본사람은 'society'를 일본말로 옮기려고 무던히 애썼어요. 한국사람은 일본에서 옮긴 말을 아무렇지 않게 덥석 받아들였어요. 덥석 받아들여서 나쁘지 않아요. 다만 생각하고 살펴야지요. 어떻게 이런 말을 지었는지를 짚으면, 우리 나름대로 말을 새로 옮기거나 지을 수 있거든요. '모여서 산다, 함께 살아간다, 같이 짓고 나눈다, 이런 곳이 있다' 같은 여러 모습을 짚어 보노라니 '사회·환경·거점·현장'이란 '삶터'이겠네 하고 느껴 이 낱말 한 마디를 들려주었습니다.

* **삶터** : 살아가는 터. 삶을 이루는 터. 사람이 모여 삶을 짓거나 가꾸거나 누리는 터. 집, 마을, 두레, 모임, 고을, 고장, 나라, 지구라는 별처럼, 사람이 작게 모이거나 크게 모여서 이루는 모든 터를 두루 아우르는 말

새로 쓰는 **우리말 꾸러미** 사전

- **삶자리** : 살아가는 자리. 살아가며 이루는 자리. 사람이 모여 삶을 짓거나 가꾸거나 누리는 자리
- **삶길** : 살아가는 길. 살아가며 이루는 길. 사람이 모여 삶을 짓거나 가꾸거나 누리는 길
- **삶켠** : 살아가는 어느 한켠. 살아가며 이루는 어느 한켠. 사람이 모여 삶을 짓거나 가꾸거나 누리는 어느 한켠

새로서다

한 걸음에 놀랍도록 마무리를 보고서 더는 손을 안 대도 될 수 있습니다. 때로는 이런 일이 있어요. 거의 모든 자리에서는 으레 두 걸음이나 세 걸음, 열 걸음이나 쉰 걸음쯤 내딛습니다. 이렇게 하고도 꾸준히 손질을 해야 두고두고 고운 빛이 흐르는구나 싶어요. 살림을 하는 이야기요, 글을 쓰거나 책을 내는 이야기입니다. 뚝딱 지었대서 끝나는 살림이 없더군요. 줄줄이 썼으니 말끔한 글이 없어요. 숱하게 '다시쓰기'를 합니다. 때로는 '새로쓰기'를 하지요. 낱말 하나를 찾아보았다고 그 낱말을 빈틈없이 알지 않으니 끝없이 '다시찾기'를 합니다. 아니, 찾아볼 적마다 마치 '새로찾기'라고 느껴요. 넘어진 뒤에 '다시서'려 합니다만, 안 넘어졌어도 '새로서'려고 해요. 웃으면서 '새로짓'고 '다시짓'는 하루예요.

- **새로서다** : 꺾이거나 쓰러지거나 안되고 만 뒤에, 그대로 머물거나 있지 않고서, 힘이나 재주를 모으거나 갈고닦거나 키워서, 처음으로 나서는 듯한 모습으로 일어서다. '권토중래·재기·재도약'을 가리킨다
- **새로보다** : 1. 아직 없거나 아무도 알지 못하는 이야기·줄거리·결을 처음으로 보다 2. 예전에 보거나 알던 이야기·줄거리·결을 마치 처음이라는 생각이나 느낌으로 보다
- **새로읽다** : 1. 아직 모르는 이야기나 줄거리를 처음으로 읽다 2. 예전에 읽은 이야기나 줄거리를 마치 처음이라는 생각이나 느낌으로 읽다
- **새로짓다(새로짓기)** : 1. 아직 없거나 아무도 하지 않은 것·일·살림을 처음으로 나타나도록 하다. '창조·창작·창출'을 가리킨다 2. 꺾이거나 쓰러지거나 안되고 만 뒤에, 그대로 머물거나 있지 않고서, 힘이나 재주를 모으거나 갈고닦거나 키워서, 처음이라 할 만하도록 짓다
- **새로찾다** : 이제껏 모르거나 아무도 알아내지 못한 이야기·길·살림·것·자리·숨결을 처음으로 알아내거나 찾다
- **새로하다** : 1. 아직 없거나 아무도 하지 않은 일을 처음으로 하다 2. 마치 처음이 되는 듯한 모습으로 고치거나 가꾸거나 손질하다. '리폼·갱신'을 가리킨다
- **다시보다** : 1. 예전에는 제대로 살피거나 헤아리지 않아서 잘 모르거나 어렴풋이 알던 이야기·길·살림·것·자리·숨결을 차근차근 살피거나 헤아리면서 보다 2. 예전에·이미 보았으나 더 찾아서 보다. 또는 예전에·아직 보지 못했기에 비로소 보려고 찾아서 보다
- **다시서다** : 꺾이거나 쓰러지거나 안되고 만 뒤에, 그대로 머물거나 있지 않고서, 힘이나 재주를 모으거나 갈고닦거나 키워서, 예전과 다르게 일어서다. '권토중래·재기·재도약'을 가리킨다

- **다시읽다** : 1. 예전에 읽었으나 더 읽다 2. 예전에 읽은 틀이나 생각이나 마음을 버리고, 다르게 느끼거나 알려는 생각이나 마음으로 더 읽다
- **다시짓다** : 꺾이거나 쓰러지거나 안되고 만 뒤에, 그대로 머물거나 있지 않고서, 힘이나 재주를 모으거나 갈고닦거나 키워서, 예전과 다르게 짓다
- **다시찾다** : 예전에 알거나 찾았으나 한동안 잊거나 모르면서 지내던 이야기·길·살림·것·자리·숨결을 마치 이제껏 몰랐다는 듯이 찾다. 또는 그동안 알거나 가졌던 것을 잃은 다음에 마치 처음으로 알거나 가지는 듯이 찾다
- **다시하다** : 1. 예전에 하다가 멈추거나 그만두거나 마무리를 짓지 못한 일을 이어서 하다 2. 예전에 하다가 막히거나 안되거나 끝나거나 마무리를 못 지은 일·예전에 했던 일을, 그대로 두지 않고서, 힘이나 생각이나 재주를 모으거나 갈고닦아서, 예전과 다르게 하다

섣달잔치

한 해가 저무는 섣달입니다. 이달에는 거룩한 뜻을 기리면서 한 해를 마무르고, 서로 기쁜 마음을 나누고, 다 같이 모여 조촐하거나 소담스레 잔치를 열어요. 지나온 해를 되새기며 새로운 해를 그리는 꿈을 적거나 담아 나무에 매달기도 하지요. 섣달나무를 세워 볼까요? 섣달나무에 둘러앉아서 섣달잔치를 벌여 볼까

요? 묵은절로 섣달 그믐날을 보내고는, 설날에는 새절을 합니다. 섣달에는 섣달맞이를 하면서 한 해를 되새겨요. 섣달이 지난 새해에는 새해맞이를 하면서 한 해를 그리고요. 늘 새롭고 싶어 즐겁게 하루를 그려요. 어제가 아쉬웠으면 오늘은 기쁘도록 씩씩하게 일어서요. 잔치를 앞둔 밤, 그러니까 앞밤에 들뜬 마음으로 잠듭니다.

- **새해맞이** : 다가오는 한 해를 그리면서 마음·매무새를 새롭게 가다듬고 앞날을 하나하나 짓자고 하는 자리나 모임. '신년회'를 가리킨다
- **묵은절** : 한 해를 마치는 섣달 마지막날에, 지난 한 해를 돌아보면서 아쉽거나 모자라거나 싫었던 마음·매무새를 털어내려고 하는 절. '묵은세배·구세배'를 가리킨다
- **새절** : 새해 첫날에, 이제부터 맞이할 한 해를 그리면서 마음·매무새를 새롭게 가다듬으려고 하는 절. '세배'를 가리킨다
- **섣달** : 한 해를 열두 달로 나눌 적에 열두째 달. 한 해에서 마지막인 달
- **섣달나무** : 한 해가 저무는 달인 12월에 있는 성탄절을 기리면서 세우는 나무. '크리스마스트리·성탄목'을 가리킨다
- **섣달맞이** : 지나온 한 해를 돌아보면서 마음·매무새를 새롭게 가다듬자고 하는 자리나 모임. '송년회·망년회'를 가리킨다
- **섣달잔치** : 한 해가 저무는 달인 12월에 있는 성탄절을 기리면서 누리는 잔치
- **앞밤** : 어떤 일·자리·잔치를 앞둔 밤. '전야·이브'를 가리킨다

소꿉돈

여덟 살부터 어머니한테서 '용돈'을 받았어요. 아직도 그날이 떠오르는데, 어머니한테서 처음 이 돈을 받을 적에 "자, 종규야, 네 용돈이야." 하시는 말씀에 "네? 용돈이오? '용돈'이 뭐예요?" 하고 여쭈니 "용돈? 음, 용돈! 그러니까, '쓰는 돈'? 아, 몰라. 용돈은 용돈이야." 하셨습니다. 여덟 살 적부터 '용돈'이란 말을 내내 곱씹으며 살다가 동무나 둘레 어른한테 불쑥 물어보곤 했지만 어느 누구도 궁금한 구석을 뾰족이 뚫어 주지 못했어요. 이러다가 마흔 살이 훌쩍 넘어 우리 아이들한테 어머니처럼 돈을 내주는 자리에 서니 번뜩 스치는 말이 '살림돈'입니다. 아이 스스로 살림을 꾸리니까요. 아이들은 찬찬히 소꿉을 하며 살림을 익히니 '소꿉돈'이거나, 곁에 두고 야금야금 쓰니 '곁돈'이기도 해요.

- **소꿉** : 1. 어른이 살림을 하는 모습을 어린이가 지켜보면서 그대로 따라하거나 비슷하게 해보는 놀이 2. 어른이 살림을 하는 모습을 어린이가 지켜보면서 그대로 따라하거나 비슷하게 해보며 놀 적에 쓰는 여러 가지 3. 어른이 하는 살림이 제대로 서지 않고 서툴거나 엉성한 모습
- **살림** : 1. 집을 이루어서 꾸리거나 가꾸거나 돌보며 사는 일 2. 집·모임·마을·고을·고장·나라를 꾸리거나 가꾸거나 돌보거나 이끄는 모습·결·판 3. 집을 꾸리거나 가꾸거나 돌보면서 쓰는 여러 가지 4. 모임·마을·고을·고장·나라를 꾸리거나 가꾸거나 돌보거나 이끌거나 다스리

는 일

- **소꿉돈** : 살림을 가볍게 꾸리면서 쓰는 돈. '용돈(用-)'을 가리킨다
- **곁돈** : 곁에 두고 조금씩 쓰는 돈. '용돈(用-)'을 가리킨다
- **살림돈** : 살림을 하며 쓰는 돈, 또는 살아가면서 쓰는 돈. '생활비·생계비'를 가리킨다
- **소꿉놀이** : 1. 어린이가 어른처럼 살림을 하는 모습으로 즐기는 놀이 2. 어른이 아직 어린이 놀이처럼 서툴거나 엉성하게 살림을 꾸리거나 일을 하는 모습을 나타내는 말
- **소꿉밭** : 아직 서툴거나 엉성하게 돌보는 밭
- **소꿉일** : 아직 서툴거나 엉성하게 하는 일
- **소꿉짓** : 아직 서툴거나 엉성하게 하는 짓

손수짓기

바란다고 해서 모두 이루지는 않는다고 합니다만, 저는 다르게 생각해요. 제대로 바라지 않거나, 두고두고 즐겁게 바라지 않기에 못 이루지 싶어요. 마음 가득 바라고, 이 바람을 그림으로 그리며, 늘 즐겁게 꿈꾸려 합니다. 여기에 하나 더 있어요. 바라는 동안 이 바람을 떠올리면서 스스로 갈고닦으려 해요. 제가 앞으로 이루고픈 길 가운데 하나는 '손수짓기'예요. 스스로 누리는 살림을 스스로 짓고 가꾸고 돌보는 길이랍니다. 아직 제대로 손

새로 쓰는 **우리말 꾸러미** 사전

수 짓지 못하는 살림이라지만, 바느질부터 집짓기까지 손수 해낼 줄 아는 살림을 이루고 싶어요. 예전에는 누구나 스스럼없이 하던 '제살림'을 아기자기하면서 새롭게 펴고 싶습니다. 책도, 말도, 사랑도, 노래도, 이야기도, 그야말로 새로 짓고 싶어요.

- **손수** : 다른 힘을 빌리지 않고 제 손으로
- **스스로** : 1. 바로 나 2. 바로 내 힘으로 3. 누가 시키지 않았는데도 하려고 마음을 먹고 나서서 4. 아무한테서도 힘을 받지 않고 (저절로)
- **손수짓기(손수짓다)** : 다른 힘을 빌리지 않고 제 손으로 짓는 일. '자급자족'을 가리킨다
- **스스로짓기(스스로짓다)** : 누가 시키지 않았는데도 하려고 마음을 먹고 나서서 짓는 일. 아무한테서도 힘을 받지 않고서 짓는 일. '자급자족'을 가리킨다
- **제살림** : 제가 스스로 짓거나 가꾸거나 누리거나 펴는 살림
- **글짓기** : 아직 이루지는 않았으나 앞으로 이루고 싶은 뜻·꿈·생각을 담아서 글을 쓰기. 아직 보거나 듣거나 느끼거나 겪지 않았으나, 보고 싶거나 듣고 싶거나 느끼고 싶거나 겪고 싶은 삶·모습·이야기를 스스로 생각해 보면서 글을 쓰기. 일어나지 않았거나 일어날 듯하지 않거나 일어날 수 없다고 여길 만하지만, 눈앞에서 참으로 일어난다면 어떠할까 하고 마음으로 그리면서 글을 쓰기. 가깝거나 먼 앞날을 마음으로 그리면서 글을 쓰기
- **글쓰기** : 있는 그대로 글을 쓰기. 보태거나 꾸미거나 깎거나 덜거나 감추거나 부풀리지 않고 그대로 글을 쓰기. 이야기를 하듯이, 생각이 자라는 대로, 나누고 싶거나 말하는 대로, 살았거나 살거나 살려는 대로, 만

나거나 보거나 느끼거나 겪거나 들은 대로, 좋거나 싫거나 다쳤거나 즐거운 마음하고 느낌을 하나하나 글로 쓰기. 지나간 일이나 바로 오늘 이곳을 차근차근 짚으면서 글을 쓰기

- **노래짓기** : 노래를 새로 쓰는 일. '작곡'을 가리킨다
- **말짓기** : 말을 새로 엮거나 짜거나 내놓는 일
- **사랑짓기** : 사랑을 새로 펴거나 길어올리거나 나누거나 나타나도록 하는 일
- **이야기짓기** : 이야기를 새로 엮거나 쓰거나 들려주는 일

손쓰다

어려운 동무가 있으면 선뜻 나서면서 손을 씁니다. 동무를 돕고 싶어요. 제가 어려울 적에 동무가 기꺼이 나서며 손을 씁니다. 동무한테는 제가 동무인걸요. 아이가 힘들어하면 가만히 지켜보면서 북돋웁니다. 되도록 스스로 해낼 때까지 곁에서 지켜봅니다. 아이가 두 손을 들고서 "아, 아, 더는 못 하겠다!" 하고 벌렁 자빠지면 "그래, 힘들었구나. 이렇게 해보면 어떨까?" 하면서 살며시 손을 내밀어 거듭니다. 아이는 아주 손쉽게 해내는 모습을 바라보면서 "오잉? 이렇게 쉽게?" 하며 놀라요. 손이란 참 재미있고 놀랍습니다. 살며시 내밀 뿐인데 따스한 기운이 퍼지고, 즐거운 마음이 오가요. 아마 돈도, 마음도, 힘도, 노래도, 글도,

말도, 꽃도, 바람도, 빗물 한 줄기도 이렇게 포근포근 흐르리라 생각합니다.

- **손쓰다** : 1. 어느 때에 뜻한 대로 될 수 있도록 무엇을 하거나 움직이다 2. 뜻하는 대로 되거나 나아가도록 미리 어떤 길을 생각하면서 움직이 거나 무엇을 하다 3. 넉넉하게 돈·물건·마음을 쓰다. '처리·조치·취하 다·강구·선작업·선수'를 가리킨다
- **돈쓰다** : 1. 돈을 들여서 무엇을 하다 2. 돈을 내어 무엇을 내 것으로 하 다. '소비·지출'을 가리킨다
- **마음쓰다** : 1. 뜻한 대로 되거나 이루도록 마음을 움직여서 하다 2. 작은 곳까지 하나하나 따뜻하거나 넉넉하게 보다. '배려·신경쓰다·선심'을 가리킨다
- **애쓰다** : 1. 마음하고 힘을 들여서 무엇을 하다 2. 남이 하는 일이 잘되도 록, 또는 힘이 덜 들도록, 함께 하거나 마음이나 힘을 더하다 3. 어떤 일 을 이루도록 마음하고 힘을 들여서 나서다 4. 힘이 들더라도 뜻·일을 이룰 수 있도록 마음을 더 쓰면서 움직이거나 무엇을 하다. 힘이 들기에 새롭게 마음하고 힘을 내어 뜻·일을 이룰 수 있도록 움직이거나 무엇 을 하다. '노력·조력·협조·분투·매진·헌신'을 가리킨다
- **힘쓰다** : 1. 힘을 들여서 무엇을 하다 2. 남이 하는 일이 잘되도록, 또는 힘이 덜 들도록, 함께 하거나 힘을 더하다 3. 어떤 일을 이루도록 힘을 들여서 나서다 4. 힘이 들더라도 뜻·일을 이룰 수 있도록 움직이거나 무엇을 하다. 힘이 들기에 새롭게 힘을 내어 뜻·일을 이룰 수 있도록 움 직이거나 무엇을 하다. '노력·조력·협조·분투·매진·헌신'을 가리킨다

솜씨좋다

열아홉 살에 제금을 났습니다. 열여덟에 제금을 날 수 있었으나, 한 해쯤은 인천 끝에서 서울 거의 끝까지 전철길로 배움터를 오가고 싶었습니다. 이런 분이 꽤 많기에 저도 느끼고 싶었어요. 열아홉에 제금을 나며 마흔이란 나이에 이르기까지 빨래틀 없이 오롯이 손으로 빨래하는 살림이었어요. 두 아이 천기저귀도 척척 빨았지요. 이런 저를 두고 둘레에서 '빨래 베테랑'이라 일컬어 어리둥절했습니다. 빨래에도 '베테랑'? 쉽게 '잘하다'나 '훌륭하다'라 해도 좋고, '솜씨있다·솜씨좋다'라 해도 좋을 텐데요. '솜씨꾼·재주꾼' 같은 이름도 있어요. 오래하며 솜씨가 는다면, 서울에서 '오래가게'란 이름을 지어서 쓰듯 '오래빛·오래님' 같은 이름도 쓸 만합니다. 훌륭하다면 이 모습 그대로 '훌륭님·훌륭빛'이라 해도 좋아요.

- **솜씨좋다** : 1. 손을 놀려서 짓거나 할 수 있는 힘이나 슬기가 좋다 2. 일을 하거나 다루거나 다스리는 손놀림이나 몸짓이 좋다 3. 훌륭하거나 멋지거나 대단하게 하는 힘이나 몸짓이 좋다
- **솜씨있다** : 1. 손을 놀려서 짓거나 할 수 있는 힘이나 슬기가 있다 2. 일을 하거나 다루거나 다스리는 손놀림이나 몸짓이 있다 3. 훌륭하거나 멋지거나 대단하게 하는 힘이나 몸짓이 있다
- **솜씨꾼** : 1. 손을 놀려서 짓거나 할 수 있는 힘이나 슬기가 있는 사람 2. 일을 하거나 다루거나 다스리는 손놀림이나 몸짓이 있는 사람 3. 훌륭

하거나 멋지거나 대단하게 하는 힘이나 몸짓이 있는 사람. 때때로 '전문가·베테랑'을 가리킨다

- **솜씨님** : 1. 손을 놀려서 짓거나 할 수 있는 힘이나 슬기가 좋은 사람을 높이는 이름 2. 일을 하거나 다루거나 다스리는 손놀림이나 몸짓이 좋은 사람을 높이는 이름 3. 훌륭하거나 멋지거나 대단하게 하는 힘이나 몸짓이 좋은 사람을 높이는 이름

- **솜씨지기** : 1. 손을 놀려서 짓거나 할 수 있는 힘이나 슬기가 좋은 사람 2. 일을 하거나 다루거나 다스리는 손놀림이나 몸짓이 좋은 사람 3. 훌륭하거나 멋지거나 대단하게 하는 힘이나 몸짓이 좋은 사람

- **재주많다** : 1. 잘하도록 타고난 힘이나 슬기가 너르거나 깊다 2. 일을 하거나 다루거나 다스리는 길이나 생각이 너르거나 깊다 3. 남보다 잘하는 힘이나 몸짓이 너르거나 깊다 4. 뛰거나 넘거나 구르는 대단하거나 멋진 몸짓이 너르거나 깊다

- **재주있다** : 1. 잘하도록 타고난 힘이나 슬기가 있다 2. 일을 하거나 다루거나 다스리는 길이나 생각이 있다 3. 남보다 잘하는 힘이나 몸짓이 있다 4. 뛰거나 넘거나 구르는 대단하거나 멋진 몸짓이 있다

- **재주꾼** : 1. 잘하도록 타고난 힘이나 슬기가 있는 사람 2. 일을 하거나 다루거나 다스리는 길이나 생각이 있는 사람 3. 남보다 잘하는 힘이나 몸짓이 있는 사람 4. 뛰거나 넘거나 구르는 대단하거나 멋진 몸짓이 있는 사람. 때때로 '전문가·베테랑'을 가리킨다

- **재주님** : 1. 잘하도록 타고난 힘이나 슬기가 너르거나 깊은 사람을 높이는 이름 2. 일을 하거나 다루거나 다스리는 길이나 생각이 너르거나 깊은 사람을 높이는 이름 3. 남보다 잘하는 힘이나 몸짓이 너르거나 깊은 사람을 높이는 이름 4. 뛰거나 넘거나 구르는 대단하거나 멋진 몸짓이

ㅅ

너르거나 깊은 사람을 높이는 이름

- **재주지기** : 1. 잘하도록 타고난 힘이나 슬기가 너르거나 깊은 사람 2. 일을 하거나 다루거나 다스리는 길이나 생각이 너르거나 깊은 사람 3. 남보다 잘하는 힘이나 몸짓이 너르거나 깊은 사람 4. 뛰거나 넘거나 구르는 대단하거나 멋진 몸짓이 너르거나 깊은 사람

- **훌륭하다** : 1. 됨됨이나 몸짓이 무척 좋아서 나무랄 곳이 없다 2. 한 일이나 지은 작품이 아주 잘되다 3. 마음에 들 만큼 매우 아름답다 4. 씀씀이나 쓰임새가 아주 좋다

- **훌륭님** : 됨됨이나 몸짓이 무척 좋아서 나무랄 곳이 없는, 또는 마음에 들 만큼 매우 아름다운 사람을 높이는 이름

- **훌륭빛** : 됨됨이나 몸짓이 무척 좋아서 나무랄 곳이 없는, 또는 마음에 들 만큼 매우 아름다운 사람을 높이는 이름

- **오래님** : 꽤 많은 나날이 지나도록 어느 한 가지를 꾸준히 하면서 어느새 솜씨나 재주를 갈고닦아서 잘할 줄 아는 사람을 높이는 이름

- **오래빛** : 꽤 많은 나날이 지나도록 어느 한 가지를 꾸준히 하면서 어느새 솜씨나 재주를 갈고닦아서 잘할 줄 아는 사람을 높이는 이름

- **제금** : 이제까지 살거나 지내던 집에서 나오며 따로 지내거나 꾸리는 길·삶·살림. '독립·독립생활'을 가리킨다

- **제금나다** : 이제까지 살거나 지내던 집에서 나오며 살림·삶·길을 따로 꾸리거나 지내다

숨은일꾼

페스탈로치란 분이 쓴 책 가운데《은자의 황혼》이 있어요. 이 책을 한국말로 옮긴 분은 처음에 "은자의 황혼"이라 이름을 붙였으나, 나중에 옮김말을 손질하면서 "숨은이의 저녁놀"로 고쳤습니다. 두 가지 책은 말씨가 다릅니다. 옮긴이 스스로 새로 배운 만큼 글결을 가다듬었더군요. 무엇보다 책이름을 바꾸었어요. 비록 '-의'를 넣은 대목은 아쉽지만 '은자'라는 한자말이 '숨은이'를 가리킨다고, 이런 낱말을 널리 쓸 만하다고 산뜻하게 밝혀 준 셈입니다. 1999년에 서울 노고산동에서 문을 연 "숨어 있는 책"이란 헌책집이 있습니다. '숨은'이란 낱말을 다시 만나 새삼스러웠어요. 요새 '언성 히어로'란 영어가 슬금슬금 퍼지는데, '숨은-'을 넣어 '숨은일꾼·숨은살림꾼'이라 해볼 만하지 싶습니다.

- **숨은-** : 1. 몸이나 어떤 것을 안 보이게 어디에 두는 (다른 사람 눈에 잘 안 띄거나 잘 찾을 수 없는 곳에 두는) 2. 겉이나 바깥이나 둘레에 잘 안 드러나는 3. 아직 겉·바깥·둘레로 밝히거나 드러내거나 나서지 않으면서 있는. '비밀의·매장된·사장된·잠재된'을 가리킨다
- **숨은길** : 1. 겉으로 드러나거나 앞에서 알아보기 어려운 길. '비밀 통로·미로'를 가리킨다 2. 사람들이 눈여겨보지 못하거나 쉽게 알아보지 못하는 길
- **숨은다짐** : 겉으로 드러나거나 드러내지 않은 다짐. 서로 마음으로 나누

는 다짐. '밀약'을 가리킨다

- **숨은빛** : 겉으로 드러나거나 드러내지 않은 빛. 겉이나 바깥이나 둘레에 잘 드러나지 않은 빛. 아직 겉·바깥·둘레로 밝히거나 드러내거나 나서지 않은 빛

- **숨은사랑** : 겉으로 드러나거나 드러내지 않은 사랑. 겉이나 바깥이나 둘레에 잘 드러나지 않은 사랑. '은덕'을 가리킨다

- **숨은살림꾼** : 겉으로 드러나거나 앞으로 나서지는 않으면서, 솜씨있고 알뜰하고 야무지게 살림을 하거나 다루는 사람. '언성 히어로(unsung hero)'를 가리킨다

- **숨은손(숨은손길)** : 겉으로 드러나거나 드러내지 않은 손. 겉이나 바깥이나 둘레에 잘 드러나지 않은 손. 아직 겉·바깥·둘레로 밝히거나 드러내거나 나서지 않은 손

- **숨은싸움** : 겉으로 드러나거나 드러내지 않은 싸움. 겉이나 바깥이나 둘레에 잘 드러나지 않은 싸움. 아직 겉·바깥·둘레로 밝히거나 드러내거나 나서지 않은 싸움. '암투'를 가리킨다

- **숨은이** : 겉으로 드러나거나 드러내지 않은 사람. 겉이나 바깥이나 둘레에 잘 드러나지 않은 사람. 아직 겉·바깥·둘레로 밝히거나 드러내거나 나서지 않은 사람. '은자·밀사'를 가리킨다

- **숨은일** : 겉으로 드러나거나 드러내지 않은 일. 겉이나 바깥이나 둘레에 잘 드러나지 않은 일. 아직 겉·바깥·둘레로 밝히거나 드러내거나 나서지 않은 일

- **숨은일꾼** : 겉으로 드러나거나 앞으로 나서지는 않으면서, 솜씨있고 알뜰하고 야무지게 일을 하거나 다루는 사람. '언성 히어로(unsung hero)'를 가리킨다

- **숨은책** : 겉으로 드러나지 않은 책. 겉이나 바깥이나 둘레에 잘 드러나지 않은 책. 아직 겉·바깥·둘레로 밝혀지거나 드러나거나 나타나지 않은 책. '비밀의 서'를 가리킨다

숲놀이

1980년대 무렵까지 '원족(遠足)'이라는 일본 한자말을 쓰는 어른이 많았습니다. 이무렵 저는 국민학교를 다녔는데, 마을 어른을 만나 꾸벅 절을 하면서 "소풍 가요." 하고 말하면 으레 "우리 때에는 원족이라 했는데." 하고 말씀했습니다. 이러다가 '현장학습'이라는 말이 생기며 '소풍(逍風)'도 밀려나고, '체험학습' 같은 말도 새로 생깁니다. 요새는 영어 '피크닉'을 쓰는 분도 꽤 많습니다. 문득 떠올립니다. 우리 어머니는 "아이고, 힘들어. 바람 좀 쐬고 싶다."며 푸념하시곤 했고, 이웃 어른은 어린 우리를 보며 "놀러 가는구나." 하고 말했어요. 이모저모 헤아리면, '바람쐬기·놀러가기'를 굳이 '-학습'이라 안 하면 좋겠어요. '마실·나들이'도, '들마실·숲마실'이나 '들놀이·숲놀이'도 좋아요.

- **들놀이** : 1. 들에서 하는 놀이. 들에 가서 하는 놀이 2. 쉬거나 놀거나 싱그러운 바람을 마시려고 바깥이나 들로 다녀오는 일. '소풍'을 가리키기도 한다

- **숲놀이** : 1. 숲에서 하는 놀이. 숲에 가서 하는 놀이 2. 쉬거나 놀거나 싱그러운 바람을 마시려고 숲으로 다녀오는 일. '소풍'을 가리키기도 한다

- **바다놀이** : 1. 바다에서 하는 놀이. 바다에 가서 하는 놀이 2. 쉬거나 놀거나 싱그러운 바람을 마시려고 바다로 다녀오는 일

- **들마실** : 쉬거나 놀거나 싱그러운 바람을 마시려고 바깥이나 들로 다녀오는 일. '소풍'을 가리키기도 한다

- **숲마실** : 쉬거나 놀거나 싱그러운 바람을 마시려고 숲으로 다녀오는 일. '소풍'을 가리키기도 한다

- **바다마실** : 쉬거나 놀거나 싱그러운 바람을 마시려고 바다로 다녀오는 일

- **마실** : 1. = 마을(살림집이 조그맣게 모여 이룬 삶터) 2. 이웃집이나 가까운 곳에 찾아가거나 다녀오는 일 3. 마음·생각을 새롭게 하거나 바꾸거나 돌리려고 새로운 곳으로 찾아가거나 다녀오는 일. '여행'을 가리키기도 한다

- **나들이** : 1. 나가고 들어오는 일 2. 나가고 들어오는 곳 (어귀·길목·나들목) 3. 머물거나 있는 곳을 떠나서 가까운·다른 곳을 가볍게 다녀오는 일 4. 마음·생각을 새롭게 하거나 바꾸거나 돌리려고 새로운 곳으로 찾아가거나 다녀오는 일. '여행'을 가리키기도 한다

- **놀러가다** : 1. 놀려는 마음으로 어느 곳에 가다. 재미나거나 즐겁게 지내려고 어느 곳에 가다 2. 이웃·동무·살붙이·다른 사람을 만나려고 가볍게 가다

- **바람쐬다(바람쐬기)** : 1. 마음·생각을 새롭게 하거나 바꾸거나 돌리려고 다른 곳을 다녀오거나 바깥으로 나가서 거닐다. 늘 있던 곳에 흐르는 바람이 아닌, 다른 곳이나 바깥에 흐르는 바람을 마시면서 마음·생각을

새롭게 하거나 바꾸거나 돌리거나 다스리다 2. 다른 마을·고장·나라·곳·자리·터·땅으로 가서 낯익지 않은·새로운 모습이나 삶이나 흐름이나 이야기나 사람이나 숲을 느끼고 보고 듣고 만나고 받아들이다

아들바보

예전에는 딸을 낳으면 매우 꺼렸습니다. 이른바 '남아 선호 사상'이에요. 딸이든 아들이든 모두 사랑스레 태어나 함께 살아가는 숨결인데, 이를 왜 모를까요. 이제는 '남아 선호' 같은 말은 듣기 어렵습니다. '아들바보'나 '딸바보'란 말을 들어요. '바보'라 부르는 이름인데 어쩐지 싫지 않아요. 귀엽습니다. '일바보'나 '글바보'도 살짝 귀엽고요. 바보란, 새로 배우며 거듭날 사람이라서 그렇구나 싶어요. 바보와 달리 '멍청이'는 어리석은 사람입니다. 예전엔 "낫 놓고 기역 글씨 모른다"처럼 말했는데요, "낫 쥐고 풀 벨 줄 모르는" 사람이야말로 멍청하지요. 또는 "씨앗 심을 줄 모르"거나 "기저귀 빨 줄 모르"거나 "고무래 들고 낟알 고를 줄 모르"는 사람이야말로 어리석은 모습이라고 느낍니다.

- 글모르다 : 글을 모르다
- 길모르다 : 길을 모르다

- **바보** : 1. 어떤 일을 제대로 모르거나 제대로 못 보는 사람 (아직 모를 뿐 앞으로 배울 수 있는 사람한테 쓴다) 2. 어리석거나 못난 사람 3. 어느 한 가지에 푹 빠진 채 다른 일을 헤아리지 않는 사람 (어느 한 가지를 매우 좋아하거나 즐기느라 다른 데에는 마음을 못 쓰는 사람)
- **멍청이** : 생각이 흐리거나 제대로 볼 줄 모르는 사람 (도무지 모를 뿐 아니라 앞으로도 배우기 어렵구나 싶은 사람한테 쓴다)
- **글바보** : 1. 글을 제대로 모르거나 제대로 못 읽는 사람 2. 글에만 푹 빠진 채 다른 일을 헤아리지 않는 사람
- **길바보** : 길을 제대로 모르거나 잘 찾아가지 못하는 사람
- **살림바보** : 살림을 제대로 모르거나 어떻게 꾸릴는지 생각하지 않는 사람
- **사랑바보** : 사랑을 제대로 모르거나 어떻게 하는지 생각하지 않는 사람
- **일바보** : 1. 일을 제대로 모르거나 어떻게 하는지 생각하지 않는 사람 2. 일만 아는 사람. 일에만 푹 빠진 채 다른 자리는 헤아리지 않는 사람. 그저 일만 바지런히 하려는 마음이나 생각이나 몸짓일 뿐, 다른 데에는 눈길이나 마음을 두지 않고, 놀거나 쉬려는 생각조차 없다든지, 집안이나 이웃도 살필 줄 모르는 사람
- **딸바보** : 딸한테만 푹 빠진 채 다른 아이나 사람은 헤아리지 않는 사람
- **아들바보** : 아들한테만 푹 빠진 채 다른 아이나 사람은 헤아리지 않는 사람. 때로는 '남아 선호'를 가리킨다

※ 사전 올림말로 삼지 않아도 넉넉히 나눌 만한 말마디 : 씨앗 심을 줄 모른다, 장작 팰 줄 모른다, 아궁이에 불 땔 줄 모른다, 아기 돌볼 줄 모른다, 밥할 줄 모른다, 빨래 하나 못한다, 살림할 줄 모른다, 이불 갤 줄 모

새로 쓰는 **우리말 꾸러미** 사전

른다, 걸레질도 못한다, 설거지도 못한다, 낫 쥐고 풀 벨 줄 모른다, 고무
래 들고 낟알 고를 줄 모른다, 호미 쥐고 감자 캘 줄 모른다, 자장노래 하
나 못 부른다

아름누리

어른들이 쓰는 말이 하나도 안 쉽다고 느끼며 자랐어요. 이를
테면 '천국·지상천국·낙원·지상낙원·에덴·에덴동산·이상향·
무릉도원·도원향·유토피아'는 조금도 마음에 안 와닿고 그림
으로 그릴 수 없는 말이었어요. 둘레 누구하고라도 넉넉히 나눌
만한 이름이 있으면 훨씬 좋겠다고 여겼어요. 문득문득 "저런
아름다운 나라에 살고 싶다."라든지 "이 나라가 아름다운 나라
가 되면 좋겠어." 같은 말을 들었어요. 이런 말을 들으면서 고개
를 끄덕거리긴 했으나 새 이름을 어떻게 얻으면 좋을까를 으레
잊고 지나갔습니다. 이러던 어느 날 다시 둘레를 살피니 '아름
나라·아름누리'란 말을 쓰는 분이 무척 많아요. 사전에 아직 없
어도 사람들 스스로 느끼는구나 싶어요. 아름나라란 바로 우리
마음에 삶에 보금자리에 있는 줄을요.

* **아름답다** : 1. 눈으로 보거나 귀로 듣거나 느낌으로 오는 모습이 참 좋
으면서 즐겁다 2. 훌륭하거나 착해서 마음에 들며 즐겁다 3. 누구나 홀

가분하면서 즐겁고 거리낌없이 살아갈 만큼 넉넉하고 아늑하면서 포
근하다

- **아름나라** : 누구나 홀가분하면서 즐겁고 거리낌없이 살아갈 만큼 넉넉
하고 아늑하면서 포근한 나라. '천국·지상천국·낙원·지상낙원·에덴·
에덴동산·이상향·무릉도원·도원향·유토피아'를 가리킨다
- **아름누리** : 누구나 홀가분하면서 즐겁고 거리낌없이 살아갈 만큼 넉넉
하고 아늑하면서 포근한 누리. '천국·지상천국·낙원·지상낙원·에덴·
에덴동산·이상향·무릉도원·도원향·유토피아'를 가리킨다
- **아름마을** : 누구나 홀가분하면서 즐겁고 거리낌없이 살아갈 만큼 넉넉
하고 아늑하면서 포근한 마을
- **아름별** : 누구나 홀가분하면서 즐겁고 거리낌없이 살아갈 만큼 넉넉하
고 아늑하면서 포근한 별
- **아름터** : 누구나 홀가분하면서 즐겁고 거리낌없이 살아갈 만큼 넉넉하
고 아늑하면서 포근한 터

아름말

아이를 낳은 어버이가 아이한테 텃말로 이름을 지어 주려는 물
결이 일어난 지는 이제 마흔 해쯤 됩니다. 예전에는 거의 한자
를 엮어서 지으려 했어요. 요새는 한자로 엮는 이름하고 텃말로
빚는 이름이 나란히 있어요. 아이한테 이름을 텃말로 지어 주는

분이 차츰 늘면서 우리가 늘 쓰는 한국말을 바라보는 눈이 시나브로 달라졌구나 싶어요. 예전에는 거의 생각하지도 못한 말짓기가 하나둘 태어났다고 할 만하지요. 이런 새말짓기 가운데 하나로 '아름이'가 있어요. '김아름·송아름'처럼 '아름'을 이름으로 얻은 동무가 있는데요, '아름답다'에서 '-답다'를 뺐지요. 이런 이름짓기를 못마땅해하는 분도 꽤 있었지만, 이제는 '아름-'을 붙여 아름다운 자리나 숨결을 여러모로 재미있게 나타낼 수 있습니다.

- **아름말** : 아름다운 말. 아름답게 하거나 나누거나 듣거나 들리는 말. 하거나 나누거나 듣거나 들리기에 참 좋으면서 즐겁거나 훌륭하거나 착해서 마음에 드는 말

- **아름글** : 아름다운 글. 아름답게 쓰거나 나누거나 읽거나 새기는 글. 쓰거나 나누거나 읽거나 새기기에 참 좋으면서 즐겁거나 훌륭하거나 착해서 마음에 드는 글

- **아름꽃** : 아름다운 꽃. 참 좋으면서 즐겁거나 훌륭해서 마음에 드는 꽃. 아름다운 꽃처럼 아름다운 것·사람을 빗대는 이름

- **아름노래** : 아름다운 노래. 참 좋으면서 즐겁거나 훌륭해서 마음에 드는 노래

- **아름님** : 아름다운 분. 아름답게 마주하는 분. 참 좋으면서 즐겁거나 훌륭하거나 착해서 마음에 드는 분

- **아름벗** : 아름다운 벗. 참 좋으면서 즐겁거나 훌륭하거나 착해서 마음에 드는 벗

- **아름이** : 아름다운 사람. 참 좋으면서 즐겁거나 훌륭하거나 착해서 마음

에 드는 사람

- **아름일** : 아름다운 일. 아름답게 하는 일. 참 좋으면서 즐겁거나 훌륭해서 마음에 드는 일
- **아름집** : 아름다운 집. 참 좋으면서 즐겁거나 훌륭해서 마음에 드는 집
- **아름책** : 아름다운 책. 줄거리나 꾸밈새가 아름다운 책. 참 좋으면서 즐겁거나 훌륭해서 마음에 드는 책

아이먼저

어른들은 툭하면 '장유유서(長幼有序)'란 말을 꺼냈습니다. 어른들이 슬기롭고 아름다우면서 훌륭하다면, 굳이 이런 중국말을 들먹이지 않아도 '어른먼저'를 몸이며 마음으로 받아들여서 펼만하다고 느껴요. 그러나 어른 스스로 슬기롭지 않고 아름답지 않으며 훌륭하지도 않은 채 나이로 밀어붙이려 하면 몹시 못마땅했어요. 이러던 어느 날 문득 한 가지를 느낍니다. 버스를 탈적이었는데요, 할머니나 할아버지 가운데 두어 살 어린아이가 타거나 아기를 안은 아주머니가 타면 기꺼이 자리를 내주신 분을 보았어요. 깜짝 놀랐지요. 으레 '어른먼저'를 외치는 터전에서 '아이먼저·아기먼저'를 몸소 보이는 어르신이 계셨어요. '나먼저' 아닌 '이웃먼저'라는 마음씀을 곁에서 보고 배우면서 새말도 배웠습니다.

- **아이먼저** : 아이가 먼저 하거나 가거나 쓰거나 누리도록 자리를 내주는 일이나 몸짓
- **어른먼저** : 어른이 먼저 하거나 가거나 쓰거나 누리도록 자리를 내주는 일이나 몸짓
- **나먼저** : 다른 사람보다 내가 먼저 하거나 가거나 쓰거나 누리려고 자리를 차지하려고 하는 일이나 몸짓
- **이웃먼저** : 나보다 이웃이 먼저 하거나 가거나 쓰거나 누리도록 자리를 내주는 일이나 몸짓
- **먼저보기** : 아직 다른 사람이 보지 않았을 적에 먼저 보는 일
- **먼저하기** : 아직 다른 사람이 하지 않았을 적에 먼저 하는 일
- **먼저가기** : 아직 다른 사람이 가지 않았을 적에 먼저 가는 일
- **먼저질** : 무엇이나 언제나 먼저 하려고 드는 모습이나 일

양념물

맛있게 하려고 살짝 넣습니다. 잔뜩 넣으면 외려 맛을 버려요. 가볍게 섞는데 맛이 나아져요. 국을 끓이든 곁밥을 마련하든, 맛을 돋우려고 '양념'을 살며시 얹습니다. 양념은 많이 넣지 않아요. 마늘이든 생강이든 간장이든 들기름이든 후추든 소금이든 잔뜩 넣다가는 맛을 버리기 일쑤입니다. 알맞거나 가볍게 넣으면서 새맛이 감돌거나 감칠맛이 나도록 해요. 양념이란 어느

모로 보면 놀라운 물이나 가루예요. 그래서 먹을거리에서뿐 아니라 삶자리에서도 웃음이나 재미나 기쁨을 북돋우는 '양념질' 같은 말이나 추임새를 섞는구나 싶어요. 요새는 영어로 '소스 (sauce)'를 흔히 쓰는데, '소스'는 '양념물' 한 가지예요. '양념가루'라는 낱말을 갈라서 알맞게 쓰면 좋겠습니다.

- **양념** : 1. 맛을 좋거나 낫거나 높이거나 나게 하려고 넣거나 섞는 것 2. 더 재미가 나거나 즐겁거나 신나게 하도록 넣거나 섞거나 붙이는 것·말·몸짓·추임새
- **양념물** : 맛을 좋거나 낫거나 높이거나 나게 하려고 넣거나 섞는 물
- **양념가루** : 맛을 좋거나 낫거나 높이거나 나게 하려고 넣거나 섞는 가루
- **양념질** : 1. 맛을 좋거나 낫거나 높이거나 나게 하려고 넣거나 섞는 일 2. 더 재미나거나 즐겁거나 신나게 하도록 여러 가지 것·말·몸짓·추임새를 넣거나 섞거나 붙이는 일

어비딸

사전을 보면 '부자지간·부자간'은 올림말이고, '부녀지간·모자지간·모녀지간'은 없습니다. 어버이하고 아이 사이를 가리킬 낱말은 하나만 있지 않을 텐데요. 사전은 '부녀·부자·모녀·모자'를 올림말로 삼으면서, 막상 이런 사이를 나타내는 오랜 한

새로 쓰는 **우리말 꾸러미** 사전

국말 '어비딸·어비아들'이랑 '어이딸·어이아들'은 '같은말'로 알려주거나 이끌지 못합니다. 어릴 적부터 이런 한국말을 듣고 산다면, 또 말하고 산다면, 우리 삶이나 손이나 입에는 이런 말씨가 익숙할 테지요. 그리고 사전은 '아들딸'은 올림말로 삼으나 '딸아들'은 없어요. 왜 그럴까요? 아들(사내)만 높이던 버릇이, 딸(가시내)은 뒷전조차 아닌 그저 낮보던 살림결이 그대로 묻어난 모습이로구나 싶어요. 이제는 확 뜯어고쳐야지 싶습니다.

- **어비딸** : 아버지하고 딸을 함께 가리키는 말. '부녀'라고도 한다
- **어비아들** : 아버지하고 아들을 함께 가리키는 말. '부자'라고도 한다
- **어이딸** : 어머니하고 딸을 함께 가리키는 말. '모녀'라고도 한다
- **어이아들** : 어머니하고 아들을 함께 가리키는 말. '모자'라고도 한다
- **딸아들** : 딸하고 아들을 함께 가리키는 말. '자녀'라고도 한다
- **아들딸** : 아들하고 딸을 함께 가리키는 말. '자녀'라고도 한다

언누이

저는 어릴 적에 '형제·자매' 같은 이름을 듣고 자랐으나, 저보다 나이가 많은 분들은 '언니'란 이름을 으레 썼다고 합니다. 가시내 사이에서만 쓰는 '언니'가 아니라, 같은 어버이가 낳은 여러 아이 가운데 먼저 태어난 쪽이면 스스럼없이 '언니'라 했다

지요. 사내 사이에서도 오붓하게 쓴 이름이라고 합니다. 가만히 생각하면 그래요. '형제·자매' 같은 한자말 이름이 이 땅에 들어온 지는 그리 오래지 않아요. 수수한 살림이며 삶을 지은 사랑으로 나누던 이름은 수수합니다. 따로 틀을 세우지 않아요. '오누이'가 '오라비＋누이'라면 '언니＋누이'로 '언누이' 같은 이름을 지을 수도 있어요. 부드럽게, 찬찬히, 서로 아끼는 손길로 돌보고, 함께 가꾸는 숨결로 어깨동무하는 이름을 하나하나 지어봅니다.

- **누이** : 1. 어버이가 같은, 또는 한 집안에서 살아가는 가시내를 사내가 가리키는 이름 2. 가까이 지내면서 나이가 어린 가시내를 사내가 가리키는 이름
- **언니** : 1. 같은 어버이가 낳은 여러 아이 가운데 먼저 태어난 쪽 2. 여러 사람 사이에서 나이가 많은 쪽
- **언누이** : 언니하고 누이를 함께 가리키는 이름. '자매·형제'를 가리킨다
- **오누이** : 오라비하고 누이를 함께 가리키는 이름. '남매'를 가리킨다

옛자취

아침부터 밤까지 스스로 하루를 살면서 무엇을 했는가를 몇 마디 글로 적어 놓으면 나중에 이 글을 돌아보면서 그때에 그랬

구나 하고 떠올립니다. 때로는 그림을 그리고 사진을 찍습니다. 이 모두 새삼스러운 '하루자취'인데, 하루가 모이고 모여 '삶자취'가 되어요. 옛사람은 어떻게 살았나 싶어 옛자취를 더듬습니다. 오늘 어떻게 살아가는가를 되새기면서 오늘자취를 그립니다. 발로 디디면서 이루는 발자취라면, 손으로 만지거나 뚝딱거리면서 가꾸는 손자취예요. 우리가 쓰는 말마다 말자취가 남고, 누리집을 열어 들락거리면서 누리자취가 생겨요. 잊고 싶은 그늘자취나 어둠자취가 있을 테지만, 기쁜 마음이 샘솟던 사랑자취도 있어요. 어떤 걸음이요 손짓이고 몸짓인가 하고 가만히 생각합니다.

- **자국** : 1. 다른 것이 닿거나 묻어서 생기거나 달라진 자리 2. 다친 곳이나 부스럼이 생겼다가 다 나아서 사라진 자리 3. 발로 밟은 곳에 남은 모습 4. 무엇이 있었거나 지나가거나 겪은 뒤에 생긴 느낌이나 이야기

- **자취** : 1. 어떤 것이 있거나 생긴 동안 남기거나 나타나거나 지은 자리 2. 가거나 움직인 곳

- **발자국** : 1. 발로 밟은 곳에 남은 모습 2. 한 발을 떼는 걸음 3. 지나온 나날이나 삶. 지나온 날에 보이거나 남긴 모습. '종적·과정·단계·역사·프로필·약력·이력'을 가리킨다

- **발자취** : 1. 발로 밟고 지나갈 때 남는 자취나 소리 2. 지나온 나날이나 삶. 지나온 날에 보이거나 남긴 모습. '흔적·족적·역사·프로필·약력·이력·행적'을 가리킨다

- **곁자취** : 1. 가까운 지난날·요즈음을 살아가면서 달라지거나 보이거나 남긴 모습. '최근 기록'을 가리킨다 2. 한국에서는 흔히 1870년대부터

1920년대 언저리까지를 따지는데, 그무렵을 살아가면서 달라지거나 보이거나 남긴 모습. '근대사'를 가리킨다

- **그늘자취(어둠자취)** : 어둡다고 여길 만하도록 보이거나 남긴 모습. 어둡기에 없던 일로 여기고 싶다 할 만한 아프거나 부끄럽거나 안 좋던 모습. '흑역사'를 가리킨다
- **글자취** : 살거나 나누거나 하거나 짓거나 겪거나 이야기한 여러 가지를 남긴 글. '기록'을 가리킨다
- **누리자취** : 누리그물에 들어오거나 드나든 길을 남긴 모습. '접속 기록·접속 정보'를 가리킨다
- **말자취** : 말이 흐르거나 쓰이면서 달라지거나 거듭나거나 태어난 여러 가지 모습. '어휘사·어휘 변천사'를 가리킨다
- **사랑자취** : 사랑을 하며 살거나 나누던 일·마음·하루를 남긴 모습
- **삶자취** : 삶을 남긴 모습. 살아오면서 하거나 짓거나 나누거나 겪거나 이야기한 여러 가지를 아울러서 남긴 모습. '인생사·생애사·인생 기록·인생 회고'를 가리킨다
- **손자취** : 손으로 다루거나 쓰거나 만지면서 남긴 모습
- **옛자취** : 예전에 보이거나 남긴 모습. 지나간 날에 보이거나 남긴 모습. '과거·과거사·과거 행적'을 가리킨다
- **오늘자취** : 오늘을 살아가면서 남긴 모습. 흔히 1945년 뒤부터 따지는데, 그때부터 오늘에 이르기까지 살거나 지내거나 보내면서 달라지거나 보이거나 남긴 모습. '현대 역사·현대사'를 가리킨다
- **하루자취** : 하루를 살면서 남긴 모습. '일일 기록·일기'를 가리킨다
- **흐름자취** : 흐름에 따라 달라지면서 남긴 모습. 긴 나날이 흐르는 동안 달라지면서 보이거나 남긴 모습. '변천사'를 가리킨다

오래마을

사전에서 문득 '장수(長壽)'라는 한자말을 찾아보니 '오래도록 삶'으로 풀이하면서, 비슷한말이라는 한자말을 열 가지 덧달아요. 이 열 가지 가운데 사람들이 쓰는 말은 하나도 없지 싶습니다. 예전 벼슬아치나 글쟁이가 쓰던 한문을 오늘날 사전에 고스란히 옮긴 셈이더군요. 문득 생각합니다. 오래도록 산다면 '오래 살다'를 새말로 넉넉히 쓸 만하겠다고요. '오래가다·오래되다'란 낱말은 사전에 있어요. 살짝 헤아리면 '오래두다·오래쓰다·오래있다' 같은 말을 새로 지을 만하고, '오랜것·헌것·옛것' 같은 말도 새롭게 쓸 만해요. 사람들이 오래사는 마을이라면 '오래마을'이 되겠지요. 오래도록 잇는 '오래나라'라든지, 오래도록 사랑받는 '오래책'이 있어요.

- **오래** : 꽤 많은 나날이 지나도록 (시간이 지나는 동안이 길게)
- **예(옛)** : 꽤 많이 지나간 날
- **예스럽다** : 꽤 많은 날이 지나간 듯하다
- **옛날스럽다** : 꽤 많은 날이 지나간 듯하다. 꽤 많은 날이 지나 오늘날하고는 맞지 않거나 다르다고 여길 만하다
- **헐다(헌)** : 1. 많이 썼기에 앞으로 더 긴 나날이 지나도록 쓸 만하지 않다 2. 살갗이 다치거나 덧나서 진물이나 부스럼이 나다 3. 한 벌 쓰거나 다른 사람 손을 거치다 4. 긴 나날이 흐르도록 쓰거나 긴 나날이 흐르다 (처음으로 지은 지 긴 나날이 흐르다)

- **오래가다** : 꽤 많은 나날이 지나거나 흐르도록 그대로 가다. 어떤 일·흐름·보람·뜻이 생각보다 꽤 많은 때가 지나도록 그대로 가다

- **오래나라** : 꽤 많은 나날이 지나거나 흐르도록 그대로 있거나 잇거나 지키는 나라

- **오래되다** : 처음 나타나거나 지은 지 꽤 많은 나날이 되다. 어떤 것을 처음 짓거나 얻은 지 꽤 많은 나날이 지나서 그다지 쓸 만하지 않거나 제 쓰임새를 잃다

- **오래두다** : 꽤 많은 나날이 지나거나 흐르도록 두다. '장기간 보관'을 가리킨다

- **오래마을** : 사람들이 오래 살아가는 마을. '장수촌'을 가리킨다

- **오래살다** : 꽤 많은 나날이 지나거나 흐르도록 살다. '장수'를 가리킨다

- **오래쓰다(오래쓰기)** : 긴 나날이 지나거나 흐르도록 쓰다. 낡거나 닳지 않도록 손질하거나 돌보거나 아끼면서 꾸준히·자꾸자꾸 쓰다 (이제 더는 쓰기 어렵다고 할 만한 때를 지났어도 알맞게 손질하거나 돌보거나 아끼면서 다루는 모습을 나타낸다)

- **오래있다** : 꽤 많은 나날이 지나거나 흐르도록 있거나 머물다. 어느 자리·곳을 생각보다 꽤 많은 때가 지나거나 흐르도록 그대로 잇거나 지키다

- **오래책** : 꽤 많은 나날이 지나거나 흐르도록 읽거나 읽히거나 사랑받는 책. '스테디셀러'를 가리킨다

- **오랜것** : 꽤 많은 나날이 지난 것. 꽤 많은 나날이 지나면서 드물거나 값어치가 오른 것을 가리키기도 한다. '골동품·앤티크'를 가리킨다

- **옛것** : 꽤 많은 날이 지난 것

- **옛날것** : 꽤 많은 날이 지난 것. 꽤 많은 날이 지나 오늘날하고는 맞지 않

거나 다르다고 여길 만한 것

- **묵은것** : 쓸 만한 날이 꽤 지난 것. 꽤 많은 날이 지나도록 쓰지 않고 그 대로 둔 것
- **낡은것** : 꽤 많은 날이 지나도록 써서 더 쓸 만하지 않다고 여기거나 더 쓸 만하기 어렵다고 여기는 것. 꽤 많은 날이 지났기에 요즈음 흐름하고 는 안 맞는다고 여기는 것
- **헌것** : 1. 많이 썼기에 앞으로 더 쓸 만하지 않다고 여기는 것 2. 한 벌 쓰 거나 다른 사람 손을 거친 것 3. 긴 나날이 흐르도록 쓴 것. 또는 처음 짓 고 나서 긴 나날이 흐른 것

우묵이

달걀을 부치기에 '달걀부침'이라 합니다. 달걀을 지질 적에는 '달걀지짐'이라 하고요. 이렇게 말을 하고 보니, 달걀을 부치거 나 지질 적에 쓰는 반반하면서 자루가 달린 판을 가리킬 적에 '부침판'이나 '지짐판'이란 이름을 써요. 우리 아이들은 어버이 가 쓰는 이 말을 그대로 받아들입니다. 부엌살림을 하자니 부침 판만으로는 모자랍니다. 곁님이 어느 날 '웍'을 장만하자고 말 합니다. '웍'이란 이름은 낯설었어요. '중화팬'이나 '양수냄비'란 이름으로도 선뜻 와닿지 않습니다. 냄비집에 가서 장만할 적에 '웍'이라 말해야 알아듣는데, 아이들을 이끌고 냄비집에 가서

'웍'을 장만한다니 아이들이 고개를 갸우뚱해요. "바닥이 우묵한 판을 사려고." "아, '우묵이'를 사려고?" 그래요, 우묵이를 장만해서 씁니다.

- **우묵하다** : 가운데가 둥그스름하게 안쪽으로 들어가다
- **우묵이** : = 우묵판
- **우묵판** : 먹을거리를 튀기거나 끓이거나 할 적에 쓰는, 가운데가 우묵하고 자루가 달린 판. '웍, 중화팬, 양수냄비'를 가리킨다
- **부침판** : 먹을거리를 부치거나 할 적에 쓰는, 반반하고 자루가 달린 판. '프라이팬·번철'을 가리킨다
- **지짐판** : 먹을거리를 지지거나 할 적에 쓰는, 반반하고 자루가 달린 판. '프라이팬·번철'을 가리킨다

웃사내

'상남자(上男子)'란 말이 떠돌아 처음에는 무슨 소리인가 아리송했어요. 나이가 많은 사내를 가리키는 말이 아니고, 자리가 높은 사내를 가리키지도 않는 이 말씨는 겉모습만 사내이지 않고 속알맹이가 오롯이 사내라고 할 만한 사람을 나타낼 적에 쓰는구나 싶습니다. 말뜻을 헤아린 뒤에는 '웃-·윗-' 두 마디가 떠오릅니다. 국립국어원은 '웃-'을 붙인 말을 잔뜩 틀린말(비표준

어)로 삼습니다만, '웃돌다·웃거름·웃옷·웃돈·웃국·웃자라다'까지 틀린말로 내치지 못합니다. 곰곰이 보면 '웃-'하고 '윗-'을 알맞고 즐겁게 가려서 쓰거나 나란히 쓸 수 있습니다. 사내 가운데 손꼽히는 사내라면 '웃사내'로, 가시내 가운데 빼어난 가시내라면 '웃가시내'로, 사람으로서 참으로 훌륭하거나 아름다우면 '웃사람'으로요.

- 웃- : 1. 위에 있거나, 더 있거나, 더 붙거나, 위로 올리거나, 넘치는 느낌·모습·흐름을 나타내려고 붙이는 말 2. 여럿을 한자리에 놓고 살피거나 헤아릴 적에 한결·아주·더욱 낫다든지, 아름답거나 훌륭하다든지, 높일 만하거나 훨씬 좋게 여길 만하다고 할 적에 붙이는 말
- 윗- : 위하고 아래를 가르는 자리에서 '위'를 나타내려고 앞에 붙이는 말
- 윗사람 : 1. 나이가 많거나 줄·항렬이 높은 사람 2. 자리·몸값·이름값이 높은 사람 ('윗사람'이라 할 적에는 어떤 겉모습이나 겉차림을 내세우면서 위에 서려는 느낌)
- 웃사람 : 참으로 훌륭하거나 아름답구나 싶은 사람. 나이·자리·몸값·이름값 따위를 모두 떠나, 사람으로서 참으로 훌륭하거나 아름다울 적에 쓰는 이름 ('웃사람'이라 할 적에는 어떤 겉모습이나 겉차림이 없이 누구나 아름답거나 훌륭하다고 여기는 느낌)
- 웃사내 : 참으로 훌륭하거나 아름답구나 싶은 사내. 나이·자리·몸값·이름값 따위를 모두 떠나, 참으로 훌륭하거나 아름다운 사내일 적에 쓰는 이름. '상남자'를 가리킨다
- 웃가시내 : 참으로 훌륭하거나 아름답구나 싶은 가시내. 나이·자리·몸값·이름값 따위를 모두 떠나, 참으로 훌륭하거나 아름다운 가시내일 적

에 쓰는 이름

- **웃사랑** : 모든 사랑은 아름답거나 훌륭한데, 이 사랑 가운데 가없이 아름답거나 훌륭하다고 손꼽을 만한 사랑. 이를테면 어버이가 아이를 품는 사랑이나, 아이가 어버이를 품는 사랑을 들 수 있다

- **웃일** : 크고 작음·바쁨 안 바쁨·값짐 안 값짐 들을 떠나, 무엇보다 마음을 기울여서 기쁘게 맞이하거나 할 만한, 아름답거나 훌륭하거나 사랑스러운 일

- **웃질** : 사람이 '위·아래' 사이가 아니지만, 스스로 위라는 자리에 있다고 여기고 다른 사람을 아래라는 자리에 있다고 여기면서, 함부로 굴거나 깔보거나 괴롭히거나 들볶거나 힘으로 누르는 짓. '갑질(甲-)'을 가리킨다

- **잘난질** : 스스로 남보다 잘났다고 여기면서 함부로 굴거나 제멋대로 하는 짓. 때때로 '갑질(甲-)'을 가리킨다

- **막질** : 다른 사람한테 함부로 굴거나 제멋대로 하는 짓. 때때로 '갑질(甲-)'을 가리킨다

- **틀린말** : 1. 참이 아닌 말 (알맞지 않거나, 바르지 않거나, 옳지 않은 말) 2. 나라에서 널리 쓰자고 하는 틀에서 벗어난 말. '비표준어'를 가리킨다

으뜸별

어릴 적부터 몸이 여리고 툭하면 아팠습니다. 열네 살 적에는 마을 언니들한테 두들겨맞고서 돈을 빼앗기기도 했어요. 이러다가 질질 끌려서 무술을 배우는 곳에 들어가야 했는데, 무술을 배우는 곳에서 처음으로 몸을 다스리는 길을 익히니 아픈 몸이 차츰 나아졌습니다. 남보다 훨씬 처지는 힘을 키우려고 날마다 먼길을 달렸더니 학교에서 오래달리기라면 한두 손가락에 꼽을 만큼 잘했어요. 이러다가 꼭 하루 '으뜸별'이 되었어요. 군대에 끌려가 논산훈련소에 있을 적에 천이 넘는 사람이 한꺼번에 오래달리기를 했는데 버금자리는 아예 안 보일 만큼 넉넉히 으뜸자리를 차지했지요. 별님이란, 꽃별이란, 샛별이란, 하늘 높이 뜬 별이란, 땅을 가득 채운 눈부신 꽃이란, 이런 느낌이네 하고 처음으로 느낀 때였습니다.

- 별 : 1. 하늘에서 반짝이는 모습으로 보이며 우주에 있는 것 2. 훌륭하거나 뛰어나거나 아름다운 자취·일·삶·길을 남긴 사람 3. 널리 사랑받거나 알려진 사람. 또는 널리 높이거나 우러르는 사람. 또는 둘레를 널리 밝히는 멋지거나 아름답거나 훌륭한 사람 4. 눈에 잘 뜨이도록 그려 넣는 무늬. '☆' 모습으로 넣는다 5. 군인 가운데 장성이 단 계급 6. 잘못을 저질러서 감옥에 드나든 숫자를 일컫는 이름
- 꽃 : 1. 풀·나무가 씨앗·열매를 맺으려고 피우는 숨결 2. 씨앗·열매를 맺으려고 피우는 숨결을 품은 풀·나무를 아우르는 이름 3. 사랑을 받

거나 아름답거나 멋진 사람 4. 사랑스럽거나 아름답거나 눈부신 나날·
때·철·삶 5. 가장 돋보이거나 대수롭거나 뜻있거나 큰 자리·사람·일
6. 사랑스럽거나 뛰어나거나 아름답게 남긴 자취·일·삶·길·꿈·이야
기 7. 홍역·아토피를 앓을 적에 살갗에 조그맣고 발갛게 돋아나는 것

- **으뜸별** : 1. 짝을 이룬 두 별 가운데 밝은 별 2. 으뜸이 되는 별
- **으뜸꽃** : 1. 으뜸이 되는 꽃. 가장 돋보이거나 고운 꽃 2. 가장 돋보이거
나 곱거나 빼어난 사람
- **샛별(새별)** : 1. '금성'을 가리키는 이름 2. 앞으로 크게 되거나 빛나거나
잘될 만한 사람 3. 새로 나타난 솜씨있거나 눈부시거나 사랑받는 사람
- **새꽃** : 1. 새로 핀 꽃 2. 새로 나타난 솜씨있거나 눈부시거나 사랑받는
사람
- **꽃별** : 1. 사랑스러우면서 아름답고 눈부신 별 2. 사랑스러우면서 아름
답고 눈부신 사람
- **별님** : 1. 별을 높이거나 포근하게 여기거나 느끼면서 가리키는 이름 2.
아름다우면서 눈부신 사람
- **꽃님** : 1. 꽃을 높이거나 포근하게 여기거나 느끼면서 가리키는 이름 2.
사랑스러우면서 눈부신 사람
- **사랑별** : 1. 사랑스러운 별. 사랑을 품거나 담은 별 2. 사랑스럽고 아름다
운 사람
- **사랑꽃** : 1. 사랑스러운 꽃. 사랑을 품거나 담은 꽃 2. 사랑스럽고 아름다
운 사람

이슬같다

인천이나 서울에서 살 적에는 '이슬'을 제대로 느끼거나 누리기 어려웠습니다. 고흥이란 고장으로 옮겨서 사는 동안 네 철 내내 아침저녁으로 이슬을 느낍니다. 겨울에 날씨가 푹한 고흥에서는 '겨울이슬'도 만나요. 이 이슬이란 해뜨기 앞서, 새벽녘에만 잎사귀에 구슬처럼 맺히는데, 아침해가 뜨면 차츰 말라서 사라지지요. 새벽에 짧게 맺히다 사라지는 이슬은 푸나무를 먹여살리는 멋진 물님입니다. 무척 고운 숨결이지만 아침이면 사라지는 이 이슬이란, 값으로 따질 수 없도록 맑으며 곱구나 싶어 '이슬같다'란 말이 절로 떠올랐어요. '한결같다'처럼 '구슬같다·하늘같다·바람같다' 같은 말도 혀에 얹었어요. '아이같다·어른같다' 같은 말도 새롭게 쓰면 좋겠구나 싶어요.

- **한결같다** : 하나부터 끝까지 모두 같다. 또는 처음부터 끝까지 하나와 같다
- **이슬같다** : 이슬과 같다, 곧 이슬처럼 맑고 곱다
- **구슬같다** : 구슬과 같다, 곧 구슬처럼 맑고 곱고 값지다
- **바보같다** : 바보와 같다, 곧 바보처럼 잘 모르거나 어리석다
- **하늘같다** : 하늘과 같다, 곧 하늘처럼 높거나 거룩하거나 넉넉하다
- **바람같다** : 바람과 같다, 곧 바람처럼 가볍거나 싱그럽거나 때로는 무시무시하거나 홀가분하거나 빠르다
- **여우같다** : 여우와 같다, 곧 여우처럼 꾀가 많거나 숨은 재주가 많다

- **짐승같다** : 짐승과 같다. 사람도 짐승 가운데 하나이지만, 이때에는 사람이 사람 탈을 벗은 듯한 모습으로 너무 거칠거나 마구 굴면서 제 모습을 잃을 적을 빗댄다
- **아이같다** : 아이와 같다. 어른을 두고 하는 말로, 어른이지만 아이처럼 마음이 맑거나 곱다는 뜻으로 쓴다
- **어른같다** : 어른과 같다. 아이를 두고 하는 말로, 아이라 하더라도 어른보다 한결 듬직하거나 슬기롭거나 씩씩해서 훌륭하다는 뜻으로 쓴다

이음길

큰아이가 여덟 살 무렵이었을 때 서울로 버스를 타고 간 다음 전철을 타는 길이었습니다. 전철길을 줄줄이 담은 그림을 올려다보던 큰아이는 '환승역'이 뭐냐고 묻습니다. 전철길을 다룬 길그림이나 알림말을 살피면 '환승역·갈아타는곳' 두 이름을 나란히 씁니다. "우리가 탄 이 전철에서 다른 전철로 바꾸어서 타려고 하는 곳이야." 하고 알려줍니다. "2호선, 3호선은 뭐야?" 하고 더 묻습니다. "전철이 여러 가지라서 숫자를 붙여. 둘쨋줄 하고 셋쨋줄이란 뜻이지." 하고 알려주니 "둘쨋줄이나 셋쨋줄이라 하면 알아듣기 쉬운데 왜 '두 호선·세 호선'이라고 적어?" 하고 되묻습니다. 아이 말을 한참 곱씹었어요. 우리 어른들은 왜 길이름을 그렇게 붙일까요? 잇는 길을, 길목을 어린이 눈높이로

새로 쓰는 **우리말 꾸러미** 사전

지으면 좋을 텐데요.

- **이음길** : 다른 길로 바꾸어서 갈 수 있도록 이은 길·곳·자리. '환승 구간·환승 통로'를 가리킨다
- **이음나루** : 다른 길로 바꾸어서 탈 수 있는 곳. '환승역'을 가리킨다
- **이음목** : 다른 길로 바꾸어서 탈 수 있는 곳. '환승역'을 가리킨다
- **이음삯** : 다른 길로 바꾸어서 탈 적에 내는 돈. '환승 요금'을 가리킨다
- **길목** : 1. 넓거나 커다란 길에서 좁거나 작은 길로 들어서는 자리 (길머리·길나들이) 2. 여러 길을 잇거나 어느 길에서 자주 드나드는 좋은 자리 3. 넘어가거나 바뀌거나 새로워지거나 거듭나는 때 (어느 때·자리·흐름에서 다른 때·자리·흐름으로 넘어가거나 바뀌거나 되는 고비)
- **전철길그림** : 전철이 다니는 길을 담은 그림. '전철노선도'를 가리킨다

일돌이

'워커홀릭(workaholic)'이란 말이 언제 들어왔는지 모르겠습니다만, 이런 영어는 차츰 퍼져요. 영어사전을 살피니 '일중독자, 일벌레'로 풀이하네요. 아, 그래요. 예전부터 일에 푹 빠진 사람은 '일벌레'라 했어요. 일에 푹 빠진 사람은 두 갈래로 나눌 만한데요, 일만 하느라 다른 데를 못 보는 분이 있고, 일을 매우 신나게 하면서도 다른 데를 찬찬히 살피는 분이 있어요. 일에만 빠졌으

면 '일바보'란 이름이 어울려요. 일은 일대로 훌륭하고 다른 자리를 널리 돌볼 줄 알면 '일사랑'이란 이름이 어울리고요. 지난날 '공돌이·공순이'를 공장 일꾼을 얕보는 이름으로 썼습니다. 그렇지만 일을 즐겁게 하기에 '일돌이', 일을 기쁘게 하기에 '일순이'라 할 만해요. 즐겁게 놀아 '놀이돌이·놀이순이'이고요.

- **일개미** : 1. 일을 하는 개미. 개미무리에서 집을 짓고 먹이를 나르고 알· 새끼를 돌보는 여러 가지 일을 하는 개미 2. 다른 데에는 눈길이나 마음을 두지 않고서 일을 바지런히 하는 사람. 놀지 않고서 일만 바지런히 하는 사람
- **일바보** : 1. 일을 제대로 모르거나 어떻게 하는지 생각하지 않는 사람 2. 일만 아는 사람. 일에만 푹 빠진 채 다른 자리는 헤아리지 않는 사람. 그저 일만 바지런히 하려는 마음이나 생각이나 몸짓일 뿐, 다른 데에는 눈길이나 마음을 두지 않고, 놀거나 쉬려는 생각조차 없다든지, 집안이나 이웃도 살필 줄 모르는 사람
- **일사랑** : 일을 사랑하는 모습. 일을 매우 아낄 뿐 아니라, 즐겁고 아름답게 하는 모습 ('일바보'가 일에 푹 빠진 나머지 다른 데에는 눈길이나 마음을 두지 못하는 모습이라면, '일사랑'은 일을 매우 아끼고 즐기면서도 다른 데를 살피거나 같이 돌볼 줄 아는 모습을 나타낸다)
- **일순이** : 일을 하는 가시내. 일을 잘하거나 바지런히 하거나 꾸준히 하는 가시내
- **일돌이** : 일을 하는 사내. 일을 잘하거나 바지런히 하거나 꾸준히 하는 사내
- **일꾼** : 1. 삯·값·돈을 받고서 다른 사람 일을 하는 사람 2. 어느 일을 맡

아서 할 사람 3. 어느 일을 솜씨있게·훌륭히·잘·알차게·보기좋게 하거나 다루거나 다스리는 사람 4. 어느 곳에 몸을 두고서 그곳에서 맡기는 일을 하는 사람. '회사원·노동자·직원' 같은 사람을 가리킨다

- **일님** : 어느 일을 솜씨있게·훌륭히·잘·알차게·보기좋게 하거나 다루거나 다스리는 사람을 높이는 이름
- **나라일꾼** : 나라에서 일을 맡아서 하는 사람. 때때로 '공무원·공직자'를 가리킨다
- **마을일꾼** : 마을에서 일을 맡아서 하는 사람
- **책일꾼** : 책을 엮거나 꾸미거나 찍거나 펴거나 짓는 일을 하는 사람. '출판 노동자·출판사 직원'을 가리킨다
- **흙일꾼** : 흙을 다루는 일을 하는 사람. 논밭에 씨앗을 심고 돌보아 거두는 일을 하는 사람. '농부·농사꾼'을 가리킨다
- **글일꾼** : 글을 다루는 사람. 글을 쓰거나 손질하거나 엮는 일을 하는 사람. '작가·편집자·교정교열자'를 가리킨다
- **놀이돌이** : 놀이를 좋아하거나, 즐겁게·잘·신나게 노는 사내
- **놀이순이** : 놀이를 좋아하거나, 즐겁게·잘·신나게 노는 가시내

일바탕

일을 하려면 '경력'을 쌓아야 한다고들 합니다. 예전에는 일이 손에 붙어야 한다고 했어요. '일손'이 익어야 비로소 일꾼답다

고 했지요. 일손이 익은 사람이라면 일하는 '솜씨'가 있다고 했어요. '일솜씨'가 있다고 하면 대단히 치켜세우는 말이에요. 손을 놀려서 일을 하는 '솜씨·일솜씨'라면, 온몸이나 온마음을 쓰거나 움직이는 힘이 남다르거나 뛰어나다는 '재주·일재주'예요. 이른바 '스펙(spec)'이란 꾸준히 키운 '일솜씨·일재주'로구나 싶어요. 아직 일손이 서툴거나 익지 않았다면, 일을 하는 바탕을 키울 노릇입니다. 이때에는 '일바탕' 같은 낱말을 지어서 쓰면 어울려요. 일바탕을 키우다가 일솜씨가 늘고, 일재주를 북돋웁니다. 든든한 '일꾼', 멋진 '일지기·일벗', 사랑스런 '일님·일빛'이 되어요.

- **재주** : 1. 잘하도록 타고난 힘이나 슬기 2. 일을 하거나 다루거나 다스리는 길이나 생각 3. 남보다 잘하는 힘이나 몸짓 4. 뛰거나 넘거나 구르는 대단하거나 멋진 몸짓
- **솜씨** : 1. 손을 놀려서 짓거나 할 수 있는 힘이나 슬기 2. 일을 하거나 다루거나 다스리는 손놀림이나 몸짓 3. 훌륭하거나 멋지거나 대단하게 하는 힘이나 몸짓
- **일손** : 1. 일을 하는 손. 손을 움직여서 하는 일 2. 손을 놀려서 짓거나 할 수 있는 힘이나 슬기 (일을 하는 솜씨) 3. 일을 하는 사람
- **일솜씨** : 1. 일을 하는 솜씨. 손을 놀려서 일을 짓거나 하는 몸짓 2. 훌륭하거나 멋지거나 대단하게 일을 하는 힘이나 몸짓. 여러 일을 겪거나 하는 동안 차츰 쌓이거나 생기는, 훌륭하거나 멋지거나 대단한 힘이나 몸짓. '경력·스펙'을 가리킨다
- **일재주** : 1. 일을 하는 재주. 일을 하거나 다루거나 다스리는 몸짓 2. 남

새로 쓰는 **우리말 꾸러미** 사전

보다 일을 잘하는 힘이나 몸짓. 여러 일을 겪거나 하는 동안 차츰 쌓이거나 생기는, 남보다 뛰어나거나 훌륭한 힘이나 몸짓. '경력·스펙'을 가리킨다

- **일새** : = 일솜씨
- **일바탕** : 1. 일을 하거나 짓는 바탕 2. 여러 일을 겪거나 하는 동안 차츰 쌓이거나 생기는 힘이나 몸짓. '경력·스펙'을 가리킨다

읽음

사전을 살피면 '읽기'는 초등학교 교과서 이름으로만 나옵니다. '책읽기·글읽기'는 아직 사전에 없어요. 한자말 '독서(讀書)'는 멀쩡히 사전에 오르는데, 뜻풀이를 "책을 읽음. '책 읽기'로 순화"로 붙여요. 그러면 왜 우리 사전은 '책읽기'를 아직도 새 낱말로 사전에 못 올릴까요? 이제 손전화는 누구나 손에 쥘 뿐 아니라, 손에서 떼기조차 어렵다고 해요. 셈틀을 켜서 누리글월을 보내든, 손전화로 쪽글을 띄우든, 짐을 부치거나 받든, 우리는 요즈음 '수신 확인'을 하기 일쑤입니다. 이와 함께 '읽음·받음'도 나란히 해요. 어느 이웃님이 저한테 전화를 걸며 "글월 잘 받으셨나요? '읽음'이 안 떠서 궁금해서 전화했어요." 하고 물으셔요. '읽음', 참 단출하면서 또렷하고 멋진 말이로구나 싶어요.

- **읽음** : 받아서 읽었다는 뜻. '수신 확인'을 가리킨다
- **받음** : 보낸 것을 받았다는 뜻. '수신'을 가리킨다
- **보냄** : 누구한테 보냈다는 뜻. '송신'을 가리킨다
- **읽기** : 날씨·바람·흐름·철·때·마음·일머리·생각·글·책이 무엇인가라든지 무엇을 나타내는가를 헤아려서 아는 몸짓. 또는 이런 여러 가지를 헤아려서 알도록 눈이나 몸이나 마음으로 살피는 일
- **책읽기** : 책을 읽음. 책에 흐르는 이야기나 줄거리나 뜻을 헤아려서 아는 일. 책을 펴서 이야기나 줄거리나 뜻을 제 것으로 받아들이거나 마음으로 맞아들이거나 배우는 일

잔치빔

어릴 적부터 궁금한 여러 가지 가운데 하나로 '설빔'이 있어요. 어른들은 으레 설에만 설빔을 말할 뿐, 한가위에는 '한가위빔'을 말하지 않더군요. 속으로 늘 외쳤어요. "아니, 왜?" 한가위에는 옷을 새로 안 장만했다는 뜻일까요? 어쩌면 그랬을 수 있겠지요. 한가위에는 시골일이 눈코 뜰 새가 없을 테니 차마 옷까지 장만하기는 벅찼을 테고, 한가위를 쇠고서 겨울에 느긋이 새옷을 지었지 싶습니다. 요새는 설이나 한가위뿐 아니라 잔치를 할 적에도 새옷을 장만하고, 일터에 들어갈 때나 태어난 날을 기리는 때에도 새옷을 장만해요. 여러모로 '빔'을 살려서 쓸 만

하지 싶습니다. 죽어서 가는 저승길에서도 새옷을 입으니 '저승빔'을 장만한다고도 할 만하고요.

- **잔치빔** : 잔치를 앞두거나 맞이하려고 새로 장만하는 옷이나 입을거리
- **꽃빔** : 1. 꽃무늬를 넣은 새 옷 2. 꽃처럼 고운 옷. 새로 장만하는 고운 옷. '화려한 의상'이나 '웨딩드레스'를 가리킬 수 있다
- **각시빔** : 혼례를 할 적에 가시내가 입으려고 새로 장만하는 옷. '웨딩드레스'를 가리킨다
- **혼례빔** : 혼례를 할 적에 입으려고 새로 장만하는 옷. '혼례복'을 가리킨다
- **설빔** : 설을 앞두거나 맞이하려고 새로 장만하는 옷이나 입을거리
- **한가위빔** : 한가위를 앞두거나 맞이하려고 새로 장만하는 옷이나 입을거리
- **선물빔** : 선물로 주려고 새로 장만하는 옷이나 입을거리
- **배냇빔** : 갓 태어난 아기한테 주려고 새로 장만하는 옷이나 입을거리. 배냇저고리를 비롯한 모든 아기 옷을 두루 가리킨다
- **마실빔** : 마실을 앞두거나 맞이하려고 새로 장만하는 옷이나 입을거리
- **차린빔** : 사람들 앞에서 보기 좋게 보이려고 새로 장만하는 옷이나 입을거리. '정장'을 가리킨다
- **저승빔** : 저승길로 가려고 입는 옷. '수의'를 가리킨다
- **주검빔** : = 저승빔

ㅈ

저녁자리

밥을 느긋하게 누린다는 생각을 하지 않던 무렵에는 밥하고 얽힌 말을 제대로 느끼거나 헤아리지 못했습니다. 밥 한 그릇이란 끼니를 때우는 일이 아닌, 아침저녁으로 차분히 둘러앉아서 도란도란 이야기를 하며 하루를 새롭게 느끼고 바라보는 일인 줄 알면서, 비로소 밥하고 얽힌 말을 찬찬히 생각합니다. 우리는 아침이나 저녁에 '아침자리·저녁자리'를 수수하게 누릴 수 있습니다. 조촐하게 누리는 '밥자리'입니다. 늘 먹는 밥이어도 왁자지껄 떠들거나 웃으면서 누리는 '잔치자리'입니다. 어떤 마음이 되느냐에 따라서 밥맛이 달라져요. 밥을 짓는 손맛도, 밥그릇을 쥐는 손멋도 달라지겠지요. 이러면서 밥상맡에 흐르는 이야기에 서릴 말맛이나 말멋도 한껏 달라질 테고요.

- **저녁잔치** : 저녁에 밥을 넉넉히 마련하고 여러 사람이 모여서 누리는 자리
- **저녁자리** : 저녁 끼니를 먹는 자리
- **밥자리** : 1. 먹고살 수 있는 일을 하는 자리 2. 밥을 먹거나 나누는 자리
- **잔치자리(잔칫자리)** : 1. 잔치를 하는 자리 2. 밥을 먹거나 나눌 적에, 넉넉히 마련하고 여러 사람이 모여서 크게 누리는 자리. 때로는 넉넉히 마련하지 않거나 여러 사람이 모이지 않아도 마음으로 즐겁거나 기쁘게 맞이하는 자리가 될 수 있다
- **저녁하다** : 저녁 끼니를 먹다. 또는 저녁 끼니를 손수 짓거나 차리다

새로 쓰는 **우리말 꾸러미** 사전

- **아침하다** : 아침 끼니를 먹다. 또는 아침 끼니를 손수 짓거나 차리다
- **저녁짓다** : 1. 저녁 끼니를 짓다 2. 저녁에 누릴 삶·살림·일·놀이를 새로 열거나 꾸리거나 펴다
- **아침짓다** : 1. 아침 끼니를 짓다 2. 아침에 누릴 삶·살림·일·놀이를 새로 열거나 꾸리거나 펴다
- **말맛** : 말하는 맛. 말을 나누는 맛. 말을 하거나 나타내는 소리·높낮이·가락·결·흐름·밀고 당기기·빠르기에 따라서 다르게 느끼거나 즐기는 맛
- **말멋** : 말하는 멋. 말을 나누는 멋. 말을 하거나 나타내는 소리·높낮이·가락·결·흐름·밀고 당기기·빠르기에 따라서 다르게 느끼거나 즐기는 멋
- **손맛** : 1. 손으로 만지거나 대거나 스치거나 잡으면서 헤아리는·받아들이는 느낌 2. 일·놀이를 하면서 손으로 깊고 넓게 헤아리는·받아들이는 짜릿하거나 즐거운 느낌 3. 밥을 지을 적에 스스로 손을 써서 보이거나 내는 깊거나 너른 느낌 (제 손으로 펴는 솜씨에서 우러나오는 깊거나 너른 맛) 4. 맞아서 아픈 느낌
- **손멋** : 스스로 손을 써서 보이거나 내거나 이루는 멋

ㅈ

절밤

영어 'stay'는 '머무르다'를 가리킵니다. 쉬운 영어예요. 둘레에서는 이 쉬운 영어에 다른 쉬운 영어를 붙여서 '홈스테이·북스테이·템플스테이' 같은 말을 지어요. 영어로 새말을 재미나게 짓습니다. 저는 쉬운 한국말로 새말을 재미나게 짓고 싶습니다. 예전에는 '민박' 같은 한자말을 썼다면, 요즈음은 '하룻밤 묵다'나 '한밤 자다'라는 수수한 말을 바탕으로 '하룻밤·책하룻밤·절하룻밤'을 생각해 봅니다. '집밤·마을밤'이나 '책밤·절밤'도 좋고, 어느 자리에서나 '별밤·별밤지기·별밤마실·별밤묵기'를 쓸 만해요. 여느 살림집에서 묵는 일이라면 '마을집살이·마을집묵기·마을밤'이라 해도 될 테고요. '별밤·별밤묵기'는 '캠핑'을 담아낼 수 있기도 합니다.

- **하룻밤** : 하루를 묵거나 머무는 밤. '숙박'을 가리킨다
- **책하룻밤** : 책집에서 누리는 하룻밤. 책을 누리면서 묵거나 머무는 하룻밤
- **절하룻밤** : 절집에서 누리는 하룻밤. 멧골에 깃들인 절에서 묵거나 머무는 하룻밤
- **마을집살이** : 마을집에서 살아 보는 일. 하루뿐 아니라 여러 날이나 여러 달을 지낼 적에 쓴다
- **마을집묵기** : 마을집에서 묵는 일. 하루를 묵을 수 있고, 여러 날이나 여러 달을 묵을 적에도 쓸 수 있다

새로 쓰는 **우리말 꾸러미** 사전

- **마을밤** : 마을에서 묵거나 머무는 밤
- **집밤** : 우리 집이 아닌 이웃이나 낯선 마을에 있는 여느 살림집에서 묵거나 머무는 밤. '홈스테이'를 가리킨다
- **절밤** : 절에서 묵거나 머무는 밤. '템플스테이'를 가리킨다
- **책밤** : 책집에서 묵거나 머무는 밤. '북스테이'를 가리킨다
- **시골밤** : 시골에서 묵거나 머무는 밤
- **숲밤** : 숲에서 묵거나 머무는 밤. '야영'을 가리킬 수 있다
- **들밤** : 들에서 묵거나 머무는 밤. '야영'을 가리킨다
- **한밤** : 하루를 묵거나 머무는 밤
- **별밤** : 별을 보면서 묵거나 머무는 밤. '야영·캠핑'을 가리킨다
- **별밤지기** : 별을 보면서 묵거나 머무는 일. 또는 별을 보면서 묵거나 머무는 사람
- **별밤마실** : 별을 보면서 묵거나 머물려고 다니는 일
- **한밤자다** : 우리 집 아닌 곳에서 하루를 자다
- **한밤묵다** : 우리 집 아닌 곳에서 하루를 묵다

ㅈ

죽기살기로

우리 집 큰아이가 열 살 무렵부터 더러 "내가 어렸을 때"라는 말을 합니다. 작은아이도 때때로 "나는 어렸을 때 말야." 같은 말을 합니다. 두 아이가 이런 말을 할 적에는 참으로 웃음이 납니

다. 이런 말을 듣기만 해도 즐거워요. 아이들한테 넌지시 묻지요. "우리 이쁜 아이들아, 너희는 아기였을 적이 하나도 안 떠오르니?" "어, 어, 아기였을 때? 으, 응, 글쎄, 모르겠는데?" 오롯이 천기저귀로 두 아이를 돌본 나날이었어요. 하루에 기저귀 마흔 자락이나 쉰 자락을 가볍게 빨아서 널고 말리고 집살림을 꾸렸어요. 어쩌면 죽기살기로 한 일이지만, 그때나 이제나 한결같은 마음인데요, 제대로 살고 싶어서, 참답게 사랑하며 살림하는 삶을 누리고 싶어서, 그토록 아이사랑을 펴는 하루를 짓고 싶은 꿈으로 걸어왔어요.

- **죽기로** : 죽어도 좋다고 여길 만큼 힘을 모조리 내어. 죽음을 두려워하지 않는 씩씩한 마음으로 힘을 내어. 모든 힘을 들여서. 있는 대로 힘을 내어. '사력을 다해·최선을 다해·열심·결사적·필사적·진검승부·사생결단·전력·전력질주·전력투구'를 가리킨다
- **죽기살기로** : 죽느냐 사느냐를 따지지 않고 모든 힘을 내어. 죽든 살든 생각하지 않고서 모든 힘을 내어. 모든 힘을 들여서. 있는 대로 힘을 내어. '사력을 다해·최선을 다해·열심·결사적·필사적·진검승부·사생결단·전력·전력질주·전력투구'를 가리킨다
- **죽살이** : 죽음과 삶. '생사'를 가리킨다
- **하냥다짐** : 일이 뜻한 대로 되지 않으면 목을 베어도 좋다고 받아들이는 다짐. 목숨을 내놓고서라도 꼭 이루거나 하겠다고 나서는 단단한 마음. '결사적·필사적·진검승부·사생결단'을 가리킨다

즐겨듣다

오늘 우리네 누리집에서 잘 살펴보면 'favorite'이란 영어로 가리키는 자리를 한국말 '즐겨찾기'로 옮겨서 써요. 1990년대 끝무렵 어느 분이 처음 쓴 '즐겨찾기'는 숱한 영어물결에도 든든히 제자리를 지켰어요. 그래서 한국말사전 올림말로도 '즐겨찾기'가 나오는데요, 한 가지가 아쉽다면 이 멋진 '즐겨-'를 앞가지로 삼아 다른 말을 얼마든지 지을 수 있는데, 좀처럼 다른 말은 사전에 아직 못 실려요. 이를테면 '즐겨듣다(← 애청)', '즐겨쓰다(← 애용)', '즐겨읽다(← 애독·구독)'가 있어요. '즐겨찾기'도 '즐겨찾다' 꼴로 쓰면 어느 곳을 자주 찾아가는 모습을 나타낼 만해요. 이밖에 '즐겨먹다·즐겨하다·즐겨보다·즐겨짓다·즐겨놀다'라든지 온갖 '즐겨-'를 쓸 만합니다.

- **즐겨놀다** : 자주 놀거나 즐겁게 놀다
- **즐겨듣다** : 자주 듣거나 즐겁게 듣다
- **즐겨먹다** : 자주 먹거나 즐겁게 먹다
- **즐겨보다** : 자주 보거나 즐겁게 보다
- **즐겨쓰다** : 자주 쓰거나 즐겁게 쓰다
- **즐겨읽다** : 자주 읽거나 즐겁게 읽다
- **즐겨짓다** : 자주 짓거나 즐겁게 짓다
- **즐겨찾다** : 자주 찾거나 즐겁게 찾다
- **즐겨하다** : 자주 하거나 즐겁게 하다

지는꽃

익산에 사는 이웃 할머님이 2007년 어느 날 "지는 꽃도 아름답
지 않아요? 저는 젊을 적에는 몰랐는데, 이제 '지는 나이'가 되
다 보니까, 지는 꽃도 아름답다고 느껴요. 그래서 저를 '지는꽃'
이라고 말해요. 이 말도 이쁘지요? '지는꽃'." 하고 말씀했습니
다. 이웃 할머님은 이 말씀 그대로 책을 썼고, 책이름이《지는
꽃도 아름답다》입니다. 살고 지는 자리에서 '피는꽃'이 있고 '지
는꽃'이 있어요. 둘은 언제나 맞물려 흐릅니다. 피기만 하지 않
고, 지기만 하지 않아요. 우리가 걷는 길은 늘 피어나는 길만이
아닌, 지거나 저무는 길이기도 해요. 힘껏 일했으니 고요히 잠
들며 쉬어요. 넉넉히 잠들어 쉬었으니 기지개를 켜고 일어나서
활개를 치듯이 신나게 일하고 움직여요.

- **지는꽃** : 1. 이제 기운이나 물이 빠지는 꽃 2. 늙은 나이를 나타내는 이름
- **피는꽃** : 1. 이제 기운이나 물이 오르는 꽃 2. 한창 물이 오르는 젊은이나
  곱게 자라는 어린이를 나타내는 이름
- **지는길** : 이제 빛을 잃거나 사라지려고 하는 일이나 길
- **피는길** : 이제 빛이 나거나 널리 알려지려고 하는 일이나 길
- **지는글** : 이제 낡거나 묵어서 더는 읽히지 않는 글
- **피는글** : 새롭거나 환해서 이제부터 널리 읽히려고 하는 글

새로 쓰는 **우리말 꾸러미** 사전

집꽃

우리 아버지는 작은 집에 온갖 꽃그릇을 놓아 돌보기를 좋아했어요. 아버지가 일터에 가면 어머니는 꽃그릇마다 물을 주며 곧잘 "너희 아버지가 아니라 내가 다 기르지." 하고 혼잣말을 하셔서 생긋 웃었어요. 이웃이나 손님이 우리 집에 찾아오면 잔뜩 있는 꽃그릇을 보면서 "이 집은 식물이 많네."라든지 "화초를 많이 기르네요."라든지 "원예식물이 많군요." 하고 말했어요. 어린 저는 어른들 말씨를 들으며 생각했어요. '왜 꽃을 꽃이라고 안 할까? 왜 풀을 풀이라고 안 할까?' 어릴 적에는 꽃을 담은 그릇을 어른들 말씨대로 '화분(花盆)'이라고만 말했지만, 고등학교를 다니며 한국말사전을 처음부터 끝까지 다 읽다가 '화분' 뜻풀이가 '꽃을 심어 가꾸는 그릇'일 뿐이라, 그 뒤로 '꽃그릇'으로 고쳐서 말해요.

- **꽃그릇** : 1. 꽃을 심거나 담거나 돌보는 그릇 2. 꽃을 그리거나 꽃무늬를 넣은 그릇 3. 무늬나 그림이나 빛깔을 곱게 담은 그릇
- **집꽃** : 집에서 키우거나 돌보는 꽃. '실내식물·원예식물'을 가리킨다
- **곁꽃** : 곁에 두면서 아끼거나 돌보는 꽃. '관상식물·원예식물'을 가리킨다
- **집풀** : 집에서 키우거나 돌보는 풀
- **집나무** : 집에서 키우거나 돌보는 나무
- **집밥** : 집에서 짓거나 차려서 먹는 밥. 밖에 나가서 사서 먹는 밥은 '바깥

밥이 된다

- **집순이** : 바깥으로 돌아다니기보다는 집에 있으면서 살림을 꾸리기를 좋아하는 가시내
- **집돌이** : 바깥으로 돌아다니기보다는 집에 있으면서 살림을 꾸리기를 좋아하는 사내

쪽마루

집이 겹겹이 있는 곳이 있어요. 이 겹집에는 마루 옆에 바깥으로 난 자리가 있어서 이불을 널거나 빨래를 말리거나 김칫독이나 된장독을 두어요. 젊은 어른은 이곳을 '베란다'라 했는데, 나이든 어른은 '툇마루(退-)'라 하더군요. 어릴 적에 두 가지 말을 들으며 아리송했지만 같은 곳을 가리키는 줄은 알았어요. 젊은 어른은 겹으로 쌓은 새로운 집에는 새로운 이름이 어울린다 여기고, 나이든 어른은 옛날 흙집에 있듯 새로운 겹집에도 같은 이름을 새롭게 쓰면 되리라 여긴 셈이에요. 아무리 새로 지어도 부엌은 '부엌'이고 마루는 '마루'일 테니까요. '마루'는 판판하고 넓은 자리를 가리키는 쓰임새로 넓힐 만해요. 손님을 맞이하거나 버스를 기다리는 데는 '맞이마루'처럼 써도 어울리지요.

- **마루** : 1. 집에서 바닥보다 높게 하고서 여러 칸이나 부엌 사이에 둔 자

리. 흔히 앞뒤를 틔워 바람이나 해가 잘 드나들도록 하지만, 한쪽을 막기도 하고, 두 쪽 모두 문을 놓기도 한다 2. 집에서 여러 칸이나 부엌 사이에 넓게 둔 자리, 또는 여러 칸이나 부엌을 드나들 수 있도록 마련한 자리 3. 넓고 판판한 나무를 깔아 놓은 자리·바닥 4. 넓고 판판하게 있거나 펼친 자리·터

- **쪽** : 1. '작게 생긴', '작게 있는', '작고 가벼운', '작게 살짝'을 나타내는 말 2. '작고 가볍게 지은'이나 '작게 살짝 지은'을 나타내는 말 3. '작고 가볍게 나뉜·나눈'을 나타내는 말
- **겹집** : 겹으로 쌓거나 있는 집. '아파트'를 가리킨다
- **골마루** : 1. 작은 칸처럼 따로 있는 좁은 마루 2. 집하고 집 사이, 또는 집 한켠에 길고 좁게 낸 마루 3. 여러 칸으로 드나들 수 있으면서 바깥으로 나가도록 길게 낸 마루나 길. '복도'를 가리킨다
- **너른마루** : 넓게 마련하거나 두는 마루. '대청마루'를 가리킨다
- **놀이마루** : 놀 수 있도록 마련하거나 두는, 넓고 판판한 자리·터
- **맞이마루** : 손님을 맞이하면서 모시는 자리. 때로는 손님을 맞이하면서 모시기도 하면서 사람들이 드나드는 넓은 자리나 길을 가리킨다. 또는 극장·공항·호텔·백화점 같은 곳에서 사람들이 기다리면서 앉거나 쉬는 넓은 곳을 가리키기도 한다. '응접실·로비'를 가리킨다 (손님마루)
- **바깥마루** : 집에서 바깥쪽으로 따로 내어 바람이나 해를 넉넉히 받는 곳. 지붕을 놓기도 하고 안 놓기도 한다. '베란다·툇마루·테라스'를 가리킨다 (밖마루)
- **쪽마루** : 집에서 바깥쪽으로 살짝·작게 내어 바람이나 해를 넉넉히 받는 곳. 지붕을 놓기도 하고 안 놓기도 한다. '베란다·툇마루·테라스'를 가리킨다

참다래

어릴 적에 어머니가 시골집에서 '다래' 맛을 보여주었습니다. 그무렵 시골집 언니 누나 들은 숲에서 개암을 따서 먹는다든지, 처마 밑에서 메추리알을 줍는다든지, 새로운 맛을 알려주었습니다. 이러고서 여러 해 뒤 어느 날 '키위'란 열매를 구경하는데, 그때 우리는 이 열매를 어떻게 먹는지 몰랐기에 안 익히고 먹느라 신맛만 혀에 남았어요. "다래랑 비슷하게 생겼으면서 뭐 이렇게 셔?" 하는 말이 절로 나왔지요. 이러고서 또 여러 해 뒤 '참다래'란 열매를 보았어요. 생김새는 꼭 키위더군요. 둘이 이름이 왜 다른지 오랫동안 몰랐다가 요즈막에 그림책을 읽다가 배웁니다. 뉴질랜드는 '숲다래'를 중국에서 가져다가 키운 적 있는데, 그때 뉴질랜드 새 키위를 빗대어 이름을 붙였대요. 똑같은 열매에 두 이름 '참다래·키위'예요.

- **숲다래** : 숲에서 저절로 자라는 다래나무에서 나는 열매. '다래' 열매인데, 밭다래하고 갈라서 '숲다래'라고 이름을 붙여 본다
- **참다래** : 숲에서 나는 열매인 '다래'를 밭에서도 가꾸어 먹을 수 있도록 하면서 붙인 이름. 다른 나라에서는 '키위'라는 이름으로도 가리킨다
- **참살길** : 참답게 살아갈 길. 스스로 바라는 곳대로 곧게 가는 길이면서, 스스로 새롭게 삶을 짓는 길
- **참살림** : 참답게 가꾸거나 짓거나 꾸리는 살림
- **참살이** : 참답게 가꾸거나 짓거나 꾸리는 삶. '웰빙'을 가리키기도 한다

- **참넋** : 참답게 가꾸거나 짓거나 꾸리는 넋
- **참배움** : 참답게 가꾸거나 짓거나 꾸리면서 배우는 일
- **참사람** : 삶과 살림을 참답게 가꾸거나 짓거나 꾸리는 사람
- **참사랑** : 삶과 살림을 참답게 가꾸거나 짓거나 꾸리는 사랑

찻틈

하루가 바쁘게 돌아가는 날에는 따로 쉬지 못한 채 해가 저물고 밤이 깊습니다. 부엌에서 밥을 짓느라 '쉴새없이' 움직이고, 밭에서 씨앗을 심거나 거두느라 부산히 몰아칩니다. '쉴틈없는' 날입니다. 바쁘더라도 살며시 숨을 돌릴 수 있도록 '쉴틈'이나 '쉴짬'을 내어야 몸이며 마음이 느긋하구나 싶어요. 빨랫감이 잔뜩 있어도 차를 마시면서 '찻틈·찻짬'을 누립니다. 담배 피우기를 즐기는 분이라면 '담배틈·담배짬'을 누리겠지요. 어느 곳에서 밤을 새우면서 일을 한다면 몹시 고단해요. 이때에는 눈꺼풀이 매우 무거운 나머지 '쪽잠'이라도 자고 싶어요. '쪽틈'을 내어 기지개를 켭니다. '쪽짬'을 마련해서 몸을 풀고 팔다리를 쉬어 줍니다. 스스로 '숨돌릴틈'을 챙깁니다.

- **틈** : 1. 막히지 않아 드나들 수 있는 자리 (벌어진 자리) 2. 어떤 일을 하다가 다른 일을 하거나 다른 생각을 할 만한 짧은 때 3. 어떠한 곳에 함

께 어울리는 자리 4. 아직 제대로 없거나 짜이지 않거나 모자란 자리

- **짬** : 1. 두 가지가 마주 붙은 자리 2. 어떤 일을 하다가 다른 일을 하거나 다른 생각을 할 만한 짧은 때 3. 가장자리를 가지런하게 자르려고 뾰족한 끝으로 살짝 찍은 자리

- **찻짬** : 차를 마실 만한 짬. 차를 마시면서 짧게 쉬는 때. '티타임·휴식 시간'을 가리킨다

- **찻틈** : 차를 마실 만한 틈. 차를 마시면서 짧게 쉬는 때. '티타임·휴식 시간'을 가리킨다

- **담배짬** : 담배를 피울 만한 짬. 담배를 피우면서 짧게 쉬는 때

- **담배틈** : 담배를 피울 만한 틈. 담배를 피우면서 짧게 쉬는 때

- **숨돌릴틈** : 숨을 돌릴 틈. 바쁠 적에 바쁜 일·길·몸짓을 살짝 멈추고서 숨을 깊이 마시고 내쉬면서 쉴 만한 짧은 때

- **쪽잠** : 살짝·짧게 눈을 붙이면서 쉬려고 하는 일. 퍽 짧은 동안 옹크리고 자면서 쉬는 일

- **쉴짬** : 쉬는 짬. 살짝 쉬면서 숨을 돌리거나 말을 섞는 때

- **쉴틈** : 쉬는 틈. 살짝 쉬면서 숨을 돌리거나 말을 섞는 때

- **쪽짬** : 아주 살짝·짧게 쉬면서 숨을 돌리거나 말을 섞는 때

- **쪽틈** : 아주 살짝·짧게 쉬면서 숨을 돌리거나 말을 섞는 때

- **쉴새없다** : 쉴 만한 사이조차 없다. 살짝 쉬거나 숨을 돌릴 만한 때를 내기 어렵도록 아주 바쁘다

- **쉴틈없다** : 쉴 만한 틈조차 없다. 살짝 쉬거나 숨을 돌릴 만한 때를 내기 어렵도록 아주 바쁘다

책숲집

2007년 4월 5일부터 도서관을 열었습니다. 사전짓기라는 길을 걸으며 그러모은 책을 이웃님 누구나 손으로 만지며 읽을 수 있는 '열린서재(서재도서관)'를 꾸려요. 이렇게 열 해째 도서관지기라는 길을 걷던 어느 날, 이웃님 한 분이 불쑥 물어요. "다른 사람도 아니고 최종규 씨라면 '도서관'이란 이름을 그냥 쓰지 말고 새로 이름을 지어야 하지 않아요?" '도서관'이란 이름을 바꿔야 한다는 생각을 한 적이 없어요. 이대로 쓰면 되리라 여겼어요. 이웃님 말을 여러 달 곱씹고 지내다가 아이들을 자전거에 태워 뒷골로 마실을 가는데 속말이 터졌어요. 숲이며 골짜기며 냇물을 누리다가 퍼뜩, '책이란 바로 나무요 숲을 이룬 숨결이니, 책을 두루 건사한 터전이란, 숲을 고스란히 옮긴, 책으로 숲을 이룬 집이로구나!' 하고요.

- 책숲집 : 책이 숲처럼 있는 집. 숲을 이루던 나무가 책으로 바뀌고서, 이러한 책을 차곡차곡 두어 마치 숲을 옮긴 듯이 여러 가지 책이 어우러지면서 푸른 이야기가 흐르는 집. '도서관'을 가리킨다
- 책숲 : 숲처럼 있는 책. 책으로 이룬 숲. 숲을 이루던 나무가 책으로 바뀌고서, 이러한 책을 차곡차곡 두어 마치 숲을 옮긴 듯이 여러 가지 책이 어우러지면서 푸른 이야기가 흐르는 곳
- 살림숲집 : 살림살이가 숲처럼 있는 집. 사람이 살면서 곁에 두는 살림살이를 한자리에 모은 곳으로, 살림살이마다 우리 삶이 흘러온 길이 어

떻게 스며서 드러나는가를 보여주는 곳. '박물관'을 가리킨다

- **살림숲** : 숲처럼 있는 살림. 살림으로 이룬 숲. 사람이 살면서 곁에 두는 살림살이를 한자리에 모아서, 살림살이마다 우리 삶이 흘러온 길이 어떻게 스며서 드러나는가를 보여주는 곳

- **그림숲집** : 삶을 그려낸 것이 숲처럼 있는 집. 삶을 둘러싼 모든 모습을 그림이나 사진이나 조각을 비롯한 여러 가지로 나타낸 것을 한자리에 모은 곳으로, 이러한 그림·사진·조각 들을 바탕으로 우리 삶이나 삶터가 어떠한 숨결이거나 뜻인가를 읽거나 느끼도록 북돋우는 곳. '전시관·갤러리'를 가리킨다

- **그림숲** : 숲처럼 있는 그림. 그림으로 이룬 숲. 삶을 둘러싼 모든 모습을 그림이나 사진이나 조각을 비롯한 여러 가지로 나타낸 것을 한자리에 모아서, 이러한 그림·사진·조각 들을 바탕으로 우리 삶이나 삶터가 어떠한 숨결이거나 뜻인가를 읽거나 느끼도록 북돋우는 곳

- **글숲집** : 삶과 사랑과 살림을 담은 글이 숲처럼 있는 집. 삶과 사랑과 살림을 둘러싼 모든 이야기를 글로 담아서 한자리에 모은 곳으로, 이러한 글을 바탕으로 사람들이 삶과 사랑과 살림을 새롭게 바라보면서 배우도록 북돋우는 곳. '문학관'을 가리킨다

- **글숲** : 숲처럼 있는 글. 글로 이룬 숲. 삶과 사랑과 살림을 둘러싼 모든 이야기를 글로 담아서 한자리에 모아서, 이러한 글을 바탕으로 사람들이 삶과 사랑과 살림을 새롭게 바라보면서 배우도록 북돋우는 곳

- **책길** : 책을 읽으면서 익히거나 살피는 길. 책을 쓰거나 지으면서 삶을 가꾸는 길

- **책노래** : 1. 책하고 노래가 어우러지는 자리. '북콘서트'를 가리킨다 2. 온갖 책을 두루 펼쳐 놓아 사람들이 이러한 책을 널리 즐기거나 누릴 수

있도록 마련한 자리

- **책님** : 책을 사랑하거나 사랑할 줄 아는 고운 사람을 높이는 이름 (책을 읽거나 쓰거나 다루는 모든 사람을 아울러서 가리킨다)
- **책마실** : 바라는 책을 찾아서 책집이나 책숲집을 찾아다니는 일. '북투어'를 가리킨다
- **책마을** : 책이 있는 마을. 책으로 이룬 마을. 책집이 여럿 있거나 많이 모인 마을. 책을 바탕으로 가꾸거나 꾸미거나 짓거나 어우러진 마을
- **책사랑** : 책으로 이루거나 나누거나 펴는 사랑. 책을 곱게 아끼거나 돌보거나 다루는 일. 책으로 늘 아름답고 빛나면서 즐겁게 누리거나 가꾸는 사랑
- **책손** : 바라는 책을 찾아서 책집을 찾아가는 사람
- **책손님** : 바라는 책을 찾아서 책집을 찾아가는 사람을 높이는 이름
- **책잔치** : 온갖 책을 두루 펼쳐 놓아 사람들이 이러한 책을 널리 즐기거나 누릴 수 있도록 마련한 자리. '북페어·북페스티벌·도서전'을 가리킨다
- **책지기** : 책을 쓰거나 엮거나 짓거나 펴는 일을 하는 사람
- **책집** : 책을 사고팔거나 다루는 곳. '서점'을 가리킨다
- **책집마실** : 바라는 책을 찾거나, 여러 책집을 느긋하게 누리고 싶어서 찾아다니는 일. '책방 여행'을 가리킨다
- **책집지기** : 책집에서 책을 다루는 일을 하면서, 책집을 찾아온 손님을 맞이하는 일꾼. '서점원·책방 주인'을 가리킨다
- **책터** : 책이 있는 터. 책으로 이룬 터. 책을 바탕으로 가꾸거나 꾸미거나 짓거나 어우러진 터
- **마을책집** : 마을에 있는 책집. 마을에서 사는 사람이 가까이에서 쉽게 찾아갈 수 있는 책집. '동네책방'을 가리킨다

- **새책집** : 새로 태어난 책을 다루거나 파는 곳. '신간서점'을 가리킨다
- **옛책집** : 오랜 나날을 살아낸 책을 다루거나 사고파는 곳. '고서점'을 가리킨다
- **큰책집** : 크게 꾸민 책집. 매우 넓은 자리에 책꽂이를 넉넉히 마련하고서 책을 많이 모아 놓은 책집. 나라 곳곳에 이웃책집(체인점)을 여럿 두기도 한다. '대형서점'을 가리킨다
- **헌책집** : 사람들 손을 거친 책(헌책)을 다루거나 사고파는 곳

처음길

1990년대가 저물 즈음 '진로(眞露)'라는 이름이던 술이 '참이슬'로 새옷을 입었습니다. 이 이름으로 새옷을 입기 앞서 '참나무통맑은소주'란 퍽 긴 새옷을 입었어요. 곧이어 '처음처럼'이란 이름을 붙인 술이 나왔어요. 한자말이나 영어만 판치던 술이름에 '첫걸음'이라 할 만한 한국말 이름이 태어난 셈입니다. 아마 처음에는 만만하지도 않고 걸림돌도 많았으리라 느껴요. 그렇지만 '첫발'을 떼는 사람이 있으면 둘레에서 '두발'을 떼기는 어렵지 않아요. 이윽고 '세발·네발'도 뗄 테고요. 첫걸음을 씩씩하게 뗍니다. 첫걸음에 머무는 제자리걸음이 되지 않으려고 '새걸음', 이른바 '두걸음'을 뗍니다. 차근차근 나아가며 '첫마음'을 되새기고, 늘 싱그러이 바람을 마시는 숨결이 되려고 합니다.

- **처음** : 1. 가장 먼저라고 할 때 2. 어느 것·누구보다 앞에 있는 하나, 또는 앞으로 나오거나 드러나는 하나. 여럿 사이에서 앞에 있거나 앞으로 나오거나 드러나는 하나. 여럿을 나란히 놓고 살필 적에 가장 앞으로 꼽을 만큼 뛰어난 것·사람 3. 아직 겪거나 하거나 느끼거나 보거나 알거나 이루지 못한 일·모습·삶·살림 4. 아직 겪거나 하거나 느끼거나 보거나 알거나 이루지 못한 (처음으로·처음에)
- **처음길** : 1. 처음 가거나 나서는 길 2. 아직 스스로 한 적이 없거나·아직 누구도 하지 않거나 모르는 일을, 맨 먼저 하려고 나서거나 가려는 길. '시작·개척·제일보'를 가리킨다
- **첫길** : 1. 처음으로 가는 길. 이제 나서는 길 2. 시집이나 장가를 들러 가는 길 3. 아직 스스로 한 적이 없거나·아직 누구도 하지 않거나 모르는 일을, 맨 먼저 하려고 나서거나 가려는 길. '개척·제일보'를 가리킨다 4. 눈에 뜨이거나 남다르다 싶을 만큼 좋거나 낫다고 여겨 꼭 하나로 뽑을 만한 것·사람
- **첫발(첫발자국)** : 1. 어디로 가려고 처음으로·이제 막 내딛는 발 2. 어떤 일을 하려고 처음으로·이제 막 발을 떼거나 나아가기 3. 아직 스스로 한 적이 없거나·아직 누구도 하지 않거나 모르는 일을, 맨 먼저 하려고 나서거나 가려는 몸짓. '시작·개척·제일보'를 가리킨다
- **두발** : 1. 한 발을 떼고서 더 떼는 발 2. 아직 스스로 한 적이 없거나·아직 누구도 하지 않거나 모르는 일을, 맨 먼저 하려고 나서거나 가려고 한 다음에, 스스로 더 힘을 내거나 갈고닦으면서 새로 나아가려고 하는 길이나 몸짓
- **첫걸음(첫걸음마)** : 1. 어디로 가려고 처음으로·이제 막 딛는 걸음 2. 어

떤 일을 하려고 처음으로·이제 막 걸음을 떼거나 나아가기 3. 간 적이
없어서 모르는·낯선 곳을 처음으로 가는 걸음 4. 아직 스스로 한 적이
없거나·아직 누구도 하지 않거나 모르는 일을, 맨 먼저 하려고 나서거
나 가려는 길. '시작·개척·제일보'를 가리킨다

- **두걸음** : 1. 한 걸음을 딛고서 더 딛은 걸음 2. 아직 스스로 한 적이 없거
나·아직 누구도 하지 않거나 모르는 일을, 맨 먼저 하려고 나서거나 가
려고 한 다음에, 스스로 더 힘을 내거나 갈고닦으면서 새로 나아가려고
하는 길이나 몸짓

- **첫마음** : 무엇을 하려고 나설 적에 품는 마음. 어떤 일을 하려고 나서면
서 처음에 품는 마음. '초심'을 가리킨다

척척이

무엇이든 척척 해내는 어머니를 보면서 참 훌륭하다고 느꼈어
요. 어떤 어려운 일이든 척척 하는 형을 보면서 참 대단하다고
느꼈고요. 저는 무엇을 척척 해낼 만한가 하고 돌아보니 솜씨도
손놀림도 여러모로 엉성했습니다. 집일을 거들거나 동무들하고
놀 적마다 가만히 지켜보았어요. 누가 잘났고 똑똑하며 척척순
이·척척돌이인가 하고요. 누가 무엇이 뛰어나고 어떻게 솜씨있
으며 어느 대목에서 돋보이는가를 살펴봤지요. 이러다 보니 누
가 어느 곳에서 얼마나 무엇을 잘할 만한지를 알아채는 눈썰미

새로 쓰는 **우리말 꾸러미** 사전

가 생기네요. 뜻밖이었어요. 엉성쟁이인 저로서도 뭔가 똑부러지거나 솜씨좋다 싶은 길을 하나 텄거든요. 가만히 보면 모든 재주나 솜씨는 꾸준히 갈고닦으면서 스스로 키우는구나 싶어요. 내내 어설프기만 한 사람은 없어요.

- **잘난이** : 1. 얼굴·겉모습·생김새가 남보다 훨씬 낫거나 좋거나 앞서 보이는 사람 2. 모습·됨됨이·소리·생각·솜씨가 남보다 훨씬 낫거나 좋거나 앞서 보이는 사람 3. 모습·됨됨이·말·몸짓이 남보다 낫지 않고, 오히려 볼만하지 않거나 몹시 작은 사람 ("참 잘났군."처럼 비아냥이나 비웃음 같은 느낌으로 쓰는 말)
- **잘난쟁이** : = 잘난이
- **똑똑이** : 1. 옳고 그름을 제대로 가리거나 알아듣거나 헤아리면서 일하거나 말할 줄 아는 사람 2. 생각이나 셈이 바르거나 알맞은 사람
- **똑똑쟁이** : = 똑똑이
- **똑순이** : 어떤 일이든 아주 시원스레·제대로·알맞게·바르게·빈틈없이 맺고 끊거나 할 줄 아는 가시내
- **똑돌이** : 어떤 일이든 아주 시원스레·제대로·알맞게·바르게·빈틈없이 맺고 끊거나 할 줄 아는 사내
- **똑소리** : 어떤 일에 대하여 철저하고 확실하게 행동하다
- **척척이** : 1. 일·살림을 비롯해서 무엇이든 시원스럽거나 솜씨가 있게 하는 사람 2. 일·살림을 비롯해서 무엇이든 가지런히 두거나 차근차근 하는 사람 3. 일·살림을 비롯해서 무엇을 하든 아주 어울려서 보기에 좋은 사람
- **척척쟁이** : = 척척이

- **잘나다** : 1. 얼굴·겉모습·생김새가 남보다 훨씬 낫거나 좋거나 앞서 보이다 2. 모습·됨됨이·소리·생각·솜씨가 남보다 훨씬 낫거나 좋거나 앞서 보이다 3. 모습·됨됨이·말·몸짓이 남보다 낫지 않고, 오히려 볼 만하지 않거나 몹시 작다 ("참 잘났군."처럼 비아냥이나 비웃음 같은 느낌으로 쓰는 말)
- **똑똑하다** : 1. 모습·됨됨이·소리·마음·생각이 하나하나 눈앞에 그리듯이 드러나다 2. 옳고 그름을 제대로 가리거나 알아듣거나 헤아리면서 일하거나 말할 줄 알다 3. 생각이나 셈이 바르거나 알맞다
- **똑부러지다** : 어떤 일이든 똑똑히 맺고 끊으며 올바르게 잘하다
- **똑소리나다** : 어떤 일이든 아주 시원스레·제대로·알맞게·바르게·빈틈없이 맺고 끊거나 할 줄 알다
- **척척** : 1. 시원스럽거나 솜씨가 있게 하는 모습을 나타내는 말. 2. 가지런히 있거나 차근차근 되는 일을 나타내는 말 3. 아주 어울려서 보기에 좋은 모습을 나타내는 말

첫내기

'새내기'라는 말이 널리 자리잡았습니다. 뜻깊은 일입니다. 그런데 '새내기'는 거의 대학교에서만 쓰는 낱말처럼 여깁니다. 일터나 여느 모임에서도 이 낱말을 쓸 만하지만 일터에서는 그리 널리 쓰지는 않는구나 싶어요. 대학교에서 널리 퍼진 낱말이라

새로 쓰는 **우리말 꾸러미** 사전

고 해서 대학교에서만 쓸 까닭은 없지만, 우리 삶터에서 이렇게 받아들인다면 비슷하면서 다른 낱말을 더 지어서 짝을 이루면 어떠할까 싶습니다. 그래서 '새'하고 맞물리는 '첫'을 붙이는 '첫내기'를 써 보아도 어울리겠다고 느꼈어요. '새내기'가 새로 들어간 사람을 가리킨다면, '첫내기'란 처음 들어간 사람을 가리키지요. 이러면서 학교나 일터에 함께 처음으로 들어간 사람을 '첫또래'란 이름으로 아울러 보아도 좋겠다고 생각합니다.

- **첫내기** : 어떤 일을 처음 하는 사람. 어떤 곳에 처음 들어가거나 들어온 사람
- **처음내기** : = 첫내기
- **첫또래** : 어떤 곳에 함께 처음 들어가거나 들어온 사람. '입학 동기·입사 동기'를 가리킨다
- **새내기** : 대학교나 일터 같은 곳에 새로 들어온 사람
- **풋내기** : 어떤 일을 처음 하느라 아직 익숙하지 않아 잘하지 못하는 사람
- **오랜내기** : 어떤 일을 오래 하면서 익숙하게 하는 사람. '베테랑·경력자'를 가리킨다

ㅊ

콕소리

우리는 알맞게 쓸 만한 말을 알면서도 모르곤 합니다. 우리 스스로 어떤 말을 참 알맞거나 좋게 쓰지만 막상 이를 깊이 느끼지는 못하기도 해요. 제법 잘 살려서 쓰지만 사전에 아직 못 오른 말이 꽤 많아요. 권투라고 하는 운동 경기에서 가볍게 주먹을 내미는 몸짓을 두고 '잽(jab)'이라고 해요. 제가 어릴 적인 1980년대까지만 해도 권투 경기를 방송에서 무척 자주 보여줬어요. 이때에 방송에서는, 또 방송을 보는 사람들은 으레 "잽! 잽! 가볍게! 가볍게!"라 했고, "에그, 저런 잔주먹에도 넘어지나!"라 했어요. 가벼운 주먹이기에 '잔주먹'이겠지요? 작게 내미는 주먹이라면 '콕' 치는 주먹이나 '콕콕' 찌르는 주먹이에요. 그래서 '콕주먹·콕콕주먹'이나 '콕질·콕콕질'이나 '콕소리' 같은 말을 혀에 얹어 봅니다.

- **콕질** : 작게 치거나 찌르거나 대는 일이나 짓. 작지만 제법 힘이 있게 치거나 찌르거나 대는 일이나 짓
- **콕콕질** : 잇달아 작게 치거나 찌르거나 대는 일이나 짓. 작지만 잇달아 제법 힘이 있게 치거나 찌르거나 대는 일이나 짓
- **콕주먹** : 작거나 가볍게 때리거나 휘두르거나 치는 주먹. 작지만 제법 힘이 있게 때리거나 휘두르거나 치는 주먹. '잽'을 가리킨다
- **잔주먹** : 자잘하게 때리거나 휘두르거나 치는 주먹. '잽'을 가리킨다
- **잔질** : 자잘하게 하는 일이나 짓

새로 쓰는 **우리말 꾸러미** 사전

- **콕소리** : 작게 찌르듯이 하는 말. 가볍게 나무라거나 타이르는 말. '잔소리'는 좀 듣고 싶지 않도록 자꾸 하는 말이라면, '콕소리'는 가볍게 나무라거나 타이를 뿐, 듣기 싫은 소리가 아니요, 자꾸 하는 말도 아니다
- **잔소리** : 1. 그리 쓸데가 없이 하는 말 (자잘하게 하는 말) 2. 듣고 싶지 않은데 자꾸 하거나 나무라는 말

큰별

사전을 보면 '큰사람'이란 낱말이 나옵니다. 이와 맞물려 '작은사람'은 없어요. 사전에 '큰이·작은이'는 나오는데 피붙이 사이를 가리키는 뜻으로만 풀이합니다. 그렇지만 됨됨이나 마음결이나 솜씨나 재주가 뛰어나거나 훌륭한 사람만 있지 않아요. 널리 기리거나 섬기는 '큰사람'도 있으나, 앞으로 피어날 '작은사람'도 있어요. 이런 얼거리를 헤아리다 보면 '큰별·큰빛·큰님' 같은 말이 저절로 떠오릅니다. 굳이 '대가(大家)' 같은 말을 안 쓰더라도 우리 나름대로 널리 쓸 만한 이름이 있습니다. 서로 별처럼 바라보면서, 서로 빛이라고 여기면서, 서로 님으로 아끼면서 이름을 새로 붙입니다. 클 수도 있고 작을 수도 있어요. 크든 작든 모두 환한 별이요 빛이요 님이에요.

ㅋ

- **큰별** : 1. 커다란 별 2. 솜씨나 재주가 뛰어나거나 훌륭해서 널리 섬기거

나 기리는 사람

- **큰빛** : 1. 커다란 빛 2. 솜씨나 재주가 뛰어나거나 훌륭해서 널리 섬기거 나 기리는 사람

- **큰님** : 솜씨나 재주가 뛰어나거나 훌륭해서 널리 섬기거나 기리는 사람

- **작은별** : 1. 작은 별 2. 솜씨나 재주가 살짝 뛰어나거나 훌륭한데 아직 널 리 알려지거나 도드라지지 않은 사람. 앞으로 솜씨나 재주가 자라서 널 리 알려지거나 도드라질 사람

- **작은빛** : 1. 작은 빛 2. 솜씨나 재주가 살짝 뛰어나거나 훌륭한데 아직 널 리 알려지거나 도드라지지 않은 사람. 앞으로 솜씨나 재주가 자라서 널 리 알려지거나 도드라질 사람

- **작은님** : 솜씨나 재주가 살짝 뛰어나거나 훌륭한데 아직 널리 알려지거 나 도드라지지 않은 사람. 앞으로 솜씨나 재주가 자라서 널리 알려지거 나 도드라질 사람

터에 들다

우리 놀이터를 어른들이 '아지트'란 말로 가리킬 적에 참 아리송 했습니다. 어릴 적에 우리 '숨은 놀이터'를 '숨터·숨은터'라고도 더러 말했지만, 어른들이 자꾸 쓰는 '아지트'를 우리도 어느새 흉내내곤 했습니다. 생각해 보면 모든 말은 쉽습니다. 쉬니까 '쉼터'요, 일하니 '일터'이며, 놀기에 '놀이터(놀터)'입니다. 어울

려서 '어울림터'요, 이야기를 하니 '이야기터', 수다를 떠니 '수다터'예요. '아지트'라는 러시아말은 때때로 '앞마당'을 가리킬 수 있어요. 우리는 말끝을 바꾸어 '앞뜰'이라 해도 되고, '숨은터'를 '숨은뜰·숨뜰'이라 할 수 있습니다. 순천만정원 같은 데라면 '쉼뜰'이나 '숲뜰'도 어울립니다.

- **쉼터** : 1. 쉬는 터 2. 한동안 머물면서 쉬었다 갈 수 있도록 마련한 곳. 고속도로 같은 곳에 있다
- **놀이터** : 1. 놀이를 하는 터 2. 놀이를 할 수 있도록 여러 가지를 갖춘 넓은 터
- **숨은터** : 잘 보이지 않도록 숨은 터. 다른 사람 눈에 뜨이고 싶지 않고, 끼리끼리 어울릴 수 있도록 마련한 터
- **어울림터** : 어울리는 터. 여럿이 사이좋게 어울리거나 즐겁게 어울려서 놀거나 일하거나 만나거나 이야기하는 터
- **모임터** : 모이는 터. 여럿이 모여서 이야기를 하거나 일을 하거나 생각을 나누는 터
- **수다터** : 수다를 떠는 터. 신나게 이야기를 하거나, 가볍게 수다를 떨 수 있는 터
- **앞마당** : 1. 집 앞에 있는 마당 2. 마음껏 일하거나 놀거나 누리거나 즐기거나 뜻을 펴거나 어울릴 수 있는 느긋하고 익숙하며 좋은 자리
- **앞뜰** : 1. 집 앞에 있는 뜰 2. 가까이에서 누리거나 즐기거나 어울릴 수 있는 뜰
- **숨은뜰** : 잘 보이지 않도록 숨은 뜰. 다른 사람 눈에 뜨이고 싶지 않고, 끼리끼리 어울릴 수 있도록 마련한 뜰

E

- **쉼뜰** : 쉬는 뜰. '정원'이나 '휴양지'를 가리킬 수 있다
- **숲뜰** : 숲으로 이룬 뜰. '수목원'을 가리킬 수 있다
- **어울림뜰** : 어울리는 뜰. 여럿이 사이좋게 어울리거나 즐겁게 어울려서 놀거나 일하거나 만나거나 이야기하는 뜰

토실이

'뚱뚱이'라고 하면 뚱뚱한 모습을 그대로 나타낼 뿐이지만, 몸에 살이 많이 붙어서 보기 싫다고 여기는 사람한테는 놀림말이됩니다. '퉁퉁이'라고 할 적에도 어쩐지 놀림말에 가깝습니다. 말씨를 바꾸어 '통통이'라고 한다면? 똑같은 살집이더라도 이때에는 살짝 가벼우면서 귀여운 느낌을 담아요. '토실이'라고 하면 더욱 가벼우면서 귀여운 느낌입니다. 둘레에서 '다육이'라는 이름으로 작은 꽃그릇을 장만해서 키우거나 파는 모습을 보고 한동안 갸웃거렸습니다. '다육이'가 뭔지 몰랐어요. 알고 보니 '다육식물'을 귀엽게 나타내는 '다육이'였어요. 잎이나 줄기에 물이 잘 오른 꽃이라면 '토실꽃' 같은 이름은 어떨까요? '토실풀'도 좋을 테고요. 우리 몸을 이루는 살점을 가만히 헤아려 봅니다.

- **토실하다** : 살이 붙어 몸이 옆으로 퍼진 모습이 보기 좋다

- **토실토실하다** : 살이 꽤 붙어 몸이 옆으로 조금 크게 퍼진 모습이 보기 좋다
- **통통하다** : 1. 키·크기가 작고 살이 붙어서 몸이 옆으로 퍼진 듯하면서 보기 좋다 2. 어느 한 곳이 붓거나 부풀어서 도드라져 보이다
- **투실하다** : 살이 꽤 붙어 몸이 옆으로 두드러지게 퍼진 모습이 보기 좋다
- **투실투실하다** : 살이 많이 붙어 몸이 옆으로 크게 퍼지다
- **퉁퉁하다** : 1. 살이 꽤 붙어서 몸이 옆으로 퍼진 모습이 두드러지다 2. 어느 한 곳이 꽤 붓거나 부풀어서 두드러져 보이다
- **뚱뚱하다** : 1. 살이 많이 붙어서 몸이 옆으로 퍼지다 2. 어느 한 곳이 부풀어서 부피가 크다
- **토실이** : 1. 살이 보기 좋을 만큼 붙은 모습일 적에 가리키는 이름 2. 잎이나 줄기에 물을 많이 품은 풀이나 꽃을 가리키는 이름. 물을 많이 품은 잎이나 줄기가 토실해 보인다는 뜻으로 붙인다. '다육이(多肉-)·다육식물(多肉植物)'을 가리킨다
- **토실꽃** : 잎이나 줄기에 물을 많이 품은 꽃
- **토실풀** : 잎이나 줄기에 물을 많이 품은 풀
- **통통이** : 키·크기가 작고 살이 보기 좋을 만큼 붙은 모습일 적에 가리키는 이름
- **투실이** : 살이 보기 좋을 만큼 꽤 붙은 모습일 적에 가리키는 이름
- **퉁퉁이** : 살이 꽤 붙어 옆으로 퍼진 모습일 적에 가리키는 이름
- **뚱뚱이** : 살이 많이 붙어 옆으로 퍼진 모습일 적에 가리키는 이름
- **놀림말** : 1. 놀리는 말. 장난스럽게 하는 말 2. 누구를 괴롭히거나 비웃거나 나쁘게 보거나 낮게 여기려고 하는 말

E

튼튼몸

어른들은 으레 "늙은몸이 나서서 뭘 할 수 있다고."처럼 한숨을 쉬면서 "젊은몸이 해야지." 하고 덧붙입니다. 이런 말씀을 들으면 "나이는 대수롭지 않아요. 하려는 뜻이 있는 사람이 해야지요." 하고 대꾸하지만, 스스로 늙었다는 생각을 좀처럼 못 떨치십니다. 이러다가 문득 사전을 펴서 '늙은몸'이 있는지 살폈어요. 이 낱말은 없어요. 다만 '노구(老軀)'란 한자말은 있고, '늑 노골·노신·노체'처럼 한자말로 비슷한말이 줄줄이 달려요. 아리송합니다. 왜 한국말로는 새말을 안 빚을까요? '노골·노신·노체'를 누가 쓸까요? 늙었기에 '늙은몸'을, 젊기에 '젊은몸'을, 튼튼하기에 '튼튼몸'을, 아프기에 '아픈몸'이라 할 만하지 싶어요. '새몸·헌몸'을, '사람몸·온몸'을 가만히 헤아립니다.

- **늙은몸** : 늙은 몸. 나이가 들어 움직이기 힘든 몸을 나타낸다
- **늙몸** : = 늙은몸
- **젊은몸** : 젊은 몸. 나이가 젊어 힘차게 움직이는 몸을 나타낸다
- **어린몸** : 어린 몸. 나이가 어려 싱그럽거나 환하게 움직이는 몸을 나타낸다
- **푸른몸** : 푸른 몸. 푸릇푸릇한 나이로 싱그럽게 움직이거나, 마치 숲처럼 푸르게 움직이는 몸을 나타낸다
- **맑은몸** : 맑은 몸. 티나 허물이나 흉이 없어 눈부시거나 참하거나 곱게 움직이는 몸을 나타낸다

- **밝은몸** : 밝은 몸. 둘레를 밝힐 만큼 곱거나 참하게 움직이는 몸을 나타 낸다

- **좋은몸** : 좋은 몸. 잘 가꾸어서 보기에 좋거나, 잘 다스려서 스스로 즐겁 게 움직이는 몸을 나타낸다

- **튼튼몸** : 튼튼한 몸. 아프거나 앓는 일이 없고, 둘레에 휘둘리거나 휩쓸 리지 않을 만큼 기운이 있는 몸을 나타낸다

- **여린몸** : 여린 몸. 쉽게 아프거나 앓으며, 둘레에 쉽게 휘둘리거나 휩쓸 릴 만큼 기운이 없는 몸을 나타낸다

- **아픈몸** : 아픈 몸. 다치거나 앓으면서 기운이 빠진 몸을 나타낸다

- **새몸** : 새로운 몸. 갓 태어난 아기라든지, 아프거나 앓다가 깨어나서 튼 튼히 일어난 사람이라든지, 이제까지 입거나 품던 낡거나 묵은 생각·마 음을 털어내고서 즐겁고 환하게 거듭나려고 하는 사람을 나타낸다

- **헌몸** : 헌 몸. 오래 쓰거나 많이 닳아서 뜻대로 잘 움직이지 않는 몸을 나 타낸다

- **사람몸** : 사람을 이루는 몸. '인체'를 가리킨다

- **온몸** : 모든 몸. 몸을 이루는 모든 곳을 아울러서 나타낼 적에 쓰는 말. '전신'을 가리킨다

E

틈일

처음에는 '부업'이라는 한자말을 쓰다가 어느새 독일말 '아르바이트'를 쓰더니, 이제는 '알바'로 줄여서 말합니다. 사전을 보면 아르바이트를 뜻하는 '알바'는 없고 에스파냐 군인을 가리키는 '알바(Alba, Fernando Alvarez de Toledo)'가 실려 엉뚱해요. 그나저나 저는 '부업·알바'를 가리킬 새로운 한국말을 찾고 싶은 마음이에요. 좀처럼 실마리가 안 보였는데 어느 날 '틈'이라는 낱말이 눈에 확 들어왔어요. 아침저녁 사이에 먹는 밥을 샛밥(사잇밥·새참)이라고도 하고, '새(사이)'하고 맞물리는 '틈'은 짧은 겨를을 가리키지요. 틈을 내서 하는 일, 틈이 나서 하는 일이라 '틈일'이에요. '샛일'이라 해도 되고, 곁을 내어 하는 일이나, 살짝 하는 일, 하루를 토막처럼 갈라서 하는 일이라 할 수도 있겠더군요.

- **틈일** : 틈을 내서 하는 일이나 틈이 나서 하는 일
- **틈새일** : 틈새에 하는 일
- **샛일** : 통으로 하는 일이 아닌, 사이에 하는 일
- **사잇일** : = 샛일
- **짬일** : 짬을 내서 하는 일이나 짬이 나서 하는 일
- **곁일** : 1. 곁에 두고 하는 일 2. 바탕으로 하는 일이 아닌, 곁가지처럼 가볍게 하는 작은 일
- **토막일** : 통으로 하는 일이 아닌, 토막으로 갈라서 하는 일
- **살짝일** : 오래 하거나 길게 하는 일이 아닌, 살짝 하거나 거드는 일

티없다

사전에 '해맑다'란 낱말이 있습니다. 노래나 그림이 '해맑'기도 하고 '해밝'기도 해요. 마음이 해맑은 사람이 있고, 해밝은 사람도 있어요. 해맑거나 해밝다면 그야말로 맑거나 밝기에 티·티끌이 하나도 없어요. '티없는·티끌없는' 모습입니다. 가만 보면, 티가 없는 사람과 달리 티가 있는 사람이 있어요. 도드라지지 않으나 '티있는' 사람이에요. 해처럼 맑거나 밝은 모습하고 기운을 '해맑다·해밝다'로 그린다면, 해처럼 고우니 '해곱다'로, 해처럼 좋아서 '해좋다' 같은 말을 쓸 만해요. '해말갛다·해말끔하다·해바르다' 같은 낱말이 있는데, 해를 몸에 듬뿍 받아서 튼튼하려고 하는 일을 두고서 '해받다·해쬣다'라 할 수 있어요. 해처럼 맑거나 밝은 '해낮'이라면 누구나 반기리라 생각해요.

- **티없다** : 티 하나 없다. 작은 부스러기나 생채기가 하나도 없다. '순수·순진·천진·천진난만'을 가리킨다
- **티있다** : 티가 있다. 작은 부스러기나 생채기가 있다
- **티끌없다** : 티끌 하나 없다. 작은 부스러기나 먼지나 생채기나 허물이 하나도 없다
- **티끌있다** : 티끌이 있다. 작은 부스러기나 먼지나 생채기나 허물이 있다
- **해맑다** : 1. 하얗고 맑다 (어지럽거나 지저분한 것이 섞이지 않다) 2. 하얗고 맑은 기운이 가득해서 보거나 듣기에 좋다 3. 마음이 해처럼 하얗고 맑아 곱다. '순수·순진·천진·천진난만'을 가리킨다

- **해밝다** : 1. 하얗고 밝다 (어지럽거나 지저분한 것이 섞이지 않다) 2. 하얗고 밝은 기운이 가득해서 보거나 듣기에 좋다 3. 마음이 해처럼 하얗고 밝아 곱다. '순수·순진·천진·천진난만'을 가리킨다
- **해곱다** : 해처럼 맑거나 밝으면서 몹시 부드럽고 따스하여 보기에 좋다
- **해낮** : 해처럼 맑거나 밝은 낮
- **해바르다** : 해가 잘 들거나 바로 비치다. 해가 잘 들거나 바로 비치어서 밝고 따뜻하다 (볕바르다)
- **해받다** : 해를 몸에 고루 받도록 하다. 해를 몸에 고루 쪼이다. '일광욕·선탠'을 가리킨다
- **해씻다(해씻이)** : 해를 잘 쬐지 못해서 여리거나 아픈 몸이기에, 해를 몸에 고루 듬뿍 쪼이다
- **해좋다** : 해처럼 맑거나 밝아서 보거나 듣거나 누리기에 좋다

틱톡질

우리는 소리를 저마다 다르게 들어요. 새가 노래하는 소리도 나라마다 다르게 듣지만, 같은 나라에서도 사람마다 다르게 듣습니다. 우리를 둘러싼 소리를 글씨로 담아낼 적에는 그야말로 끝이 없어요. 한국말뿐 아니라 온누리 모든 말은 갖은 소리를 저마다 재미나면서 알맞게 담아냅니다. 셈틀을 켜고 다람쥐를 손에 쥐어 볼까요? 우리는 다람쥐를 쥐면서 어떤 소리를 낼까요?

새로 쓰는 **우리말 꾸러미** 사전

사진을 찍을 때처럼 '찰칵' 소리가 나나요? 불을 켜는 단추를 올리거나 내릴 때처럼 '딸깍' 소리가 나나요? 어쩌면 딱딱한 바닥을 딱딱한 신을 꿰고 걸을 때처럼 '또각' 소리가 날 수 있고, '똑딱'이나 '틱틱'이나 '톡톡'을 들을 수 있어요. 가볍게, 세게, 부드럽게, 빨리 만질 때마다 소리가 다 다릅니다.

- **다람쥐질** : 셈틀을 쓸 적에 화면에 깜빡거리는 단추를 움직이도록 하는 다람쥐를 만지는 일
- **딸깍질** : 1. 불을 켜고 끄는 단추를 올리거나 내리는 일 2. 셈틀을 쓸 적에 화면에 깜빡거리는 단추를 움직이도록 하는 다람쥐를 만지는 일
- **틱톡질** : 셈틀을 쓸 적에 화면에 깜빡거리는 단추를 움직이도록 하는 다람쥐를 만지는 일
- **셈틀** : 다른 기계를 움직이거나, 머리를 써야 하는 여러 가지 일을 맡도록 마련한 것. 이것으로 영화를 보거나 글을 쓰거나 사진을 찍을 수 있고, 책상맡에 두고서 쓰거나 가볍게 손에 쥐고서 들고 다닐 수 있다. 아주 작은 데에도 이 구실을 하도록 크기를 줄여서 넣을 수 있다. '컴퓨터'를 가리킨다
- **다람쥐** : 1. 숲에서 살며 몸은 흙빛이고 배는 흰빛이며 나무열매를 좋아하고, 나무를 잘 타는 작은 짐승 2. 셈틀을 다룰 적에 화면에 깜빡거리는 단추를 움직이도록 쓰는 것. '마우스'를 가리킨다
- **글판** : 글을 쓰는 판. 셈틀을 다룰 적에 글씨나 그림이나 무늬나 숫자를 넣으려고 쓴다. '자판·키보드'를 가리킨다
- **바탕그림** : 셈틀을 다룰 적에 들여다보는 화면을 덮는 그림. '배경화면·월페이퍼'를 가리킨다

- **누리가게** : 누리그물에 마련한 가게. 누리집에 물건을 올려서 사고판다. '인터넷숍'을 가리킨다

- **누리그물** : 셈틀마다 서로 만나거나 이을 수 있도록 돕는 풀그림이나 자리. '포털 사이트·인터넷 사이트'를 가리킨다

- **누리글** : 셈틀을 켜서 누리판에 올리거나 쓰는 글. 누리모임에 올리거나 쓰는 글. 누리그물에 올라와서 읽는 글. '인터넷 게시물'을 가리킨다

- **누리글월** : 셈틀을 켜서 누리판에서 주고받는 글월. '인터넷 편지·이메일'을 가리킨다

- **누리놀이** : 셈틀을 켜서 누리판에서 즐기는 놀이. '인터넷 게임'을 가리킨다

- **누리님** : 셈틀을 켜서 펴거나 어울리는 누리판을 이루는 사람. '네티즌'을 가리킨다

- **누리모임** : 셈틀을 켜서 펴거나 어울리는 누리판에서, 사람들이 저마다 여러 가지 글·그림·사진·영상·이야기 들을 올리거나 나누도록 마련한 곳. '인터넷 카페·인터넷 동호회'를 가리킨다

- **누리신문** : 누리그물에 이야기를 올리는 신문. 누리그물에 들어가서 이야기를 읽는 신문. '인터넷 신문'을 가리킨다

- **누리이웃** : 셈틀을 켜서 펴거나 어울리는 누리판에서 스스로 가까이 지내는 사람

- **누리저자** : 누리그물에 마련한 저자. 누리집에 물건을 올려서 사고파는 너른 저자판이다. '인터넷쇼핑몰'을 가리킨다

- **누리지기** : 셈틀을 켜서 펴거나 어울리는 누리판에 마련한 곳(누리모임)을 돌보거나 이끄는 사람. '누리그물'을 돌보거나 다스리는 사람도 가리킨다

- **누리집** : 셈틀을 켜서 펴거나 어울리는 누리판에서, 우리 스스로 여러 가지 글·그림·사진·영상·이야기 들을 올리거나 나누도록 마련한 곳. '홈페이지'를 가리킨다
- **누리판** : 셈틀을 켜서 펴거나 만나거나 어울리는 곳. 나라나 자리를 가리지 않고 만나거나 이어서 어울리도록 하는 곳이다. '인터넷'을 가리킨다
- **오른누름** : 셈틀을 켜서 다람쥐를 만지며 쓸 적에, 다람쥐 오른쪽에 있는 단추를 누르는 일. '우클릭'을 가리킨다
- **왼누름** : 셈틀을 켜서 다람쥐를 만지며 쓸 적에, 다람쥐 왼쪽에 있는 단추를 누르는 일. '좌클릭'을 가리킨다

파란하늘

이원수 어른이 쓴 글에 가락을 붙인 노래가 꽤 많아요. 저는 이 노래를 우리 아이들한테 아주 자주 불러 주었습니다. 곁님 배에서 아기로 자랄 무렵부터 날마다 한나절씩 불렀지요. 이 노래 가운데 "파란 하늘 밑에 파란 잔디밭"으로 여는 노래는 "파란 하늘 밑에 푸른 잔디밭"으로 고쳐서 불러요. 잔디밭 빛깔은 '푸르'거든요. 적잖은 어른들은 '파랗다·푸르다'를 제대로 안 가르고 섞어요. 그럴 수도 있기는 할 테지만, 두 낱말이 따로 있으면 알맞게 살펴서 쓰면 되겠지요. 큰아이가 제법 자라 함께 사전을

펴던 어느 날 '파란하늘'이란 낱말은 사전에 없으나 이를 뜻하는 한자말은 사전에 있는 줄 알아챘습니다. '파란하늘'이나 '푸른들'쯤은 싱그러운 삶터를 돌아보거나 북돋우도록 널리 쓰면 좋겠다고 생각해요.

- **파랗다** : 1. 맑은 하늘 빛깔이나 깊은 바다 빛깔과 같다 2. 춥거나 무서워서 얼굴이나 입술에 핏기가 없다 (때로는 곱지 않게 살짝 파란 빛깔이 돌기도 한다) 3. 마음에 안 들거나 성이 나서 차갑거나 사나운 기운이 있다 4. 아주 젊다 (새파랗다)
- **파란하늘** : 파랗게 눈부신 하늘. '창공·창천'을 가리킨다
- **파란길** : 맑은 하늘이나 깊은 바다와 닮거나 같다고 할 만한 길
- **파란꿈** : 맑은 하늘이나 깊은 바다와 닮거나 같다고 할 만한 꿈
- **파란넋** : 맑은 하늘이나 깊은 바다와 닮거나 같다고 할 만한 넋
- **파란마음** : 맑은 하늘이나 깊은 바다와 닮거나 같다고 할 만한 마음
- **푸른꿈** : 풀잎이나 나뭇잎 같은 꿈. 젊거나 기운이 넘치는, 맑거나 싱그러운, 꿈이나 사랑이 크고 아름다운, 힘이나 기운이 크고 당찬 꿈
- **푸른들** : 푸르고 넓게 펼친 들. '초원·평원·평야'를 가리킨다
- **푸른마음** : 풀잎이나 나뭇잎 같은 마음. 젊거나 기운이 넘치는, 맑거나 싱그러운, 꿈이나 사랑이 크고 아름다운, 힘이나 기운이 크고 당찬 마음. 집·숲·마을·나라·지구를 모두 깨끗하게 가꿀 뿐 아니라, 알차거나 알뜰하게 돌보려는 마음

팽개질

빙글빙글 돕니다. 뱅글뱅글 돕니다. 돌고도는 놀이를 하다 보면 어질어질하고, 그만 눈이 뱅뱅 돌기도 해요. 아주 빠르게 돌 적에는 눈이 팽팽 돌지요. 어릴 적부터 동무하고 팽이치기를 참 자주 했습니다. 구슬치기도 자치기도 제기차기도 즐겼지만, 팽이치기는 아귀힘이나 손놀림이 얼마나 잽싼가를 가누는 짜릿한 놀이였어요. 팽이는 팽글팽글 돕니다. 팽글팽글 도는 팽이 밑에 종이를 살살 밀어넣는다든지, 줄에 팽이를 올려서 손등이나 손바닥으로 슬슬 옮긴다든지 하면서, 저마다 팽이멋을 부렸어요. '팽개치다'라 할 적에는 팽이질이 떠올라요. 확확 도는 팽이처럼 확확 집어던지고 마는 몸짓입니다. '팔짱끼다'라 할 적에는 조용히 바라보면서 마치 남 일로 여기는 느낌이에요. 힘들어 숨을 돌리려고, 때로는 더 하기 싫어 '손놓'고요.

- 손놓다 : 1. 어떤 일을 하다가 살짝 쉬다. '휴식'을 가리킨다 2. 어떤 일을 하다가 더는 하지 않거나 떠나다. '방임·방관·방조·외면·직무유기·책임회피'를 가리킨다

- 팔짱 : 1. 두 손을 서로 다른 쪽 소매에 넣는 몸짓. 또는 두 팔을 서로 다른 쪽 겨드랑이에 넣거나 팔뚝에 대는 몸짓 2. 나란히 있거나·서거나·가는 사람 곁에서 제 팔을 이 사람 팔에 끼는 몸짓 3. 눈앞에서 일어나거나 벌어지거나 생기는 일을 풀려고 하지 않고 그저 바라보기만 하는 몸짓. 스스로 나서거나 할 일이라고 여기지 않으면서 한발 물러선 채 바라보기

만 하는 몸짓. '방관·수수방관·방임·방조·직무유기'를 가리킨다

- **팔짱끼다** : 1. 두 손을 서로 다른 쪽 소매에 넣는 몸짓. 또는 두 팔을 서로 다른 쪽 겨드랑이에 넣거나 팔뚝에 대다 2. 나란히 있거나·서거나·가는 사람 곁에서 제 팔을 이 사람 팔에 끼다 3. 눈앞에서 일어나거나 벌어지거나 생기는 일을 풀려고 하지 않고 그저 바라보기만 하다. 스스로 나서거나 할 일이라고 여기지 않으면서 한발 물러선 채 바라보기만 하다. '방관·수수방관·방임·방조·직무유기'를 가리킨다
- **팽개질** : 1. 싫거나 성이 나서 매우 세게 집어서 내던지는 짓 2. 어떤 일을 하다가 싫거나 성이 나서 갑자기 그만두거나 떠나는 짓. '방관·방임·직무유기·방치·책임회피'를 가리킨다
- **팽개치다** : 1. 싫거나 성이 나서 매우 세게 집어서 내던지다. 2. 어떤 일을 하다가 싫거나 성이 나서 갑자기 그만두거나 떠나다. '방관·방임·직무유기·방치·책임회피'를 가리킨다

푸른날

나무는 열 살을 살아도 쉰 살을 살아도 이백 살이나 오백 살을 살아도 잎을 푸르게 틔웁니다. 즈믄 살을 사는 나무도 언제나 잎이 푸르지요. 사람도 나무를 닮는다고 여겨요. 나이가 어리거나 젊을 때에만 '푸른빛'이 돌지 않아요. 나이가 어리거나 적어도 마음이 어둡거나 시들면 어둠이 서려요. 나이가 아무리 많아

도 마음이 맑거나 밝으면 한결같이 '푸른날'이에요. 오늘날 열네 살~열아홉 살을 살아가는 사람은 대학교 문턱에서 몹시 괴롭고 들볶입니다. 틀림없이 푸른때를 살지만 푸른넋이 빛나기 어려워요. 우리 '푸름이'가 참말로 푸른삶을 누리도록 이 나라를 새롭게 가꾸면 좋겠어요. 푸름이 나이를 지나 스무 살이나 마흔 살이 되어도 한결같이 '푸른이'로 살아갈 수 있는 터전으로 이 나라를 숲으로 가꾸기를 바라요.

- **푸르다** : 1. 풀 빛깔과 같다 2. 열매나 알이 아직 다 안 익거나 덜 익다 3. 젊거나 기운이 넘치다 4. 바람이 맑고 싱그럽다 5. 꿈이나 사랑이 크고 아름답다 6. 힘이나 기운이 크고 당차다
- **푸른이** : 기운이 무르익거나 젊거나 맑으면서 고운 모습·숨결인 사람. 숲처럼 푸른 모습이거나 숨결인 사람. 따로 나이를 가리지 않고서 쓰는 이름
- **푸름이** : 한창 자라면서 기운이 무르익은 사람. 흔히 열넷~열아홉 나이를 가리킨다. '청소년'을 가리킨다
- **푸른글** : 기운이 넘치거나 맑으면서 고운 글. 때때로 '청소년문학'을 가리킨다
- **푸른날** : 기운이 넘치거나 맑으면서 고운 날. '청춘·청년기·청년 시절'을 가리킨다
- **푸른때** : 기운이 넘치거나 맑으면서 고운 때
- **푸른빛** : 기운이 넘치거나 맑으면서 고운 빛
- **푸른책** : 기운이 넘치거나 맑으면서 고운 책. 푸르게 살아가려는 길을 밝히는 책. 푸른 나이를 살아가는 이한테 길벗이 되는 책. 때때로 '환경

책·청소년책'을 가리킨다

- **푸른철** : 기운이 넘치거나 맑으면서 고운 철. '청춘·청년기·청년 시절'
  을 가리킨다

푸른누리

만화책을 읽다가 '로하스'라는 말을 처음 보았어요. 처음에는 과자 이름인가 하고 갸우뚱했는데, 'LOHAS'로 적고 'Lifestyle Of Health And Sustainability'를 줄인 말이라 하더군요. 마을이며 숲을 한결같이 푸르고 튼튼하게 지내는 살림을 나타내려는구나 싶은데, 이런 살림이라면 '푸른살림'이라 할 만해요. '푸른길'이라 해도 어울리고요. 영어를 쓰는 나라에서는 영어로 새이름을 짓는다면, 우리는 한국말로 새이름을 지으며 즐거운 뜻을 즐겁게, 푸른 뜻을 푸르게, 고운 뜻을 곱게 나누면 돼요. '청정, 환경, 그린, 녹색, 친환경, 생태' 같은 느낌은 '푸른'이나 '숲'이란 낱말로 잘 담을 수 있어요. 그러고 보면 '숲살림·숲길' 같은 이름을 지을 만하네요. 푸른길을 걷는 사람은 '푸른벗', 숲길을 걷는 사람은 '숲벗'이라 하면 되고요.

- **푸른길** : 1. 풀이나 나무가 잘 자란 길 2. 한창 잘 자라는 풀이나 나무처럼, 기운이 무르익거나 젊은 모습·숨결로 나아가는 길 3. 삶·넋·살림·

꿈을 숲처럼 푸르게 가꾸려고 하는 길

- **푸른넋** : 풀잎이나 나뭇잎 같은 넋. 집·숲·마을·나라·지구를 모두 깨
  끗하게 가꿀 뿐 아니라, 알차거나 알뜰하게 돌보려는 생각·마음·숨
  결·뜻

- **푸른두레** : 집·숲·마을·나라·지구를 모두 깨끗하게 가꿀 뿐 아니라,
  알차거나 알뜰하게 돌보는 사람들이 모여서 이룬 자리

- **푸른살림** : 집·숲·마을·나라·지구를 모두 깨끗하게 가꿀 뿐 아니라,
  알차거나 알뜰하게 돌볼 줄 아는 살림

- **푸른삶** : 1. 기운이 넘치거나 맑으면서 고운 삶. 푸르게 가꾸려는 삶 2.
  집·숲·마을·나라·지구를 모두 깨끗하게 가꿀 뿐 아니라, 알차거나 알
  뜰하게 돌보면서 누리거나 나누는 삶

- **푸른고장** : 1. 풀이나 나무가 잘 자란 고장 2. 집·숲·마을·나라·지구를
  모두 깨끗하게 가꿀 뿐 아니라, 알차거나 알뜰하게 돌보는 고장

- **푸른나라** : 1. 풀이나 나무가 잘 자란 나라 2. 집·숲·마을·삶터·지구를
  모두 깨끗하게 가꿀 뿐 아니라, 알차거나 알뜰하게 돌보는 나라

- **푸른마을** : 1. 풀이나 나무가 잘 자란 마을 2. 집·숲·마을·나라·지구를
  모두 깨끗하게 가꿀 뿐 아니라, 알차거나 알뜰하게 돌보는 마을

- **푸른벗** : 집·숲·마을·나라·지구를 모두 깨끗하게 가꿀 뿐 아니라, 알
  차거나 알뜰하게 돌보는 사람이나 이웃

- **푸른숲** : 1. 풀이나 나무가 잘 자란 숲 2. 풀이나 나무가 잘 자라면서, 사
  람과 모든 숨결이 넉넉하고 기쁘게 삶을 누릴 수 있도록 가꾸거나 돌보
  는 숲

- **푸른집** : 1. 풀이나 나무가 잘 자란 집 2. 집·숲·마을·나라·지구를 모두
  깨끗하게 가꿀 뿐 아니라, 알차거나 알뜰하게 돌보는 집

- **숲길** : 1. 숲에 난 길이나 숲에 낸 길 2. 풀하고 나무가 베푸는 바람·냄새·기운을 누리면서 몸하고 마음을 달래거나 다스리는 길 3. 삶·넋·살림·꿈을 숲처럼 푸르게 가꾸려고 하는 길
- **숲벗** : 1. 숲에 사는 가까운 사이 2. 삶·넋·살림·꿈을 숲처럼 푸르게 가꾸려고 하는 사람이나 이웃
- **숲집** : 1. 숲에 있거나 숲에 지은 집 2. 삶·넋·살림·꿈을 숲처럼 푸르게 가꾸는 집
- **기쁨누리** : 누구나 기쁘게 지내는 터전. '행복한 세상'을 가리킨다
- **사랑누리** : 저마다 삶을 기쁘며 곱게 가꾸는, 노래하고 웃음이 흘러나와서 사랑으로 지내는 터전. '평화로운 세상'을 가리킨다
- **새누리** : 해묵거나 낡은 허물을 벗듯이 삶과 살림을 새롭게 가꾸거나 지어서 환하거나 눈부시도록 서로 즐거우며 알뜰한 터전. '신세계'를 가리킨다
- **온누리** : 1. 한 나라를 이루는 마을·고을·고장을 아우르는 터전을 가리키는 이름 2. 지구를 이루는 모든 나라·숲·바다·멧골을 아우르는 터전을 가리키는 이름 3. 해·지구·달을 비롯한 모든 별을 아우르는 터전을 가리키는 이름 (이른바 '우주'를 가리킨다)
- **참누리** : 속이거나 따돌리거나 억누르거나 싸우는 짓이 없이 서로 돕고 아끼고 돌보면서 어깨동무할 수 있는 터전. 이른바 거짓이 아닌 참으로 가꾸는 터전. '정의로운 세상'을 가리킨다
- **튼튼누리** : 아프거나 힘들거나 괴로운 일이 없이 누구나 튼튼하게 지내는 터전. '건강한 세상'을 가리킨다
- **푸른누리** : 1. 풀하고 나무가 넉넉하면서 시원스럽고 알맞게 자라서 사람과 모든 숨결이 깨끗하면서 즐겁게 지낼 수 있는 아름다운 터전 ('숲'

이라는 낱말이 따로 있으나, 숲이 어떠한 터전인가를 빗대려는 뜻으로 쓰는 이름이다) 2. 숲처럼 풀고 나무가 우거지면서 사람과 모든 숨결이 깨끗하면서 즐겁게 삶을 누릴 수 있는 터전 (시골이나 서울을 가리지 않고 쓰는 이름이다. 어느 터전을 깨끗하면서 숲정이로 푸르게 가꾸어 살기 좋다는 뜻으로 쓴다) 3. 깨끗하면서 즐거운 누리판이나 누리그물

- **하늘누리** : 하늘과 같은 누리. 누구나 홀가분하고, 누구나 즐겁거나 기쁘며, 누구나 사랑스럽거나 아름답게 살고, 늘 어깨동무에 보살피는 손길이 흐르는 터전. '천국·유토피아·낙원'을 가리킨다

- **한누리** : 널리 어깨동무를 하면서 언제나 두루 어우러지는 터전. 울타리가 없고, 따돌림이 없고, 위아래가 없고, 갈라지거나 등돌리는 일이 없고, 돈·힘·이름으로 함부로 괴롭히거나 들볶는 일이 없는 터전. '통일된 세상·평등한 세상'을 가리킨다

푸짐맛

어릴 적에 '산해진미(山海珍味)'라는 말을 못 알아들었습니다. 이제는 뜻을 압니다만, 어른이 된 저는 이 말을 알아도 요새 어린이는 못 알아듣겠지요. 사전을 들추면 '산진해미·산진해착·산진해찬·수륙진미·수륙진찬·해륙진미' 같은 비슷한말을 잔뜩 싣는데 이런 한자말을 쓸 사람이 얼마나 될는지 아리송해요. 온갖 밥을 잔뜩 차렸다면 흔히 '잔치밥'이라 했습니다. 잔치를 열

면 온갖 밥을 잔뜩 차리니 온갖 맛을 볼 수 있어요. 잔치가 아니어도 밥을 잔뜩 차리면 '푸짐하다'고 했습니다. 그래서 '푸짐밥' 같은 말을 떠올릴 수 있지요. 잔뜩 차리기에 푸짐밥이면, 여러 가지가 고루 있으면 '갖은밥'이나 '고루밥', 이것저것 많다면 '온갖밥'이라 하면 알아듣기 쉬울까 하고 생각해 봅니다.

- **잔치맛** : 기쁘거나 좋은 일이 있어서 먹을거리를 넉넉히 차려서 여러 사람이 모여 누리는 맛
- **잔치밥(잔칫밥)** : 잔치로 누리는 밥. 넉넉히 마련하고 여러 사람이 모여서 누리는 밥. 기쁘거나 좋은 일이 있어서 먹을거리를 넉넉히 차려서 여러 사람이 모여 누리는 밥
- **푸짐맛** : 푸짐하게 누리는 맛. 잔뜩 차려서 아주 넉넉히 누릴 수 있는 맛
- **푸짐밥** : 푸짐하게 차린 밥. 잔뜩 차려서 아주 넉넉히 누릴 수 있는 밥
- **온갖맛** : 이곳저곳에서 나는 먹을거리를 많이 차리거나 내놓기에 누리는 다 다르면서 아주 많은 맛
- **온갖밥** : 이곳저곳에서 나는 먹을거리를 많이 차리거나 내놓기에 누리는 다 다르면서 아주 많은 밥
- **갖은맛** : 이곳저곳에서 나는 먹을거리를 골고루 내놓기에 누리는 여러 가지 맛
- **갖은밥** : 이곳저곳에서 나는 먹을거리를 골고루 내놓기에 누리는 여러 가지 밥

새로 쓰는 **우리말 꾸러미** 사전

풀그림

1994년에 '풀그림'이라는 낱말을 처음 들었어요. 이해에 대학교에 들어가서 다섯 학기를 다니고 그만두었는데, 대학교에서는 '손으로 쓴 보고서'는 베끼기 쉬우니 셈틀로 치고 종이로 찍어서 내라고 했습니다. 요즘 눈으로 보면 웃깁니다. 셈틀로 치고 종이에 찍으면 베끼기 더 쉽잖아요. 더욱이 이때에는 셈틀이 없는 사람이 무척 많기도 했어요. 아래한글·이야기·새롬 같은 풀그림을 쓰면서 '풀그림'을 비롯한 셈틀말을 하나하나 새로 헤아려서 지은 젊은 일꾼 마음이 갸륵하며 아름답다고 느꼈어요. 한국사람한테 낯설 셈틀을 누구나 쉽게 다루기를 바라며 쉬운 말씨로 풀어내려 했거든요. 오늘날 솜씨꾼이나 글꾼이나 벼슬꾼은 어떤 마음으로 말을 바라볼는지요? 삶으로 사랑으로 노래로 풀어내는 말이 그립습니다.

- 그림 : 1. 연필·붓·크레파스 들을 써서 어떤 모습을 눈으로 보도록 나타낸 것 2. 마음·뜻·모습·이야기·삶 들을 머리로 알아보도록 나타낸 것 3. 보기 좋은 모습 4. 미리 생각해 보는, 앞으로 하거나·이루거나·가거나·누리거나·맞이하려는 일 (계획·설계·구상·플랜) 5. 눈으로 보면서 쉽게 알도록 풀어내는 일을 나타내는 말
- 풀그림 : 1. 셈틀을 다루는 틀이나 얼개. '프로그램'을 가리킨다 2. 어떤 일을 하도록 짠 틀이나 얼개를 한눈에 알아보도록 펼친 그림. 한눈에 알아보도록 짜서 펼친 그림. '프로그램·프로·계획·계획표·일정·일정표'

를 가리킨다

- **놀이그림** : 어떤 놀이를 어떻게 어느 만큼 하거나 이루거나 맞이하려는 가를 눈으로 보면서 쉽게 알도록 풀어낸 것

- **달그림** : 한 달을 지내거나 살거나 보내면서, 이동안 무엇을 하거나 이루거나 맞이하려는가를 눈으로 보면서 쉽게 알도록 풀어낸 것. '월간 계획·월간 일정표'를 가리킨다

- **배움그림** : 어떻게 무엇을 어느 만큼 배우려 하는가를 눈으로 보면서 쉽게 알도록 풀어낸 것. '교육 과정·교육 계획'을 가리킨다

- **판그림** : 판을 어떻게 벌이거나 펼치거나 이루거나 할는지를 알아보기 좋도록 엮거나 짓거나 짠 것

- **하루그림** : 하루를 지내거나 살거나 보내면서, 이동안 무엇을 하거나 이루거나 맞이하려는가를 눈으로 보면서 쉽게 알도록 풀어낸 것. '일일계획표'를 가리킨다

- **해그림** : 한 해를 지내거나 살거나 보내면서, 이동안 무엇을 하거나 이루거나 맞이하려는가를 눈으로 보면서 쉽게 알도록 풀어낸 것. '연간 계획·연간 일정표'를 가리킨다

풀무침

어머니는 '샐러드'라는 먹을거리를 처음 마주하면서 "뭐야. 그냥 풀을 무쳤잖아." 하고 한 마디 했습니다. 이러고서 며칠 뒤 우

리 집 밥상에 '샐러드'가 놓였고, "자, 이건 쉬우니까 너희들이 좀 해봐." 하면서 형하고 저한테 '풀을 무쳐서 곁밥으로 차리기'를 맡겼습니다. 때로는 동글배추를 채썰어서 섞고, 때로는 능금이며 귤이나 삶은달걀이며 알맞게 썰어서 섞고, 말린포도나 땅콩이나 당근이나 삶은감자도 섞었습니다. '무침'은 양념을 한 곁밥입니다. 양념을 해서 풀을 무쳤으면 '풀무침', 양념을 해서 나물을 무쳤으면 '나물무침'이에요. '콩나물무침·시금치무침·떡무침·톳무침'을 할 만해요. 양념을 안 하고 섞으면 '버무리'입니다. '풀버무리'도 '나물버무리'도 즐길 만해요.

- **풀무침** : 양념을 하고서 풀을 고루 섞은 먹을거리. '샐러드'를 가리킨다
- **풀버무리** : 양념을 안 하고서 풀을 고루 섞은 먹을거리. '샐러드'를 가리킨다
- **과일무침** : 양념을 하고서 과일을 고루 섞은 먹을거리
- **과일버무리** : 양념을 안 하고서 과일을 고루 섞은 먹을거리
- **나물무침** : 양념을 하고서 나물을 고루 섞은 먹을거리
- **나물버무리** : 양념을 안 하고서 나물을 고루 섞은 먹을거리

풀물

큰아이가 태어나서 자랄 적에, 또 작은아이가 새로 태어나서 자랄 적에, 으레 풀줄기하고 풀뿌리를 녹즙기로 갈아서 물을 마셨습니다. 한겨울을 빼고는 뒤꼍이나 마당에서 온갖 풀을 훑어서물을 짜요. 처음에는 '녹즙기'를 쓰니 '녹즙(綠汁)'이라고 했다가어느 날 돌아보니 '녹즙＝푸른 물'일 뿐이에요. 손수 짜서 마시니 알겠더군요. 더구나 풀을 짜서 얻는 물이니 '풀물'이네요. 이때에 '과즙(果汁)'도 마찬가지로구나 하고 깨달았어요. 과일을짜면 '과일물'이군요. 이다음으로는 풀을 먹는 밥을 떠올렸어요. 풀을 먹으니 '채식'보다는 '풀밥'을 먹는다 하면 되고, 고기를 먹으니 '육식'보다는 '고기밥'을 먹는다 하면 되어요. 풀에서얻은 기름으로 자동차를 굴리면 '풀기름'을 얻어서 쓰는 셈일테고요.

- **거름기름** : 똥이나 오줌이나 밥찌꺼기에서 나오는 기운을 바탕으로 얻어서 쓰는 기름. '바이오 연료'를 가리킨다
- **고기밥** : 1. 물고기가 먹도록 주는 밥 2. 물고기를 낚으려고 낚시 끝에 꿰는 먹이 (미끼) 3. 고기(물고기나 뭍고기)를 차린 밥. 고기를 차려서 누리는 밥. '육식'을 가리킨다
- **과일물** : 1. 과일에서 나오는, 또는 과일에 있는 물 2. 과일을 짠 물. 과일을 짜서 누리는 마실거리. '과즙·과실즙·과일음료·주스'를 가리킨다
- **열매물** : 1. 열매에서 나오는, 또는 열매에 있는 물 2. 열매를 짠 물. 열매

를 짜서 누리는 마실거리

- **온풀밥** : 오롯이 풀을 차린 밥. 오직 풀만 누리는 밥. '비건(vegan)'을 가리킨다
- **풀기름** : 풀줄기나 풀열매나 풀포기로 얻은 기름. 사람이 먹으려고 쓰기도 하지만, 자동차 같은 기계를 움직일 적에 쓰기도 한다. 기계를 움직이며 쓸 적에는 '바이오 연료'를 가리킨다
- **풀물** : 1. 풀에서 나오는, 또는 풀에 있는 푸른 빛깔인 물 2. 풀을 짠 물. 풀을 짜서 누리는 마실거리. '녹즙'을 가리킨다
- **풀밥** : 풀을 차린 밥. 풀을 차려서 누리는 밥. '채식'을 가리킨다
- **풀살림** : 밥을 지어서 먹을 적에 풀을 바탕으로 꾸리는 살림
- **풋기름** : 풀에서 얻는 기름인 '풀기름'하고, 거름으로 얻는 기름인 '거름기름'을 아우르는 이름. 이 땅이나 별을 푸릇푸릇하게 돌볼 만한 기름이라는 뜻에서 '풋-'을 붙인다

한뎃밤

열한 살이었지 싶은데, 국민학교에서 밤을 누린 적이 있어요. 그때에 학교 너른터에 천막을 치고서 잠들었는데, 1985년 무렵 인천은 밤이 되면 캄캄했어요. 불빛 없는 너른터에 누워 하늘바라기를 하니 별이 어찌나 반짝이던지요. 시골만 못하더라도 매우 고운 밤빛이 좋았어요. 강원도 양구 멧골짝에서 군대살이를

했는데, 훈련을 가면 으레 밖에서 자리를 깔고 잡니다. 어느 날은 중대장이 길을 잃고 헤매다가 밤 열두 시를 넘기자 그냥 길바닥에 자리를 펴고 눕기로 했어요. 새벽에 일어나니 모두 서리를 맞아 온몸이 굳었지만 한밤에 별바라기를 하며 마치 코앞에 별무리가 쏟아지는 줄 알았습니다. 하늘을 가린 지붕에 둘레를 막은 집이 있어 아늑하게 밤을 누리는 만큼, 별빛하고 별내음하고 별노래하고는 살짝 멀어지는구나 싶어요.

- **한데** : 둘레나 하늘을 가리거나 막지 않은 데. 집 바깥을 가리킨다
- **길밤** : 길에서 묵거나 맞이하는 밤. '야영'을 가리킨다
- **길잠** : 길에서 누리거나 드는 잠. '야영·노숙·비박(bivouac)'을 가리킨다
- **들밤** : 들에서 묵거나 머무는 밤. '야영'을 가리킨다
- **들잠** : 들에서 누리거나 드는 잠. '야영·노숙·비박(bivouac)'을 가리킨다
- **바깥잠** : 집 바깥에서 누리거나 드는 잠. '야영·노숙·비박(bivouac)'을 가리킨다
- **한뎃밤** : 둘레나 하늘을 가리거나 막지 않은 데에서 맞이하는 밤
- **한뎃잠** : 둘레나 하늘을 가리거나 막지 않은 데에서 누리거나 드는 잠. '야영·노숙·비박(bivouac)'을 가리킨다
- **낮빛** : 낮을 느낄 수 있는, 낮을 느끼게 하는 빛·모습·느낌
- **밤빛** : 1. 밤을 느낄 수 있는, 밤을 느끼게 하는 빛·모습·느낌 2. 밤알(밤나무 열매)이 잘 익었을 적에 겉껍질에 도는 빛·빛깔. 거무스름한 흙빛이다
- **별바라기** : 1. 가만히 별을 보는(쳐다보거나 바라보거나 올려다보는) 일 2. 별에 대고 꿈이나 바람을 속삭이거나 말하는 일

- **하늘바라기** : 1. 빗물로 벼를 심어 가꾸는 논 2. 가만히 하늘을 보는(쳐다보거나 바라보거나 올려다보는) 일 3. 하늘에 대고 꿈이나 바람을 속삭이거나 말하는 일

한접시

아홉 살 무렵이지 싶은데, '종합선물세트'를 처음 보았어요. 설이나 한가위에 찾아오는 작은아버지가 이 이름이 붙은 과자꾸러미를 사오셨어요. 여느 때에는 구경할 수 없는 덩어리인데, 이 과자꾸러미를 야금야금 누리면서도 '세트'가 뭔지 몰랐습니다만 '꾸러미'인 줄은 알았어요. 햄버거집을 1990년 무렵에 처음 보았을 텐데, 그곳에 있는 '세트 메뉴'란 이름이 매우 낯설었어요. 뭔가 꾸러미로 준다는 뜻이라고만 어림했습니다. 이제 와 돌아보면 '세트·세트 메뉴'는 일본을 거쳐 들어온 이름이지 싶어요. 우리는 새롭게 '꾸러미'나 '모둠' 같은 이름을, 또 '한접시'나 '한판' 같은 이름을 붙이면 어떨까요? '새우버거 꾸러미'나 '어린이 한접시'나 '불고기버거 모둠'이나 "한판으로 먹을게요." 처럼 말이지요.

- **한접시** : 하나로 모으거나 꾸린 접시. 접시 하나로 모으거나 꾸려서 누리거나 즐길 수 있는 것·먹을 수 있는 밥. '세트·세트 메뉴'를 가리킨다

ㅎ

- **한판** : 하나로 모으거나 꾸린 판. 판 하나로 모으거나 꾸려서 누리거나 즐길 수 있는 것·먹을 수 있는 밥. '세트·세트 메뉴'를 가리킨다

- **꾸러미** : 1. 하나로 꾸려 놓은 것. 흩어지거나 떨어지지 않도록 하나로 모은 것 2. 여럿으로 되거나 있는 이야기·줄거리를 하나로 모은 것 3. 여러 가지를 한꺼번에 누리도록 꾸려 놓은 것 4. 하나로 꾸려 놓은 것을 세는 이름 5. 달걀 열 알을 하나로 모아 세는 이름

- **모둠** : 1. 모임을 작게 따로 가르는 자리 (학교에서 흔히 쓴다) 2. 작게 갈라서 모은 것 3. 여러 가지를 한꺼번에 누리도록 모은 것. '세트·세트 메뉴'를 가리킨다 4. 작게 따로 가른 자리·작게 갈라서 모은 것을 세는 이름

함박구이

어릴 적에는 바깥에서 밥을 사먹는 일이 드물었어요. 한 달에 한 끼니쯤 바깥밥을 먹을 둥 말 둥 했는데, 이때에 경양식집이란 데에서 '함박스테이크'라는 이름인 밥을 먹은 적 있어요. 그때에는 '함박눈·함박꽃·함박웃음'을 가리키는 커다랗거나 푸짐한 고기를 가리키는 줄 알았는데, 어른이 되고서 돌아보니 이런 뜻이 아니더군요. 일본말 'ハンバーグステーキ'였어요. 영어 'hamburg steak'에서 '햄버그'를 일본사람이 '함바꾸'라 읽었고, 이를 '함박'으로 적었을 뿐이라니, 참 놀랐습니다. 그런데 다시

새로 쓰는 **우리말 꾸러미** 사전

생각하면, 우리는 '함박-'이라는 이름으로 새 먹을거리를 누린다고 여길 만해요. 고기를 다지고 양념해서 '함박스럽게' 마련했으니 '함박고기'요, 이 함박고기를 구웠으니 '함박구이'나 '함박떡갈비'예요.

- **함박-** : 크거나 잔뜩, 크거나 소담스럽게, 굵거나 대단하게 있는 모습을 나타내려고 붙이는 말
- **함박스럽다** : 크거나 잔뜩, 크거나 소담스럽게, 넉넉하거나 푸짐하게, 굵거나 대단하게 있다
- **함박갈비** : 갈빗살을 넉넉하거나 소담스럽게 다지고 양념해서 동글납작하게 뭉쳐서 굽는 먹을거리. 마치 떡처럼, 또 함박스럽게 다지고 양념해서 굽는 모습을 나타낸다
- **함박떡갈비** : 갈빗살을 넉넉하거나 소담스럽게 다지고 양념해서 동글납작하게 뭉쳐서 굽는 먹을거리. 마치 떡처럼, 또 함박스럽게 다지고 양념해서 굽는 모습을 나타낸다
- **함박구이** : 고기를 넉넉하거나 소담스럽게 굽는 먹을거리
- **함박밥** : 넉넉하거나 소담스럽게 짓거나 차리는 밥. 넉넉하거나 소담스럽게 누리는 밥
- **함박맛** : 넉넉하거나 소담스러운 맛. 넉넉하거나 소담스럽게 짓거나 나누거나 풍기는 맛

ㅎ

함박비

날씨를 알리는 방송에서 '물폭탄'이란 말을 함부로 쓰기에 소스라쳤어요. 어떻게 비를 '폭탄'에 빗대어 쓸 수 있을까요? 예전에는 수수하게 '큰비'라고만 했는데, 소나기처럼 드문드문 많이 쏟아지는 비를 '게릴라성 호우'라 하지 않나, 이제는 '물폭탄'이라니, 어른들이 쓰는 말이 무시무시하더군요. 아이들은 이런 무시무시한 말에 물들면서 어느새 거친 말을 쓰지는 않을까요? 1950년대 어느 시를 읽다가 '주먹비'란 낱말을 보았습니다. 마치 주먹으로 때리듯이 쏟아지는 비를 나타냈더군요. 그런데 이 말도 때리는 몸짓이라 반갑지 않아요. 이러다 '함박눈'이란 말이 떠올랐고, 옳거니 하고 무릎을 쳤습니다. 눈처럼 비도 함박꽃 같은 '함박비'라 하면 꼭 들어맞는구나 싶어요.

- **함박웃음** : 크고 환하게 짓는 웃음
- **함박눈물** : 크고 슬프게 짓는 눈물
- **함박눈** : 굵고 소담스럽게 내리는 눈
- **함박비** : 굵고 소담스럽게 내리는 비, 또는 굵게 잔뜩 쏟아지는 비
- **함박돈** : 크거나 잔뜩 있는 돈, 또는 크거나 잔뜩 들어오는 돈
- **함박빚** : 크거나 잔뜩 진 빚, 또는 크거나 잔뜩 생기는 빚
- **함박손** : 크거나 소담스럽게 쓰는 손, 또는 크거나 넉넉하게 나누는 손

향긋풀

2004년에 권정생 어른을 만나던 날, 어른이 사는 마당에 자라는 박하를 어른이 손수 훑어서 건네주며 한 마디 하셨습니다. "요새 사람들이 허브다 뭐다 하는데, 허브가 달리 있는 풀이 아니야. 우리 땅에서 자라는 모든 풀도 다 허브야. 영어로 허브라 해야 뭔가 달라 보이는 줄 알지만, 이 박하도 얼마나 향긋한 허브야? 그냥 다 풀이지." 시골에서 살며 온갖 풀을 늘 곁에서 마주하며 문득 그때 말씀을 떠올립니다. 참말 그래요. 영어를 쓰는 곳에서는 고운 풀잎을 따로 '허브(herb)'라 할 테고, 우리는 '풀' 한 마디로 모든 이야기를 펼 만해요. 더 생각하면, '향긋하다'를 붙여 '향긋풀'처럼 새 이름을 지어도 좋아요. 몸을 살리니 그대로 '살림풀·몸살이풀'이라고, 숨을 살리기에 '숨풀·숨살이풀'이라 해도 어울립니다.

- 풀 : 1. 줄기가 부드럽고 물을 많이 머금으면서 푸른 빛깔인 몸으로 흙에 뿌리를 내려 한두 해나 짧게 여러 해만 사는데, 꽃을 피워서 열매를 맺거나 씨를 떨구면 곧 시드는 목숨 2. 몸을 살리거나 따뜻하게 하거나 고운 냄새를 풍기거나 밥에 곁들이거나 약으로 삼으려고 쓰는 잎
- 향긋풀 : 고운 냄새를 풍기고, 몸을 살리거나 따뜻하게 하거나 밥에 곁들이거나 약에 쓰는 풀. '허브·약초'를 가리킨다
- 살림풀 : 몸을 살리거나 따뜻하게 하는 풀. '약초·허브'를 가리킨다
- 몸살이풀 : 몸을 살리거나 따뜻하게 하는 풀. '약초·허브'를 가리킨다

ㅎ

- **숨풀** : 숨을 살리거나 따뜻하게 하는 풀. '약초·허브'를 가리킨다
- **숨살이풀** : 숨을 살리거나 따뜻하게 하는 풀. '약초·허브'를 가리킨다

혼멋

다른 눈치를 안 보는 사람이 있어요. 이때에 둘레에서는 으레 두 갈래로 이야기합니다. 첫째, "제멋에 겹구나." 둘째, "혼자 노네." 제멋에 겨워 즐거운 사람이든 혼자 놀며 신나는 사람이든, 이런 사람을 두고 요즈음은 '마이 페이스'라고도 합니다. 영어사전을 보면 'my pace'는 없습니다. 일본말사전에는 'マイペース'라고 나와요. 그냥 영어라기보다 일본을 거쳐 한국에 퍼진 말씨라고 할 만해요. 곰곰이 보면 "내 길을 간다"예요. "혼자 즐긴다"이면서 "혼자 달린다"이고, "제멋대로 한다"이면서 "제멋을 찾는다"예요. 저 스스로 느끼는 멋을 찾는 이 몸짓이란, 혼자 노는 '혼놀이'나 홀로 씩씩한 '혼길'일 텐데, '혼멋'이라는 새말로 나타내 보아도 어울리겠구나 싶습니다.

- **혼멋** : 혼자 느끼고 생각하고 찾고 누리고 펴고 가꾸고 나아가는 멋. 다른 사람 눈치를 따지거나 살피거나 바라보지 않는다
- **혼놀이** : 혼자 하거나 즐기는 놀이. 다른 사람이 없이도 혼자 즐겁거나 재미있거나 넉넉하거나 느긋하게 하는 놀이

새로 쓰는 **우리말 꾸러미** 사전

- **혼길** : 혼자 느끼고 생각하고 찾고 누리고 펴고 가꾸고 나아가는 길. 다른 길을 따지거나 살피거나 바라보지 않는다

- **제멋** : 제가 저를 느끼고 생각하고 찾고 누리고 펴고 가꾸고 나아가는 멋. 다른 사람 눈치를 따지거나 살피거나 바라보지 않는다

- **내멋** : 내가 나를 느끼고 생각하고 찾고 누리고 펴고 가꾸고 나아가는 멋. 다른 사람 눈치를 따지거나 살피거나 바라보지 않는다

- **남멋** : 남, 그러니까 다른 사람이 그 사람 스스로 느끼고 생각하고 찾고 누리고 펴고 가꾸고 나아가는 멋

- **제놀이** : 저 스스로 하거나 즐기는 놀이. 저 스스로 즐길 뿐, 다른 사람이 없이도 저 스스로 즐겁거나 재미있거나 넉넉하거나 느긋하게 하는 놀이

- **제길** : 저 스스로 느끼고 생각하고 찾고 누리고 펴고 가꾸고 나아가는 길. 저 스스로 나아갈 뿐, 다른 길을 따지거나 살피거나 바라보지 않는다

※ 사전 올림말로 삼지 않아도 넉넉히 나눌 만한 말마디 : 내 길을 가다, 내 갈 길을 가다, 혼자 즐기다, 혼자 달리다, 혼자 놀다, 혼자 보다, 혼자 생각하다, 제멋에 겹다, 제멋에 빠지다, 제길만 가다, 제길만 보다, 제멋대로 하다, 제멋을 찾다

훔쳐보다

어릴 적에 짝꿍이 제 것을 넘겨다보려 하면 "보지 마!" 하기도
했지만, "훔쳐보지 마!" 하면서도 가립니다. 글을 쓰든 그림을
그리든 누구한테 띄울 글월을 적든, 아직 마무리를 하지 않았는
데 먼저 들여다보려 하면 마치 '훔쳐'서 본다고 느꼈어요. 남몰
래 들여다보기에 '훔쳐보기'입니다. 남한테 묻지 않고서 보니까
그 사람 것을 훔치는 짓하고 똑같다고 여겨요. 남이 모르도록
보니까 '몰래' 보는 셈인데, 훔쳐서 보든 몰래 숨어서 보든, 모두
그 사람한테는 거북하거나 싫거나 성가시기 마련이에요. 사람
을 위아래로 마구 훑는 사람은 마치 '벗겨'서 보는구나 싶어 소
름이 돋습니다. 서로 따스이 볼 수 있을 텐데요. 서로 아끼면서
바라보면 좋을 텐데요. 얼굴도 속마음도 살림도 솜씨도 섣불리
넘보지 않으면 좋겠어요.

- **훔치다** : 1. 내 것이 아닌데, 다른 사람 눈에 안 띄게·느끼지 못하는 사이
에 가져와서 내 것으로 하다 2. 다른 사람이 일구거나 짓거나 얻거나 알
아내거나 찾아낸 일·솜씨·틀·뜻·길·실마리를 그 사람한테 말을 안 하
거나 그 사람이 모르는 사이에 가져오거나 그대로 따오면서, 마치 내가
일구거나 짓거나 얻거나 알아내거나 찾아낸 듯 삼거나 다루거나 쓰다
3. 야구에서, 수비에 있는 빈틈을 타서 다음 자리로 나아가다
- **몰래보다** : 1. 다른 사람이 일구거나 얻거나 알아내거나 찾아낸 것을 그
사람이 헤아리거나 느끼지 못하는 사이에 가볍게·조용히 보다. '부정행

위·커닝'을 가리킨다 2. 다른 사람 몸·몸짓을 그 사람이 헤아리거나 느끼지 못하는 사이에 함부로 보다. '관음증'을 가리킨다

- **벗겨보다** : 1. 겉을 싸거나 두르거나 씌우거나 입힌 것이 겉에 없도록 하면서 보다 2. 겉으로 보이는 모습·이야기·말·글·얼개·몸짓에 드러나지 않는 모습·마음·뜻을 바깥으로 드러나도록 하다 (속모습·속마음·속뜻을 누구나 알아볼 수 있도록 겉에 덮거나 씌우거나 가린 것을 치우거나 없애다)

- **훔쳐보다** : 1. 내가 일구거나 짓거나 알아내거나 찾아낸 것이 아닌데, 다른 사람 눈에 안 띄게·느끼지 못하는 사이에 보면서 마치 내 것인 듯 삼거나 다루려고 보다. '부정행위·커닝'을 가리킨다 2. 다른 사람 몸·몸짓을 그 사람한테 말을 안 하거나 그 사람이 모르는 사이에 함부로 보다. '관음증'을 가리킨다

- **몰래눈** : 1. 다른 사람이 일구거나 얻거나 알아내거나 찾아낸 것을 그 사람이 헤아리거나 느끼지 못하는 사이에 가볍게·조용히 보는 눈 2. 다른 사람 몸·몸짓을 그 사람이 헤아리거나 느끼지 못하는 사이에 함부로 보는 눈

- **벗김눈** : 1. 겉을 싸거나 두르거나 씌우거나 입힌 것이 겉에 없도록 하면서 보는 눈 2. 겉으로 보이는 모습·이야기·말·글·얼개·몸짓에 드러나지 않는 모습·마음·뜻을 바깥으로 드러나도록 하는 눈 (속모습·속마음·속뜻을 누구나 알아볼 수 있도록 겉에 덮거나 씌우거나 가린 것을 치우거나 없애는 눈)

- **벗김질** : 1. 겉을 싸거나 두르거나 씌우거나 입힌 것이 겉에 없도록 하는 일 2. 겉으로 보이는 모습·이야기·말·글·얼개·몸짓에 드러나지 않는 모습·마음·뜻을 바깥으로 드러나도록 하는 일 (속모습·속마음·속뜻

ㅎ

을 누구나 알아볼 수 있도록 겉에 덮거나 씌우거나 가린 것을 치우거나 없애는 일)

- **훔침눈** : 1. 내가 일구거나 짓거나 알아내거나 찾아낸 것이 아닌데, 다른 사람 눈에 안 띄게·느끼지 못하는 사이에 보면서 마치 내 것인 듯 삼거나 다루려고 보는 눈 2. 다른 사람 몸·몸짓을 그 사람한테 말을 안 하거나 그 사람이 모르는 사이에 함부로 보는 눈

- **훔침질** : 1. 내가 일구거나 짓거나 알아내거나 찾아낸 것이 아닌데, 다른 사람 눈에 안 띄게·느끼지 못하는 사이에 보면서 마치 내 것인 듯 삼거나 다루려고 자꾸 보는 일 2. 다른 사람 몸·몸짓을 그 사람한테 말을 안 하거나 그 사람이 모르는 사이에 함부로 자꾸 보는 일

흉질

뒤에서 남을 말하는 사람은 여러모로 보기 싫습니다. 누가 저를 뒤에서 손가락질을 하거나 흉을 보아도 싫지만, 저 아닌 이웃이나 동무를 나쁘게 이야기해도 싫습니다. 잘잘못을 따지다 보면 저절로 '흉질'이나 '흉보기'가 될는지 몰라요. 이때에는 얼른 멈추고 마음을 다스려야지 싶습니다. 남을 '까대는' 짓이란, 그 남이 아닌 바로 우리 스스로 까대는 짓이 되거든요. 이런 '흉질·흉보기·손가락질·삿대질·뒷말·까대기'를 놓고 어느 무렵부터 '디스(diss·disrespect 또는 this)'라는 영어를 으레 씁니다. '디스'는

앞에서 하는 말이나 짓이니 '흉질·손가락질·삿대질'로 품어 주면 좋으리라 생각해요. "이것 좀 봐!"나 "이놈 좀 봐!"라고도 하니 '이것질·이놈질'로 품어도 재미있습니다.

- **흉(흉터)** : 1. 다친 곳. 또는 다쳐서 아물고 남은 자국 2. 남한테서 비웃음을 살 만한 일
- **흉질** : 남한테서 비웃음을 살 만한 일을 들어서 말하기. '뒷담화·뒷공론·디스(diss 또는 this)'를 가리킨다
- **뒷말(뒷소리)** : 1. 이어지는 말에서 뒤쪽 2. 어떤 일이 있고서 생기거나 흐르거나 나오는 말 3. 뒤에서·몰래·그 사람이 없는 자리에서·떳떳이 나서지 않으면서, 어떤 일이나 사람을 두고서 늘어놓거나 쓸데없이 이러니저러니 하는 온갖 말
- **뒷이야기(뒷얘기)** : 1. 이어지는 이야기에서 뒤쪽 2. 어떤 일이 있고서 생기거나 흐르거나 나오는 이야기 3. 뒤에서·몰래·그 사람이 없는 자리에서·떳떳이 나서지 않으면서, 어떤 일이나 사람을 두고서 늘어놓거나 쓸데없이 이러니저러니 하는 온갖 이야기
- **흉보다(흉보기)** : 남한테서 비웃음을 살 만한 일을 들어서 말하다
- **까대다(까대기)** : 잘잘못을 제대로 살피지 않고 자꾸 밀어붙이면서 매우 나무라다
- **손가락질** : 1. 손가락으로 가리키기 2. 남한테서 비웃음을 살 만한 일이나 모자라다고 여기는 모습을 들어서 나쁘게·낮추어 말하기
- **삿대질** : 1. 삿대로 배를 밀어서 가는 일 2. 말로 다투면서 손가락이나 주먹을 마치 삿대처럼 휘두르거나 내지르는 짓
- **이것질** : 앞에서 누구를 밀어붙이면서 깎아내리거나 나쁘게 하는 말이

ㅎ

나 짓

- **이놈질** : 앞에서 누구를 마구 밀어붙이면서 크게 깎아내리거나 나쁘게
하는 말이나 짓

새로 쓰는 **우리말 꾸러미** 사전

진도군청에서 벼슬아치로 일하면서 시를 쓰는 아재가 한 분 있습니다. 이른바 '시를 쓰는 공무원'인데, 시를 쓸 줄 아는 마음으로 일하는 이웃님은 참으로 아름답구나 싶습니다. 문득 돌아보면, 저는 '동시를 쓰는 사전지음이'입니다. '동시를 쓰며 아이들을 돌보며 살림짓기를 같이 배우는 어버이'이기도 해요. 이 땅에 '동시 쓰는 군수'나 '시 쓰는 대통령'이나 '동시 쓰는 튀김닭집 일꾼'이 있으면 무척 사랑스럽겠다고도 생각해요. 아무튼 진도군청에 계신 이웃님하고 말을 섞는데, 이분 입에서 '이른나락·늦은나락'이라는 두 마디가 문득 흘러나왔습니다. 예전에는 다들 나락을 두벌 심었다고 이야기하시더군요.

시를 쓰는 공무원 아재는 우리말 사랑이란 마음으로 두 마디를 읊지 않았습니다. 진도에서 나고 자란 사람으로서 진도 텃사람이라면 누구나 으레 쓰던 오랜말을 불현듯 들려주었을 뿐입니다.

'이른-·늦은-'을 붙이면 새롭고 재미나게 온갖 말을 지을 만하겠다고 느꼈어요. 이른봄하고 늦은봄이 있어요. 이른비하고 늦은비를 떠올릴 수 있어요. 이른님하고 늦은님을 헤아릴 만합니다. 일찍부터 어떤 일을 눈여겨보며 하는 '이른님' 곁에 어떤 일을 느즈막하게 익혀서 찬찬히 하는 '늦은님'이 있지요. '늦깎이'란 낱말이 따로 있습니다만, 새말 하나를 곁에 살포시 놓으며 말살림을 북돋울 만하다고 여겨요. '늦은님'을 줄여 '늦님'이라 해도 좋아요. 이른바 '노땅' 같은 말보다는 '늦님'이, 또는 '늦벗'이 우리 마음과 삶을 가꾸는 밑거름 같은 말 한 마디가 되리라 봅니다.

날마다 배웁니다. 늘 배웁니다. 어디에서나 배웁니다. 배움길을 같이 거닐면서 활짝 웃으면 좋겠어요. 활짝 웃고 같이 배우다가 살며시 두 팔을 벌려 하늘을 바라보다가 가볍게 뛰어올라 훨훨 날아서 다 함께 무지개를 타며 온누리를 실컷 누벼도 좋겠어요. 고맙습니다.

덤 1 이런 말은 새롭게 가다듬으며 노래하다 (804 낱말)

- 가능하다 → 되다. 하다. 할 수 있다. 할 만하다. 해내다
- 가방 → 등짐
- 가을여행 → 가을마실
- 가정식 백반 → 집밥
- 가정주부 → 살림꾼. 살림님. 살림지기. 살뜰님. 알뜰님
- 각지 → 곳곳. 여러 곳
- 간단히 → 짤막히. 가볍게. 쉽게. 수월히. 거뜬히. 짧게
- 간식 → 샛밥. 새참. 곁두리
- 갈구하다 → 바라다. 찾다
- 감사하다 → 고맙다
- 감자탕 → 감자찌개. 등뼈찌개. 등뼈찜
- 갑질 → 웃질. 막질. 잘난질
- 강구하다 → 찾다. 헤아리다. 살피다. 손쓰다
- 강요 → 억지. 어거지. 밀어붙이기
- 개고 → 다시쓰다. 고쳐쓰다
- 개작 → 다시쓰다. 고쳐쓰다
- 개척 → 첫걸음. 처음길. 첫길. 첫발. 첫발자국
- 개척자 → 이슬떨이

- 개척하다 → 새길을 열다. 새로하다. 새로짓다
- 개칭하다 → 바꾸다. 이름을 바꾸다. 고치다. 이름을 고치다
- 거실 → 마루
- 거주하다 → 살다. 지내다. 머물다
- 건강하다 → 튼튼하다
- 건강한 세상 → 튼튼누리
- 건강한 신체 → 튼튼몸. 좋은몸. 단단몸
- 건포도 → 마른포도
- 검색하다 → 찾다. 살피다. 찾아보다. 살펴보다. 알아보다
- 겉장 → 겉그림. 겉종이
- 겉표지 → 겉그림. 겉종이
- 게릴라성 호우 → 함박비. 갑작비. 벼락비. 소낙비
- 게스트 → 손님. 얘기손님. 꽃손님. 만남이. 만남님. 만남손님
- 게시물 → 글자락. 글. 글월
- 견본 → 보기. 구경것
- 결말 → 끝. 마무리
- 결사적 → 죽기로. 죽기살기로. 하냥다짐

새로 쓰는 **우리말 꾸러미** 사전

- 결심 → 다짐
- 경건하다 → 거룩하다
- 경력 → 일바탕. 일솜씨. 일재주
- 계곡 → 골짜기
- 계란프라이 → 달걀부침. 달걀지짐
- 계획 → 앞그림. 일그림
- 계획표 → 풀그림
- 고생시키다 → 괴롭히다. 들볶다
- 고생하다 → 괴롭다. 힘들다. 힘겹다. 벅차다
- 고서 → 옛책
- 고서점 → 옛책집. 헌책집
- 고인 → 가신분. 가신님. 떠난분. 떠난님. 죽은분. 죽은님
- 고집 → 한우물. 한걸음. 한길
- 고찰하다 → 깊이 살피다. 곰곰이 생각하다
- 고향 → 텃자리. 텃마을
- 골동품 → 오랜것. 옛것. 옛날것. 오래살림
- 공간 → 곳. 데. 자리. 터. 빈곳. 빈자리. 빈터
- 공돌이 → 일돌이
- 공무원 → 벼슬아치. 나라일꾼
- 공순이 → 일순이
- 공조 → 서로돕기. 어깨동무. 손잡기. 함께하기. 같이하기
- 공중 → 하늘. 위
- 공항 → 하늘나루
- 과거 → 옛날. 지난날

- 과거사 → 옛자취
- 과대포장 → 부풀림짓. 부풀리기
- 과소비 → 마구쓰다. 막쓰다
- 과식 → 마구먹다. 막먹다
- 과즙 → 과일물. 열매물
- 관계 → 사이
- 관리 → 벼슬아치
- 관상식물 → 집꽃. 곁꽃
- 관음증 → 몰래보다. 몰래질
- 광고지 → 알림종이
- 광장 → 너른터. 나들마당. 나들터. 열린터. 열린마당
- 교사 → 배움빛. 배움지기
- 교육비 → 배움삯. 배움돈
- 교육하다 → 가르치다
- 교육환경 → 배움자리
- 구간 → 자리. 길. 곳. 터
- 구독하다 → 즐겨읽다. 즐겨보다. 받아읽다. 받아보다
- 구매하다 → 사들이다. 사다. 장만하다
- 구별하다 → 가르다. 나누다
- 구성하다 → 엮다. 짜다
- 구옥 → 옛집. 오래집
- 구입하다 → 사다. 사들이다. 장만하다
- 구조 → 얼개. 얼거리. 틀. 틀거리. 짜임새. 뼈대. 모습
- 구호 → 외침. 외침말
- 권토중래 → 새로서다. 일어서다.

다시서다
- 그간 → 그동안
- 극복하다 → 이기다. 이겨내다.
  딛고서다. 떨치다
- 근로자 → 일꾼. 일벗. 일지기
- 근무지 → 일터
- 근무하다 → 일하다
- 긍정적인 → 좋은. 밝은. 올바른
- 기거하다 → 있다. 머물다. 살다.
  지내다
- 기록 → 글자취
- 기술 → 솜씨. 재주
- 기습적인 폭염 → 더위벼락
- 기습적인 한파 → 추위벼락
- 기차역 → 기차나루
- 길치 → 길모르다. 길모름. 길바보
- 낙원 → 아름누리. 하늘누리.
  사랑누리. 꿈누리. 기쁨누리.
  아름나라. 하늘나라. 사랑나라.
  꿈나라. 기쁨나라
- 난개발 → 막삽질
- 남매 → 오누이
- 남아 선호 → 아들사랑. 아들바보
- 낭비 → 마구쓰다. 막쓰다
- 내자 → 곁님
- 네티즌 → 누리님. 누리꾼
- 년 → 해
- 노구 → 늙은몸. 늙몸
- 노년 → 지는꽃. 늘그막
- 노동자 → 일꾼. 일벗. 일지기

- 노땅 → 늦벗. 늦은님. 늦님. 늦깎이
- 노력 → 애쓰다. 힘쓰다
- 노숙 → 들잠. 길잠. 한뎃잠. 바깥잠
- 노포 → 오래가게. 물림가게
- 녹색 → 푸른. 풀빛. 싱그러운.
  깨끗한. 맑은. 숲
- 녹즙 → 풀물
- 놀이 기구 → 놀이틀
- 농부 → 흙일꾼. 흙지기. 흙님
- 농사꾼 → 흙일꾼. 흙지기. 흙님
- 뉴스레터 → 알림글. 알림글월
- 능력 있다 → 솜씨있다. 재주있다.
  잘하다. 훌륭하다
- 닉네임 → 덧이름. 또이름. 새이름.
  앞이름. 사랑이름. 귀염이름
- 다운 1 → 넘어지다. 쓰러지다.
  무너지다
- 다운 2 → 받다. 내려받다
- 다육이 → 토실꽃. 토실풀. 토실이
- 다정하다 → 오붓하다. 살갑다.
  따뜻하다
- 단련하다 → 갈고닦다. 담금질하다
- 단어 → 말. 낱말
- 단장하다 → 가꾸다
- 단체 촬영 → 함찍. 떼찍
- 단편 → 짧은글
- 단풍 → 가을무지개. 가을물. 가을빛
- 단풍잎 → 가을잎
- 달동네 → 달마을
- 담배 타임 → 담배짬. 담배틈

- 당초 → 진작. 처음
- 대가 → 큰별. 큰님. 큰어른. 큰빛
- 대답하다 → 대꾸하다
- 대로 → 큰길. 한길
- 대청마루 → 너른마루
- 대형서점 → 큰책집
- 도둑고양이 → 골목고양이.
  길고양이. 들고양이
- 도서관 → 책숲집. 책숲
- 도서전 → 책잔치. 책마당. 책판.
  책누리. 책터
- 도용 → 몰래쓰다. 몰래질. 훔침질
- 도원향 → 아름누리. 하늘누리.
  사랑누리. 꿈누리. 기쁨누리.
  아름나라. 하늘나라. 사랑나라.
  꿈나라. 기쁨나라
- 도저히 → 도무지. 아예
- 도전하다 → 부딪히다. 해보다
- 도촬 → 몰래찍기
- 도화지 → 그림종이
- 독립 → 홀로서기. 제금
- 독사진 → 혼찍
- 독서 → 책읽기
- 독창 → 혼노래
- 동네 → 마을
- 동네책방 → 마을책집
- 동반 → 함께가다. 같이가다.
  함께걷다. 같이걷다
- 동반자 → 곁벗. 곁지기. 곁사람.
  길벗
- 동업자 → 일벗. 일동무
- 동요하다 → 흔들리다. 물결타다
- 동작 → 몸짓. 움직임. 짓
- 동행 → 같은걸음. 함께걸음.
  나란걸음. 함께걷다. 같이걷다
- 동호인 → 즐김벗. 사랑벗
- 등재하다 → 오르다. 나오다
- 디너 → 저녁자리. 저녁잔치. 저녁.
  저녁밥
- 디스 → 흉질. 손가락질. 삿대질.
  이놈질. 이것질. 까대다
- 디저트 → 뒷밥. 입가심. 입씻이.
  뒷씻이. 뒷가심
- 띠지 → 띠종이
- 러브레터 → 사랑글. 사랑글월.
  달콤글. 꽃글. 꽃글월
- 러시아워 → 북새통. 북적길. 붐빔길
- 로드맵 → 앞그림. 길그림
- 로비 → 맞이나루. 손님나루.
  맞이마루. 손님마루
- 로컬푸드 → 마을밥
- 로하스 → 푸른길. 푸른살림. 숲길.
  숲살림
- 리사이클 → 되살리다. 되쓰다
- 리액션 → 맞장구. 맞짓. 맞장단.
  곁장구. 곁장단
- 마니아 → 즐김이. 사랑이. -사랑
- 마스터 셰프 → 부엌어른. 정지어른
- 마우스 → 다람쥐
- 마우스질 → 틱톡질. 다람쥐질.

딸깍질

- 마이 페이스 → 혼멋. 제멋. 혼길. 제길
- 만생종 → 늦은나락
- 만찬 → 저녁자리. 저녁잔치. 저녁. 저녁밥
- 매일 → 날마다. 나날이. 늘. 으레. 노상. 언제나. 툭하면
- 맹모삼천지교 → 삶배움터. 배움살림. 삶터가 배움터. 마을에서 배운다. 어른을 보며 배운다. 따라하며 배운다
- 메모 → 쪽종이. 쪽글. 적다. 적바림. 적바림하다
- 메일 → 누리글. 누리글월
- 멘토 → 길잡이. 길지기. 삶지기
- 멘티 → 말벗. 삶벗. 길벗
- 면밀히 → 꼼꼼히. 낱낱이. 샅샅이
- 면접 → 만나보기. 만남
- 명칭 → 이름
- 모녀 → 어이딸
- 모녀간 → 어이딸. 어머니와 딸
- 모녀지간 → 어이딸. 어머니와 딸
- 모델하우스 → 구경집. 구경하는 집
- 모방 → 따라하기. 흉내
- 모사 → 따라하기. 따라그리기. 베껴그리기
- 모자 → 어이아들
- 모자간 → 어이아들. 어머니와 아들
- 모자지간 → 어이아들. 어머니와

아들

- 무료 → 거저. 그냥
- 무료 배부 → 그냥 돌리다. 거저로 주다
- 무릉도원 → 아름누리. 하늘누리. 사랑누리. 꿈누리. 기쁨누리. 아름나라. 하늘나라. 사랑나라. 꿈나라. 기쁨나라
- 무상 → 덧없다. 부질없다. 돌고돌다
- 무소불위 → 막나가다
- 무한반복 → 돌고돌다
- 문맹 → 글모르다. 글모름
- 문우 → 글벗
- 문의 → 묻다. 물어보다. 여쭈다
- 문장 복사 → 글갈무리
- 문학관 → 글숲집. 글숲
- 문화센터 → 나들터. 나들마당. 누리마당. 누리터. 살림마당. 살림터
- 물폭탄 → 함박비. 큰비. 소낙비
- 미래 → 앞길. 앞꿈. 앞뜻
- 미래 계획 → 앞그림
- 미로 → 숨은길
- 미행 → 뒤밟기. 뒤좇기. 뒤쫓기. 몰래밟기. 몰래좇기. 몰래쫓기
- 미행하다 → 뒤밟다. 뒤좇다. 뒤쫓다. 몰래밟다. 몰래좇다. 몰래쫓다
- 밀담 → 사랑말. 달콤말
- 밀약 → 숨은다짐
- 바이오 연료 → 풋기름. 풀기름. 거름기름

- -박 → -밤 (한밤·두밤·석밤)
- 박물관 → 살림숲집. 살림숲
- 반대로 → 거꾸로. 되레. 도리어. 외려. 오히려
- 반려견 → 벗개. 벗멍이
- 반려동물 → 곁짐승. 벗짐승
- 반려묘 → 벗고양이. 벗냥이
- 반려식물 → 곁꽃. 곁풀
- 반려자 → 곁벗. 길벗. 삶벗
- 반성하다 → 뉘우치다. 돌아보다. 되새기다
- 반찬 → 곁밥
- 발언하다 → 말하다. 밝히다. 얘기하다. 들려주다
- 발전하다 → 발돋움하다. 크다. 자라다. 나아지다. 좋아지다
- 밥차 → 밥짬. 밥틈. 밥말미
- 방관 → 팔짱. 팔짱끼다. 손놓다. 팽개질. 팽개치다
- 방문하다 → 찾아가다. 찾다
- 방식 → 나름. 길
- 방언 → 텃말. 사투리. 고장말. 마을말
- 방임 → 손놓다. 팔짱. 팔짱끼다. 팽개질. 팽개치다
- 방파제 → 둑
- 방파제 포구 → 둑나루
- 배경화면 → 바탕그림
- 배낭 → 등짐
- 배려 → 살피다. 마음쓰다. 헤아리다
- 배우자 → 사랑벗. 삶벗. 곁님
- 백지 → 빈종이. 흰종이
- 백팩 → 등짐
- 버스터미널 → 버스나루
- 번역하다 → 옮기다
- 번철 → 부침판. 지짐판
- 베란다 → 쪽마루. 밖마루. 바깥마루
- 베테랑 → 솜씨꾼. 재주꾼. 솜씨님. 재주님. 오래빛. 오래님. 훌륭빛. 훌륭님. 오랜내기
- 변천사 → 흐름자취
- 변화하다 → 바뀌다. 달라지다. 거듭나다. 새로워지다
- 별명 → 또이름. 덧이름. 새이름
- 별무소용 → 쓸모없다. 쓸데없다. 덧없다. 부질없다
- 별칭 → 또이름. 덧이름. 새이름. 사랑이름
- 보관하다 → 두다. 건사하다. 간직하다. 간수하다
- 보존하다 → 간직하다. 건사하다. 간수하다. 지키다. 돌보다. 고이 두다
- 보호자 → 곁지기. 곁사람
- 복도 → 골마루
- 복사 → 글갈무리
- 부녀 → 어비딸
- 부녀간 → 어비딸. 아버지와 딸
- 부녀지간 → 어비딸. 아버지와 딸
- 부모 → 어버이
- 부부 → 가시버시

- 부업 → 틈일. 곁일. 토막일. 짬일.
  샛일. 살짝일
- 부인 → 곁님. 아주머니
- 부자 → 어비아들
- 부자간 → 어비아들. 아버지와 아들
- 부자지간 → 어비아들. 아버지와
  아들
- 부정행위 → 몰래보다. 훔쳐보다
- 북스테이 → 책밤. 책하룻밤
- 북시티 → 책마을
- 북투어 → 책마실
- 북페스티벌 → 책잔치. 책마당. 책판.
  책누리. 책터
- 북페어 → 책잔치. 책마당. 책판.
  책누리. 책터
- 분가 → 제금
- 분명히 → 틀림없이. 아무래도.
  참으로. 또렷이. 뚜렷이. 제대로.
  환히. 똑똑히
- 분출 → 샘솟다
- 비건 → 온풀밥
- 비박 → 들잠. 길잠. 한뎃잠. 바깥잠
- 비표준어 → 틀린말
- 빈민촌 → 가난마을. 달마을
- 사계절 → 네 철
- 사망하다 → 죽다. 돌아가다
- 사생결단 → 죽기로. 죽기살기로.
  하냥다짐
- 사서 → 책지기. 책숲지기.
  책숲집일꾼

- 사용하다 → 쓰다. 다루다. 부리다.
  써먹다. 만지다. 누리다
- 사인 → 이름쓰기. 이름적기.
  이름넣기
- 사자성어 → 네마디한자.
  네글씨한자. 넉글한자
- 사철 → 네 철
- 사행시 → 넉줄글
- 사회 → 터전. 삶터. 터
- 산골 → 멧골
- 산해진미 → 푸짐맛. 잔치맛. 푸짐밥.
  잔치밥. 온갖맛. 온갖밥
- 삼박 → 사흘밤. 석밤(세밤)
- 삼행시 → 석줄글
- 상관 → 윗사람
- 상남자 → 웃사내
- 상부상조 → 서로돕기
- 상사 → 윗사람
- 상여자 → 웃가시내
- 상전벽해 → 뽕밭바다. 확 바뀌다.
  이슬처럼 사라지다. 이슬길
- 색종이 → 빛종이. 빛깔종이
- 색지 → 빛종이. 빛깔종이
- 샐러드 → 풀무침. 풀버무리.
  과일무침. 과일버무리. 나물무침.
  나물버무리
- 생명 → 숨결. 목숨. 넋. 숨
- 생사 → 죽살이
- 생태적 → 숲. 푸른. 싱그러운.
  깨끗한. 맑은

새로 쓰는 **우리말 꾸러미** 사전

- 생활 → 삶. 살림
- 생활방식 → 삶길. 살림길
- 서명 1 → 책이름
- 서명 2 → 이름쓰기. 이름적기
- 서점 → 책집
- 서핑 → 물결타기
- 석식 → 저녁
- 선생 → 배움빛. 배움지기
- 선조 → 옛사람
- 선탠 → 해받다
- 설계 → 앞그림
- 성스럽다 → 거룩하다
- 성장하다 → 자라다. 자라나다
- 세 → 살 (열 살)
- 세탁 → 빨래
- 세탁기 → 빨래틀
- 세탁물 → 빨랫감. 빨랫거리
- 세트 → 한묶음. 한꾸러미. 한벌.
  모둠. 꾸러미
- 세트 메뉴 → 한접시. 꾸러미. 모둠.
  한판
- 셀카 → 나찍
- 셰프 → 부엌지기. 부엌님. 정지님
- 소문 → 뜬소리. 소리. 얘기
- 소스 → 양념. 양념물. 양념가루
- 소식지 → 얘기종이. 이야기종이.
  알림글. 알림글월
- 소풍 → 마실. 나들이. 들놀이. 숲놀이
- 소형서점 → 작은책집
- 손가방 → 손짐
- 손동작 → 손놀림
- 송년회 → 섣달맞이
- 송신 → 보냄
- 쇼핑카트 → 짐수레
- 숄더백 → 어깨짐
- 수년 → 여러 해
- 수목원 → 숲뜰
- 수신 → 받음
- 수신 확인 → 읽음
- 수용하다 → 받아들이다
- 수의 → 저승빔. 주검빔
- 수작업 → 손일. 손놀림. 손수.
  손으로
- 수학여행 → 가을마실. 배움마실.
  배움나들이
- 숙박 → 하룻밤. 묵다. 머물다. 자다
- 순수하다 → 맑다. 밝다. 깨끗하다.
  해맑다. 해밝다. 티없다. 티끌없다
- 순전히 → 오롯이. 옹글게
- 순진하다 → 해맑다. 해밝다. 티없다.
  티끌없다. 밝다. 맑다
- 순화하다 → 고치다. 다듬다. 손보다.
  손질하다. 가다듬다
- 스캔 → 그림갈무리
- 스크랩 → 갈무리
- 스크린도어 → 겹문. 덧문
- 스테디셀러 → 오래책
- 스펙 → 일바탕. 일재주. 일솜씨
- 스폰서 → 벗바리. 도움벗. 도움님
- 슬로푸드 → 느린밥

- 승하차문 → 타는문. 내리는문. 타고 내리는 문
- 시간외노동 → 덧일
- 시도하다 → 해보다. 하다. 부딪히다
- 시범 → 해보기. 보이기. 보여주기
- 시소 → 널방아. 널찧기. 널놀이. 널틀
- 시식 → 맛보기
- 시작 → 처음. 처음 하다. 열다. 새로하다. 새로 열다. 비롯하다. 첫걸음. 처음길. 첫길. 첫발. 첫발자국
- 시행하다 → 해보다. 하다. 펴다. 선보이다
- 식물 → 푸나무
- 식재료 → 밥감. 밥거리
- 신간 → 새책
- 신간서점 → 새책집
- 신경쓰다 → 마음쓰다
- 신년 → 새해
- 신년회 → 새해맞이
- 신세계 → 새누리
- 신어 → 새말
- 신입 → 새내기. 첫내기. 처음내기
- 신입생 → 새내기. 첫내기. 처음내기
- 신입생 환영회 → 새터. 새잔치. 새맞이. 새맞이잔치. 맞이잔치
- 신작 → 새로쓰다. 새로짓다
- 신조어 → 새말
- 신참 → 새내기. 첫내기. 처음내기
- 신체 → 몸. 사람몸. 몸뚱이
- 신축 → 새로짓다
- 신활용 → 살려쓰다. 새로쓰다
- 실내식물 → 집꽃. 겯꽃
- 실패하다 → 안되다. 넘어지다. 쓴맛. 고꾸라지다
- 심야축제 → 밤잔치. 달빛마당. 달놀이. 달밤마당. 밤마당. 한밤잔치
- 쓰나미 → 너울벼락
- 아내 → 곁님
- 아르바이트 → 틈일. 곁일. 토막일. 짬일. 샛일. 살짝일
- 아마추어 → 즐김이. 사랑이. 풋내기. 엉성쟁이
- 아이러니 → 뜬금일. 뜻밖일. 뚱딴지. 엉뚱일
- 아지트 → 숨터. 숨은터. 숨은뜰. 숨뜰
- 아파트 → 겹집. 층집. 어울집
- 안전문 → 덧문. 겹문
- 알바 → 틈일. 곁일. 토막일. 짬일. 샛일. 살짝일
- 암투 → 숨은싸움
- 암행 → 몰래밟기. 몰래쫓기. 몰래쫓기
- 애견 → 귀염개
- 애독하다 → 즐겨읽다. 즐겨보다
- 애묘 → 귀염냥. 귀염고양이
- 애완견 → 귀염개
- 애완동물 → 귀염짐승

- 애용하다 → 즐겨쓰다
- 애인 → 사랑이. 사랑님. 사랑벗. 아름님. 아름이
- 애청하다 → 즐겨듣다
- 애칭 → 귀염이름. 사랑이름
- 애피타이저 → 입가심. 앞밥. 앞가심
- 애호가 → 즐김이. 사랑이. -사랑
- 앤티크 → 오랜것. 오래살림. 옛것. 옛날것
- 야만적 → 거친. 사나운. 모진. 짐승같은
- 야영 → 숲밤. 들밤. 별밤. 숲마실. 들마실. 숲살이. 들살이. 숲놀이. 들놀이. 숲살림. 들살림. 들잠. 길잠. 한뎃잠
- 약력 → 발자국. 발자취
- 약초 → 향긋풀. 숨살이풀. 숨풀. 몸살이풀. 살림풀
- 양배추 → 동글배추
- 양육하다 → 돌보다. 보살피다. 키우다. 기르다
- 양지바르다 → 볕바르다. 해바르다
- 어감 → 말맛
- 어린 시절 → 어릴 적. 어릴 때. 어린 날
- 언성 히어로 → 숨은일꾼. 숨은살림꾼
- 에덴동산 → 아름누리. 하늘누리. 사랑누리. 꿈누리. 기쁨누리. 아름나라. 하늘나라. 사랑나라.

- 꿈나라. 기쁨나라
- 여건 → 터. 터전. 삶터. 자리. 흐름
- 여백 → 빈자리. 빈종이
- 여행 → 마실. 나들이
- 여행가방 → 수레짐
- 역행하다 → 거스르다
- 연대 → 어깨동무. 서로돕기. 손잡기. 함께하기. 같이하기
- 연애편지 → 사랑글. 사랑글월. 달콤글. 꽃글. 꽃글월
- 연차 → 해짬. 해틈. 해말미
- 예고편 → 맛보기
- 오로라 → 별무지개
- 오일쇼크 → 기름벼락. 기름너울
- 오픈키친 → 열린부엌. 트인정지
- 온세상 → 온누리. 온나라. 온곳. 온터
- 완곡하게 → 에둘러. 빙 돌려. 돌려서
- 완두콩 → 동글콩. 풋콩. 푸른콩
- 왜곡보도 → 거짓글. 거짓소리
- 외관 → 생김새. 겉모습. 모습
- 외면 → 등돌리다. 손놓다. 팔짱. 팔짱끼다. 팽개질. 팽개치다
- 외식 → 바깥밥
- 요리사 → 부엌지기. 부엌님. 정지님
- 요충지 → 길목
- 용도 → 쓰임새. 쓰임
- 용돈 → 소꿉돈. 살림돈. 곁돈
- 우주 → 온누리
- 우클릭 → 오른누름

- 운동장 → 너른터
- 워커홀릭 → 일벌레. 일버러지.
  일사랑
- 웍 → 우묵이. 우묵판
- 원고 → 글. 글꾸러미
- 원고지 → 글종이
- 원래 → 워낙. 진작. 처음
- 원예식물 → 집꽃. 겉꽃
- 원조자 → 벗바리. 도움벗. 도움님.
  뒷배벗. 뒷배님
- 원족 → 마실. 나들이
- 원톱 → 꽃등. 꼭두. 으뜸. 첫째. 첫손.
  첫손가락
- 월간 계획 → 달그림
- 월간잡지 → 달책
- 월간지 → 달책
- 월세 → 달삯
- 월차 → 달짬. 달틈. 달말미
- 월페이퍼 → 바탕그림
- 웨딩드레스 → 꽃빔. 혼례빔. 각시빔
- 웰빙 → 참살이. 참살림. 참삶
- 웹서핑 → 누리마실. 물결타기
- 위기 → 고비. 벼락
- 위인 → 큰별. 큰님. 큰어른. 큰빛
- 유가 → 기름값
- 유류파동 → 기름벼락. 기름너울
- 유입되다 → 들어오다
- 유토피아 → 아름누리. 하늘누리.
  사랑누리. 꿈누리. 기쁨누리.
  아름나라. 하늘나라. 사랑나라.
- 꿈나라. 기쁨나라
- 유포되다 → 퍼지다
- 유학 → 배움마실
- 육식 → 고기밥
- 은신하다 → 숨다
- 은자 → 숨은이
- 은하수 → 밤무지개
- 음모 → 검은셈
- 응접실 → 손님나루. 맞이나루.
  손님마루. 맞이마루
- 의미 → 뜻
- 의외 → 뜻밖
- 이기적 → 나먼저. 나만. 나만 아는
- 이기주의 → 나먼저
- 이니셜 → 머릿이름
- 이등 → 버금. 버금자리
- 이력 → 발자국. 발자취
- 이메일 → 누리글. 누리글월
- 이면지 → 뒷종이
- 이모작 → 두벌. 두벌심기
- 이목구비 → 눈코귀입. 눈코입.
  눈코귀
- 이박 → 두밤. 이틀밤
- 이외에 → 이밖에
- 이중문 → 덧문. 겹문
- 이중창 → 덧창. 겹창
- 인산인해 → 사람물결. 사람바다.
  사람숲. 사람판
- 인생사 → 삶자취
- 인스턴트식품 → 바로밥

- 인접국 → 이웃나라. 옆나라
- 인체 → 사람몸. 몸
- 인터넷 → 누리판
- 인터넷 게시물 → 누리글
- 인터넷 게임 → 누리놀이
- 인터넷 관리자 → 누리지기
- 인터넷 동호회 → 누리모임
- 인터넷 사이트 → 누리그물
- 인터넷쇼핑몰 → 누리저자
- 인터넷숍 → 누리가게
- 인터넷 신문 → 누리신문
- 인터넷 카페 → 누리모임.
  누리동아리
- 인터넷 편지 → 누리글. 누리글월
- 인터뷰 → 만나보기. 만남
- 인터뷰이 → 만남이. 만남님.
  만남손님
- 인터체인지 → 나들목
- 인파 → 사람물결. 사람바다
- 일광욕 → 해받다
- 일기 → 하루자취
- 일독하다 → 읽다
- 일등 → 으뜸. 첫째. 첫손. 첫손가락.
  으뜸별
- 일번 → 첫자리. 첫째. 으뜸. 꽃등
- 일일이 → 하나하나
- 일정표 → 풀그림. 일그림
- 일체 → 한덩이. 한몸. 하나
- 일치하다 → 들어맞다.
  맞아떨어지다. 맞다

- 입력하다 → 넣다
- 입사 동기 → 첫또래
- 입장 → 자리
- 입학 동기 → 첫또래
- 자급자족 → 손수짓기. 스스로짓기.
  제살림
- 자녀 → 아이. 딸아들. 아들딸
- 자동 → 절로. 저절로
- 자료 수집 → 갈무리
- 자매 → 언누이
- 자발적 → 스스로
- 자연스레 → 저절로. 절로. 시나브로.
  이윽고. 어느덧. 어느새
- 자유롭다 → 홀가분하다
- 자판 → 글판
- 작가 → 지음이. 지음님. 지은이.
  짓는이. 글쓴이. 글일꾼
- 작곡 → 노래짓기. 노래쓰기
- 작명하다 → 이름짓다. 이름을 짓다.
  짓다
- 작문 → 글짓기. 글쓰기
- 작성하다 → 쓰다. 적다. 꾸리다
- 작심사일 → 나흘마음. 나흘뜻.
  나흘다짐. 나흘고개. 나흘고비
- 작심삼일 → 사흘마음. 사흘뜻.
  사흘다짐. 사흘고개. 사흘고비
- 작업장 → 일터
- 장거리경주 → 오래달리기
- 장기간 지속하다 → 오래가다
- 장단점 → 잘잘못. 좋고 나쁨

- 장수촌 → 오래마을
- 장수하다 → 오래살다
- 장애물 → 걸림돌. 거치적. 걸리적
- 장유유서 → 어른먼저
- 재건축 → 다시짓다
- 재기 → 새로서다. 일어서다.
  다시서다
- 재도약 → 새로서다. 일어서다.
  다시서다
- 재배하다 → 키우다. 기르다. 돌보다.
  가꾸다
- 재사용 → 다시쓰다. 되쓰다
- 재생 → 다시쓰다. 되쓰다. 살려쓰다.
  살리다
- 잽 → 콕주먹. 잔주먹
- 적절하다 → 맞다. 알맞다. 어울리다
- 적합하다 → 알맞다. 어울리다
- 적확하다 → 알맞다. 꼭 맞다.
  들어맞다
- 전래동화 → 옛날얘기. 옛날이야기.
  옛이야기
- 전부 → 모두. 다. 몽땅. 온통. 죄다
- 전설 → 옛날얘기. 옛날이야기.
  옛이야기
- 전수자 → 물림지기. 물림님
- 전수하다 → 물리다. 물려주다
- 전시관 → 그림숲집. 그림숲
- 전신 → 온몸
- 전채 → 앞밥. 입가심. 앞가심
- 전철노선도 → 전철길그림
- 전혀 → 하나도. 조금도. 아예
- 점 → 대목. 구석. 곳. 자리
- 점점 → 차츰. 꾸준히. 시나브로.
  조금씩
- 점차 → 차츰. 꾸준히. 조금씩.
  시나브로
- 접속 기록 → 누리자취
- 정답다 → 오붓하다. 살갑다.
  따뜻하다
- 정도 → 즈음. 쯤. 무렵. 안팎. 언저리
- 정론 → 바른글. 곧은글. 참글.
  바른소리. 곧은소리. 참소리
- 정론직필 → 바른붓. 곧은붓. 참붓
- 정리하다 → 가다듬다. 갈무리하다
- 정말로 → 참말로. 참으로
- 정식 → 온밥
- 정원 → 뜰. 쉼뜰. 앞뜰
- 정의로운 세상 → 참누리. 참나라
- 정장 → 차린옷. 차린빔
- 제시하다 → 내놓다. 보여주다.
  보이다. 들다
- 제일보 → 첫걸음. 처음길. 첫길.
  첫발. 첫발자국
- 제행무상 → 덧없다. 부질없다.
  돌고돌다
- 조강지처 → 살뜰님. 알뜰님.
  가시밭님. 살뜰곁님. 알뜰곁님
- 조기 → 이르다. 섣부르다. 빨리
- 조상 → 옛사람
- 조생종 → 이른나락

새로 쓰는 **우리말 꾸러미** 사전

- 조식 → 아침
- 조어 → 말짓기
- 조치하다 → 손쓰다
- 족적 → 자국. 자취. 발자국. 발자취
- 존대하다 → 높이다
- 존재하다 → 있다. 살다. 머물다.
  깃들다. 흐르다. 어리다. 감돌다
- 종적 → 자국. 자취. 발자국. 발자취
- 종합선물세트 → 한꾸러미
- 좌우명 → 곁말. 곁글
- 좌클릭 → 왼누름
- 주목 받다 → 돋보이다. 사랑받다.
  눈길받다
- 주방 → 부엌. 정지
- 주방장 → 부엌지기. 부엌님. 정지님.
  부엌어른
- 주변 → 둘레. 언저리
- 주부 → 살림꾼. 살림님. 살림지기.
  살뜰님. 알뜰님
- 죽마고우 → 너나들이. 소꿉동무.
  소꿉벗
- 중고서적 → 헌책
- 중고품 → 헌것
- 중량지 → 두꺼운종이. 두툼종이
- 중복표현 → 겹말. 겹말씨
- 중화팬 → 우묵이. 우묵판
- 즉석식품 → 바로밥
- 지금 → 이제. 요즘. 오늘날. 요사이.
  요새. 막
- 지도 → 길그림

- 지방 → 시골. 고장. 고을
- 지상천국 → 아름누리. 하늘누리.
  사랑누리. 꿈누리. 기쁨누리.
  아름나라. 하늘나라. 사랑나라.
  꿈나라. 기쁨나라
- 지역 → 고장. 마을. 고을
- 지우 → 마음벗. 마음동무. 오랜벗
- 지인 → 이웃
- 지침 → 앞그림. 길그림
- 지칭하다 → 가리키다. 나타내다
- 직무유기 → 손놓다. 팔짱. 팔짱끼다.
  팽개질. 팽개치다
- 직접 → 손수. 몸소. 스스로
- 진심 → 참마음. 참넋
- 진정 → 참넋. 참마음. 참. 참뜻
- 집단폭력 → 몰매. 몰매질
- 집단폭행 → 몰매. 몰매질
- 집사람 → 곁님
- 차양 → 그늘나루
- 차차 → 차츰. 꾸준히. 조금씩.
  시나브로
- 참고하다 → 살피다. 곁에 두다.
  들여다보다
- 창공 → 파란하늘
- 창작 → 새로쓰다. 새로짓다.
  새로하다
- 창조 → 새로짓다. 새로 내놓다
- 창천 → 파란하늘
- 창출 → 새로짓다. 새로펴다. 새로
  내놓다

- 채식 → 풀밥
- 책명 → 책이름
- 책방 → 책집
- 책임회피 → 손놓다. 팔짱. 팔짱끼다. 팽개질. 팽개치다
- 천 → 즈믄
- 천객만래 → 북적손님. 온손님. 온갖손님
- 천국 → 아름누리. 하늘누리. 사랑누리. 꿈누리. 기쁨누리. 아름나라. 하늘나라. 사랑나라. 꿈나라. 기쁨나라
- 천진난만 → 해맑다. 해밝다. 티없다. 티끌없다. 밝다. 맑다
- 청년기 → 푸른철. 푸른때
- 청소년 → 푸름이. 푸른벗. 푸른님
- 청정 → 맑은. 밝은. 깨끗한. 푸른. 숲빛
- 청춘 → 피는꽃. 젊음. 푸른몸. 푸른빛. 푸른날
- 체감하다 → 와닿다
- 체험학습 → 배움마실. 마실. 나들이
- 초기 → 처음. 첫. 첫무렵. 첫때. 첫판
- 초록 → 푸른. 풀빛. 숲빛
- 초심 → 첫마음
- 초원 → 들. 푸른들. 들판. 들녘
- 최고 → 꽃등. 꼭두. 으뜸. 첫째. 첫손. 첫손가락
- 최근 → 요새. 요사이. 요즘. 이즈막. 이즈음. 요즈막

- 최근 기록 → 겯자취
- 최우선 → 꽃등. 꼭두. 으뜸. 첫째. 첫손. 첫손가락
- 최초 → 꽃등. 꼭두. 으뜸. 첫째. 처음. 첫. 첫길. 첫걸음
- 추가근로 → 덧일
- 추가하다 → 더하다. 덧붙이다. 보태다. 덧보태다. 붙이다
- 추석 → 한가위
- 추적하다 → 뒤좇다. 뒤밟다. 뒤쫓다
- 출생하다 → 나다. 태어나다
- 출입구 → 나들목
- 충분히 → 넉넉히. 너끈히. 잘. 제대로
- 친구 → 동무. 벗
- 친환경 → 푸른. 풀빛. 싱그러운. 깨끗한. 맑은. 숲
- 캐리어 → 수레짐
- 캠핑 → 숲밤. 들밤. 별밤. 숲마실. 들마실. 숲살이. 들살이. 숲놀이. 들놀이. 숲살림. 들살림
- 캡처 → 갈무리
- 커닝 → 몰래보다. 훔쳐보다. 훔침질
- 컴퓨터 → 셈틀
- 크리스마스트리 → 섣달나무
- 키보드 → 글판
- 키위 → 참다래
- 키친 → 부엌. 정지
- 탐스럽다 → 소담스럽다. 먹음직하다

- 탑승하다 → 타다. 오르다
- 태피스트리 → 무지개천. 꽃천
- 터미널 → 나루
- 테라스 → 쪽마루. 밖마루. 바깥마루
- 템플스테이 → 절밤. 절하룻밤
- 토박이 → 텃사람
- 토종 씨앗 → 텃씨
- 톱 → 꽃등. 꼭두. 으뜸. 첫째. 첫손. 첫손가락
- 통일된 세상 → 한누리
- 통행로 → 나들목. 길. 골마루
- 툇마루 → 쪽마루. 밖마루. 바깥마루
- 트럭 → 짐차
- 티타임 → 찻틈. 찻짬
- 팀플레이 → 함께하다. 같이하다
- 파괴 → 박살. 깨지다. 깨어지다
- 파도 → 물결
- 파라솔 → 그늘나루
- 파종하다 → 심다. 뿌리다
- 파트너 → 짝꿍. 곁짝. 곁지기. 곁사람
- 파티 → 잔치. 자리. 마당. 판. 잔치판. 잔치마당. 한마당
- 판명하다 → 밝히다
- 팔로어 → 누리이웃
- 패배 → 지다. 박살나다. 깨지다
- 패스트푸드 → 빠른밥
- 팬 → 즐김이. 사랑이. -사랑
- 팸플릿 → 알림종이
- 펜네임 → 글이름
- 펜벗 → 글벗. 글월벗. 글동무
- 펜팔 → 글벗. 글월벗. 글동무
- 편안하다 → 푸근하다. 포근하다. 아늑하다. 좋다. 느긋하다. 즐겁다
- 편집자 → 엮는이. 엮는일꾼. 글일꾼
- 편집장 → 엮는빛. 엮음빛
- 평등 → 어깨동무. 손잡기
- 평등한 세상 → 한누리
- 평범하다 → 수수하다. 투박하다
- 평생의 책 → 곁책
- 평야 → 푸른들. 들. 들녘. 들판
- 평원 → 푸른들. 들. 들녘. 들판
- 평화로운 세상 → 사랑누리. 사랑나라
- 포구 → 나루
- 포기하다 → 그만두다. 두손들다. 멈추다. 그치다
- 포스팅 → 글자락. 글. 글월
- 포털 사이트 → 누리그물
- 폭염 → 무더위. 더위벼락
- 표정 → 낯빛. 얼굴빛
- 표제어 → 올림말
- 표지 → 겉종이. 겉그림
- 표현하다 → 그리다. 나타내다. 담아내다. 드러내다. 보이다
- 프라이팬 → 부침판. 지짐판
- 프로그램 → 풀그림
- 프로필 → 발자국. 발자취
- 플랜 → 그림
- 피크닉 → 나들이. 마실. 들놀이

- 필명 → 글이름
- 필사 → 베끼기. 베껴쓰기. 옮겨쓰기
- 필사적 → 죽기로. 죽기살기로.
  하냥다짐
- 필시 → 반드시. 꼭
- 필요 → 꼭. 반드시. 꼭 있을. 반드시
  갖출. -해야. -해야 하는
- 필자 → 글쓴이. 지은이
- 하드보드지 → 두꺼운종이.
  두툼종이
- 하차하다 → 내리다
- 학교 → 배움터. 배움마당. 배움집.
  배움자리
- 학대하다 → 괴롭히다. 들볶다
- 학비 → 배움삯
- 학생 → 배움이
- 학습과정 → 배움길
- 학위논문 → 배움글
- 한정식 → 온밥
- 함박스테이크 → 함박구이.
  함박갈비. 함박떡갈비
- 합창 → 떼노래. 함노래
- 항상 → 늘. 언제나. 노상. 한결같이.
  으레
- 해석 → 풀이. 뜻풀이. 말풀이
- 해일 → 너울
- 행복 → 기쁨. 즐거움. 보람. 사랑
- 행복한 세상 → 기쁨누리. 기쁨나라
- 행적 → 자국. 자취. 발자국. 발자취
- 허브 → 향긋풀. 숨살이풀. 숨풀.

- 몸살이풀. 살림풀
- 현장학습 → 배움마실. 마실. 나들이
- 현재 → 오늘
- 협동 → 돕기. 서로돕기. 함께하기.
  같이하기. 어깨동무
- 협력 → 돕기. 서로돕기. 함께하기.
  같이하기
- 호 → 새이름. 덧이름. 글이름
- 혹은 → 때로는
- 혼례복 → 혼례빔. 꽃빔. 잔치빔
- 홈스테이 → 집밤. 집하룻밤
- 홈페이지 → 누리집
- 홍보지 → 알림종이
- 화려하다 → 아름답다. 곱다.
  눈부시다. 해사하다
- 화려한 의상 → 꽃빔
- 화면 캡처 → 바탕갈무리
- 화분 1 → 꽃그릇
- 화분 2 → 꽃가루
- 화사하다 → 아름답다. 곱다.
  눈부시다. 해사하다
- 화초 → 꽃나무. 꽃. 집꽃. 곁꽃
- 환경 → 터전. 삶터. 터. 자리
- 환승구간 → 이음길
- 환승역 → 갈아타는곳. 이음길.
  이음목. 이음나루
- 환승요금 → 이음삯
- 환승통로 → 이음길
- 환영하다 → 반기다
- 환영회 → 새터. 새잔치. 새맞이.

새맞이잔치. 맞이잔치

- 환풍구 → 바람길
- 활용하다 → 살리다. 살려쓰다
- 회 → 모임. 동아리
- 회견 → 만나보기. 만남
- 회견장 → 만남자리. 얘깃자리
- 회보 → 알림글. 알림글월
- 회식 → 모둠밥
- 회의 → 모임. 얘기. 이야기.
  얘깃자리
- 회지 → 알림글. 알림글월
- 횡단보도 → 건널목
- 후식 → 뒷밥. 입가심. 뒷가심.
  뒷씻이. 입씻이
- 후원자 → 벗바리. 도움벗. 도움님.
  뒷배벗. 뒷배님
- 휴식 → 쉬다. 쉼
- 휴식 시간 → 쉴틈. 쉴짬. 숨돌릴틈.
  말미. 겨를. 쪽틈. 쪽짬
- 휴양지 → 쉼뜰. 쉼터
- 흑역사 → 그늘자취. 어둠자취
- 흔적 → 자국. 자취. 발자국. 발자취
- 희망 → 꿈. 삶꿈
- 희망고문 → 뜬꿈. 붕뜬꿈

덤 2 새로 엮은
낱말 뜻풀이 모둠 (1200 낱말)

ㄱ (175 낱말)

- **가시밭길** : 1. 가시가 많은 덤불이 잔뜩 있는 길 2. 어렵거나 힘들거나 괴롭거나 벅차거나 모질거나 사나운 일을 겪거나 맞이하거나 견디거나 이겨내면서 나아가는 길
- **가시밭님** : 어렵거나 힘들거나 괴롭거나 벅차거나 모질거나 사나운 일을 겪거나 맞이하거나 견디거나 이겨내면서 나아가는 길을 같이 가는 사람을 높이는 이름
- **가시밭벗** : 어렵거나 힘들거나 괴롭거나 벅차거나 모질거나 사나운 일을 겪거나 맞이하거나 견디거나 이겨내면서 나아가는 길을 같이 가는 가까운 사이
- **가신님** : 죽은 사람을 높이는 말이면서, 죽은 사람이 나한테 고마웠거나 사랑스러웠다는 느낌을 나타내거나, 죽은 사람이 훌륭하거나 아름다웠기에 기리려는 뜻으로 하는 말
- **가신분** : 죽은 사람을 높이는 말
- **가신이** : 죽은 사람을 높이는 말
- **가을마실** : 가을에 떠나거나 누리는

마실. 가을에 어디를 다녀오는 일. 학교에서는 '수학여행'을 가리킨다
- **가을무지개** : 가을이 깊으면서 숲이나 들에 달라지는 알록달록한 빛깔. '단풍'이란 말처럼 나뭇잎이나 풀잎이 저마다 다른 빛깔로 바뀌면서 곱게 어우러지는 모습
- **가을물** : 가을에 드는 물. 나뭇잎이나 풀잎이 가을이 되어 바뀌는 빛깔
- **가을빛** : 가을에 보는 빛. 나뭇잎이나 풀잎이 가을이 되어 바뀌는 빛으로, 이 가을빛으로 철이 바뀌는 흐름을 느낄 수 있다
- **가을잎** : 가을을 느끼도록 하는 잎. 가을이 되어 달라진 잎. 가을이 되어 물이 든 잎
- **각시빔** : 혼례를 할 적에 가시내가 입으려고 새로 장만하는 옷. '웨딩드레스'를 가리킨다
- **갈무리** : 1. 가을에 거둔 열매를 다음에 알맞게 쓸 수 있도록 제대로·잘·가지런히 있게 하는 일 2. 살림·물건을 알맞게 살피고 챙겨서 제자리에 잘 있게 하는 일. '정리'를 가리킨다 3. 하거나 맡은 일을 제대로·잘·가

새로 쓰는 **우리말 꾸러미** 사전

지런히 끝내도록 마음이며 힘을 잘 씀 4. 생각·마음·뜻·이야기가 가지런하도록, 또는 가지런히 펴거나 나누도록, 알맞게 모으거나 간추리거나 다루는 일 5. 나중에 보거나 쓰기 좋도록 오려서 모으는 일. '스크랩·자료 수집'을 가리킨다 6. 셈틀이나 누리그물을 쓸 적에 나중에 보거나 쓰기 좋도록 한켠에 잘 있게 하는 일. '저장·캡처'를 가리킨다 7. 다른 곳에 바로 잇거나 붙이려고 그대로 따서 옮기는 일. 흔히 셈틀이나 누리그물에서 쓴다. '복사'를 가리킨다

- **갑절** : 1. 무엇을 두 벌·번·판으로 더하거나 되풀이한 수·셈·부피·값·일 2. 무엇을 두 벌·번·판으로 뺀 수·셈·부피·값·일
- **갖은맛** : 이곳저곳에서 나는 먹을거리를 골고루 내놓기에 누리는 여러 가지 맛
- **갖은밥** : 이곳저곳에서 나는 먹을거리를 골고루 내놓기에 누리는 여러 가지 밥
- **같은걸음** : 1. 같이 내딛는 걸음 2. 여럿이 하나가 되는 몸짓으로 나아가는 걸음
- **같이걷다** : 1. 여럿이 모여서 한때에 걷다 2. 여럿이 어떤 길을 갈 적에 마음을 하나로 모아서 가다. 여럿이 어떤 일을 할 적에 마음을 하나로 모아서 하다

- **같이하다** : 1. 여럿이 한자리에 모여서 한때에 하다 2. 어떤 몸짓·소리에 뒤이어 거의 한때에 하다 3. 어떤 몸짓을 한때에 하다 4. 빠뜨리거나 떼거나 떨어뜨리지 않고 하다 5. 여럿이 마치 하나처럼 움직이거나 일하거나 돕다
- **개꿈** : 1. 무엇인지 알기 어렵거나 헤아릴 수 없도록 꾸는 꿈. 무슨 이야기인지 모르도록 어수선하거나 어지러운 꿈 2. 이룰 수 없다고 여길 만하지만, 이루려고 하거나 이루기를 바라는 뜻·생각·일·이야기
- **거름기름** : 똥이나 오줌이나 밥찌꺼기에서 나오는 기운을 바탕으로 얻어서 쓰는 기름. '바이오 연료'를 가리킨다
- **검은셈** : 나쁜 마음을 품고서 벌이려는 일. '음모'를 가리킨다
- **겉그림** : 겉에 넣거나 새긴 무늬, 또는 겉이 보기 좋도록 넣거나 새긴 그림
- **겉글** : 마음·생각·뜻하고는 다르게 겉으로 꾸며서 쓰는 글
- **겉말** : 마음·생각·뜻하고는 다르게 겉으로 꾸며서 하는 말
- **겉웃음** : 마음·생각·뜻하고는 다르게 겉으로 꾸며서 짓는 웃음
- **겉종이** : 겉을 이루거나 싸거나 덮은 종이. '표지·겉표지·겉장'을 가리킨다
- **겹문** : 1. 겹으로 있는 문. 포개어서

있는 문. 문 하나에 바로 붙여서 더 있는 문. 소리·추위·더위를 막으려는 뜻으로 마련한다. '이중문'을 가리킨다 2. 더 있는 문. '안전문·스크린도어'를 가리킨다

- **겹집** : 겹으로 쌓거나 있는 집. '아파트'를 가리킨다
- **겹창** : 겹으로 있는 창. 포개어서 있는 창. 창 하나에 바로 붙여서 더 있는 창. 소리·추위·더위를 막으려는 뜻으로 마련한다. '이중창'을 가리킨다
- **곁글** : 곁에 두면서 마음으로 새기는 글
- **곁꽃** : 곁에 두면서 아끼거나 돌보는 꽃. '관상식물·원예식물'을 가리킨다
- **곁님** : 곁에서 서로 아끼거나 돌보는 사람을 높이는 이름. 가시버시 사이에서 서로서로 쓸 수 있는 이름
- **곁대꾸** : = 맞대꾸
- **곁돈** : 곁에 두고 조금씩 쓰는 돈. '용돈(用-)'을 가리킨다
- **곁말** : 1. 빗대어서 하는 말 2. 곁에 두면서 마음으로 새기는 말
- **곁밥** : 곁들여서 먹는 여러 가지. 밥을 더 맛나게 먹으려고 곁에 어울리도록 놓는 먹을거리. '반찬(飯饌)'을 가리킨다
- **곁배우기** : 가까이에 함께 있으면서 배우기
- **곁벗** : 1. 곁에 있으면서 오래오래 서로 아끼고 돌보는 벗 2. 곁(보살피거

나 도와줄 만큼 가까이)에 두거나 곁에 함께 있는 사람·짐승·꽃·살림을 가리키는 이름. 삶을 함께 누린다는 마음으로 쓴다. '반려자'를 가리킨다

- **곁사람** : 곁에 두면서 아끼거나 돌보는 사람
- **곁숨** : 곁(보살피거나 도와줄 만큼 가까이)에 두거나 곁에 함께 있는 모두를 가리키는 이름. 삶을 함께 누린다는 마음으로 쓴다
- **곁아이** : 곁(보살피거나 도와줄 만큼 가까이)에 두거나 곁에 함께 있는 사람·짐승·꽃·살림을 귀엽게 가리키는 이름. 삶을 함께 누린다는 마음으로 쓴다
- **곁이** : 곁(보살피거나 도와줄 만큼 가까이)에 두는 숨결. 삶을 함께 누린다는 마음으로 쓰는 이름. 사람이나 짐승이나 꽃이나 살림 모두 가리킬 수 있다
- **곁일** : 1. 곁에 두고 하는 일 2. 바탕으로 하는 일이 아닌, 곁가지처럼 가볍게 하는 작은 일
- **곁자취** : 1. 가까운 지난날·요즈음을 살아가면서 달라지거나 보이거나 남긴 모습. '최근 기록'을 가리킨다 2. 한국에서는 흔히 1870년대부터 1920년대 언저리까지를 따지는데, 그무렵을 살아가면서 달라지거나 보이거나 남긴 모습. '근대사'를 가리킨다
- **곁장구** : = 맞장구

- **곁장단** : = 맞장단
- **곁지기** : 곁에서 지키는 사람. 곁에서 서로 아끼거나 돌보는 사람
- **곁짐승** : 곁(보살피거나 도와줄 만큼 가까이)에 두는 짐승. 귀엽다고 여기는 마음이 아닌, 삶을 함께 누리는 숨결이라는 마음이 클 적에 쓰는 이름. '반려동물'을 가리킨다
- **곁짓** : = 맞짓
- **곁짝** : 곁에 두면서 아끼거나 돌보는 짝
- **곁책** : 곁에 두면서 마음으로 새기는 책
- **고기밥** : 1. 물고기가 먹도록 주는 밥 2. 물고기를 낚으려고 낚시 끝에 꿰는 먹이 (미끼) 3. 고기(물고기나 뭍고기)를 차린 밥. 고기를 차려서 누리는 밥. '육식'을 가리킨다
- **곧은글** : 곧게 쓰는 글. 드러나거나 보이거나 밝힌 모습·삶·사람·이야기를 그대로 담거나 옮겨서 쓰는 글. 다른 글·힘·이름에 얽매이거나 휘둘리거나 휩쓸리거나 물들지 않고서 쓰는 글. 한길을 걸으면서 쓰는 글
- **곧은길** : 곧게 난 길. 곧게 가는 길. 다른 이야기·힘·이름에 얽매이거나 휘둘리거나 휩쓸리거나 물들지 않고서, 어느 쪽으로도 치우치지 않고서 가는 길
- **곧은붓** : 드러나거나 보이거나 밝힌 모습·삶·사람·이야기를 그대로, 다른 글·힘·이름에 얽매이거나 휘둘리거나 휩쓸리거나 물들지 않고서 글로 쓰는 모습이나 몸짓이나 사람이나 모임
- **곧은소리** : 곧게 나거나 내는 소리. 드러나거나 보이거나 밝힌 대로, 다른 소리·힘·이름에 얽매이거나 휘둘리거나 휩쓸리거나 물들지 않고서, 어느 쪽으로도 치우치지 않고서 들려주는 소리
- **골마루** : 1. 작은 칸처럼 따로 있는 좁은 마루 2. 집하고 집 사이, 또는 집 한켠에 길고 좁게 낸 마루 3. 여러 칸으로 드나들 수 있으면서 바깥으로 나가도록 길게 낸 마루나 길. '복도'를 가리킨다
- **골목** : 큰길에서 이곳저곳을 잇는 조그마한 길. 또는 큰길에서 집과 집 사이로 들어가는 좁은 곳. 또는 집이 많이 모인 곳에서 집과 집 사이를 잇는 곳
- **골목개** : 골목에서 사는 개. 집이 많이 모인 곳에서 사는 개
- **골목고양이** : 골목에서 사는 고양이. 집이 많이 모인 곳에서 사는 고양이. '도둑고양이'를 가리킨다
- **골목길** : 골목에 나거나 있는 길. 큰길에서 집과 집 사이로 들어가는 좁은 길. 집이 많이 모인 곳에서 집과 집 사이를 잇는 길
- **골목꽃** : 골목에 핀 꽃. 큰길에서 집

과 집 사이로 들어가는 좁은 곳에 핀 꽃. 집이 많이 모인 곳에서 집과 집 사이를 잇는 곳에 핀 꽃
- **골목나무** : 골목에서 자라는 나무. 큰 길에서 집과 집 사이로 들어가는 좁은 곳에서 자라는 나무. 집이 많이 모인 곳에서 집과 집 사이를 잇는 곳에서 자라는 나무
- **골목노래** : 골목에서 부르는 노래. 골목을 이룬 마을에서 즐겁게 살아가는 모습이나 숨결
- **골목놀이** : 골목에서 하거나 즐기는 놀이. 큰길에서 집과 집 사이로 들어가는 좁은 곳에서 하거나 즐기는 놀이. 집이 많이 모인 곳에서 집과 집 사이를 잇는 곳에서 하거나 즐기는 놀이
- **골목마을** : 골목으로 이룬 마을. 골목이 모여 이룬 마을. 큰길에서 안쪽으로 들어간 곳에 이룬 마을. 집과 집 사이를 잇는 좁은 길을 사이에 두고 여러 집이 모여서 이룬 마을
- **골목빛** : 골목에서 드러나거나 느낄 수 있는 빛. 골목에서 피어나거나 자라는 숨결
- **골목사람** : 골목으로 이룬 마을에 사는 사람. 골목이 모여 이룬 마을에 사는 사람. 큰길에서 안쪽으로 들어간 곳에 이룬 마을에 사는 사람. 집과 집 사이를 잇는 좁은 길을 사이에 두고 여러 집이 모여서 이룬 마을에 사는

사람
- **골목새** : 골목에서 사는 새. 집이 많이 모인 곳에서 사는 새
- **골목이웃** : 골목마을에서 나란히 붙은 집에 사는 사람. 골목마을에서 서로 가까이 지내는 사이
- **골목집** : 골목에 있는 집. 골목으로 이룬 마을에 있는 집. 골목이 모여 이룬 마을에 있는 집. 큰길에서 안쪽으로 들어간 곳에 이룬 마을에 있는 집. 집과 집 사이를 잇는 좁은 길을 사이에 두고 여러 집이 모여서 이룬 마을에 있는 집
- **곱** : 1. 무엇을 두 벌·번·판으로 더하거나 되풀이한 수·셈·부피·값·일 ('곱절'을 줄인 말) 2. 어느 수·부피를 그만큼 되풀이할 적에 세는 말 3. 어느 수를 그만큼 되풀이해서 얻은 값 4. 무엇을 두 벌·번·판으로 뺀 수·셈·부피·값·일
- **곱값** : 곱으로 더 내거나 받는 값
- **곱돈** : 곱으로 받거나 주는 돈
- **곱몫** : 곱으로 오거나 가는 몫
- **곱삯** : 곱으로 더 받는 삯
- **곱절** : 1. 무엇을 두 벌·번·판으로 더하거나 되풀이한 수·셈·부피·값·일 2. 어느 수·부피를 그만큼 되풀이할 적에 세는 말 3. 무엇을 두 벌·번·판으로 뺀 수·셈·부피·값·일
- **과일무침** : 양념을 하고서 과일을 고루 섞은 먹을거리

- **과일물** : 1. 과일에서 나오는, 또는 과일에 있는 물 2. 과일을 짠 물. 과일을 짜서 누리는 마실거리. '과즙·과실즙·과일음료·주스'를 가리킨다
- **과일버무리** : 양념을 안 하고서 과일을 고루 섞은 먹을거리
- **구경것** : 앞으로 장만해서 쓸 것을 미리 만지거나 다루면서 알아보도록 보여주거나 늘어놓은 것. '진열 상품·견본 상품·견본'을 가리킨다
- **구경집(구경하는 집)** : 살림을 하면서 지낼 집처럼 꾸며 놓은 곳으로, 앞으로 지어서 지낼 집이 어떠한 얼개이거나 모습인가를 느끼도록 미리 살피도록 한 집. '모델하우스'를 가리킨다
- **구경하다(구경)** : 1. 마음을 기울이거나 좋아하면서 차근차근·하나하나·두루 보다 (마음을 기울여 두루 보면서 받아들이거나 배우려고 하는 마음이 있음) 2. 눈으로 가볍게·살짝·문득·어렴풋이 보다 3. 스스로 나서거나 할 만하다고 여기지 않으면서 바라보기만 하다 4. 스스로 겪거나 맞이하거나 하다. '관람하다·유람하다·흥미(흥밋거리)·당하다·체험하다'를 가리킨다
- **구슬같다** : 구슬과 같다, 곧 구슬처럼 맑고 곱고 값지다
- **군밥** : 1. 손님을 먹이려고 짓는 밥 2. 끼니가 아닌 때에 먹도록 짓는 밥 3.

먹고 남은 밥
- **귀염-** : 귀엽다(작으면서 예쁘다고 느껴서 보기에 좋다)고 여기거나 볼 적에 앞에 붙이는 말. 귀염살림, 귀염꽃, 귀염자전거, 귀염책, 귀염노래, 귀염말, 귀염글, 귀염사랑, 귀염빛, 귀염집, 귀염밥
- **귀염벗** : 귀엽다(작으면서 예쁘다고 느껴서 보기에 좋다)고 여기면서 가까이에 두는 숨결. 사람이나 짐승이나 꽃이나 살림 모두 가리킬 수 있다
- **귀염이** : 귀엽다(작으면서 예쁘다고 느껴서 보기에 좋다)고 여기는 사람
- **귀염이름** : 귀엽게 가리키는 이름. '애칭·별칭'을 가리킨다
- **귀염짐승** : 귀엽다(작으면서 예쁘다고 느껴서 보기에 좋다)고 여기는 짐승. '펫(pet)'이나 '애완동물'을 가리킨다
- **그늘나루** : 한길이나 찻길을 가로지르는 자리인 건널목에 놓아 사람들이 그늘을 누릴 수 있도록 하는 자리
- **그늘자취(어둠자취)** : 어둡다고 여길 만하도록 보이거나 남긴 모습. 어둡기에 없던 일로 여기고 싶다 할 만한 아프거나 부끄럽거나 안 좋던 모습. '흑역사'를 가리킨다
- **그림** : 1. 연필·붓·크레파스 들을 써서 어떤 모습을 눈으로 보도록 나타낸 것 2. 마음·뜻·모습·이야기·삶들을 머리로 알아보도록 나타낸 것

3. 보기 좋은 모습 4. 미리 생각해 보는, 앞으로 하거나·이루거나·가거나·누리거나·맞이하려는 일 (계획·설계·구상·플랜) 5. 눈으로 보면서 쉽게 알도록 풀어내는 일을 나타내는 말

- 그림갈무리 : 나중에 보거나 쓰기 좋도록 그림을 그대로 옮겨서 모으는 일. '스캔'을 가리킨다
- 그림동무 : 1. 그림을 같이 배우거나 익힌 사이 2. 그림을 주고받으면서 지내는 사이
- 그림벗 : 1. 그림을 같이 배우거나 익힌 가까운 사이 2. 그림을 주고받으면서 지내는 가까운 사이
- 그림숲 : 숲처럼 있는 그림. 그림으로 이룬 숲. 삶을 둘러싼 모든 모습을 그림이나 사진이나 조각을 비롯한 여러 가지로 나타낸 것을 한자리에 모아서, 이러한 그림·사진·조각 들을 바탕으로 우리 삶이나 삶터가 어떠한 숨결이거나 뜻인가를 읽거나 느끼도록 북돋우는 곳
- 그림숲집 : 삶을 그려낸 것이 숲처럼 있는 집. 삶을 둘러싼 모든 모습을 그림이나 사진이나 조각을 비롯한 여러 가지로 나타낸 것을 한자리에 모은 곳으로, 이러한 그림·사진·조각 들을 바탕으로 우리 삶이나 삶터가 어떠한 숨결이거나 뜻인가를 읽거나 느끼도록 북돋우는 곳. '전시관·갤러리'를 가리킨다
- 그림종이 : 그림을 그리는 종이. 그림을 그리기 좋도록 깨끗한 종이. '도화지'를 가리킨다
- 글 : 1. 생각·마음·뜻·일·이야기·몸짓·모습·흐름·하루·삶 들을 눈으로 보아서 알 수 있도록 나타낸 것 (눈으로 보아서 알 수 있도록 담아내거나 나타낸 그림) 2. 배운 깊이나 너비나 결. 배워서 아는 깊이나 너비나 결 3. 말을 나타낸 그림이나 무늬 4. 생각·마음·뜻·일·몸짓·모습·흐름·하루·삶·사람·사랑·숲을 비롯한 온갖 이야기를 어느 틀에 따라 줄거리를 짜고는, 차근차근 읽어서 배울 수 있도록 엮은 꾸러미. 살면서 배우거나 보거나 느끼거나 생각한 이야기를 엮어서 묶은 꾸러미. 종이로 빚어서 묶기도 하지만, 누리판으로 볼 수 있도록 짓기도 한다 (= 책) 5. 누구나 알아볼 수 있도록 줄거리·이야기·흐름·권리·뜻·다짐을 적어서 널리 밝히는 구실을 하는 꾸러미. 간추려서 적기도 하고, 낱낱이 적기도 한다. '문장·문헌·문서·서류·포스팅·게시물·게시문'을 가리킨다
- 글갈무리 : 나중에 보거나 쓰기 좋도록 글을 그대로 모으는 일. '문장 복사·복사'를 가리킨다
- 글동무 : 1. 글을 같이 배우거나 익힌 사이 2. 글을 주고받으면서 지내는

사이. '펜팔'을 가리킨다

- **글모르다** : 글을 모르다
- **글바보** : 1. 글을 제대로 모르거나 제대로 못 읽는 사람 2. 글에만 푹 빠진 채 다른 일을 헤아리지 않는 사람
- **글벌레(글버러지)** : 1. 글을 매우 좋아하거나 즐겨쓰는 사람 2. 오로지 글만 지나치게 알거나 좋아하거나 쓰는 사람
- **글벗** : 1. 글을 같이 배우거나 익힌 가까운 사이 2. 글을 주고받으면서 지내는 가까운 사이. '펜팔'을 가리킨다 3. 오래도록 글을 주고받은 가까운 사이
- **글벼락** : 갑자기 한꺼번에 쏟아지는 글. 갑자기 한꺼번에 많이 받은 글·덧글·글월
- **글보람** : 글을 쓰거나 나누면서 좋거나 반갑거나 즐겁거나 기쁘다고 느끼는 마음
- **글숲** : 숲처럼 있는 글. 글로 이룬 숲. 삶과 사랑과 살림을 둘러싼 모든 이야기를 글로 담아서 한자리에 모아서, 이러한 글을 바탕으로 사람들이 삶과 사랑과 살림을 새롭게 바라보면서 배우도록 북돋우는 곳
- **글숲집** : 삶과 사랑과 살림을 담은 글이 숲처럼 있는 집. 삶과 사랑과 살림을 둘러싼 모든 이야기를 글로 담아서 한자리에 모은 곳으로, 이러한 글을 바탕으로 사람들이 삶과 사랑과 살림을 새롭게 바라보면서 배우도록 북돋우는 곳. '문학관'을 가리킨다

- **글쓰기** : 있는 그대로 글을 쓰기. 보태거나 꾸미거나 깎거나 덜거나 감추거나 부풀리지 않고 그대로 글을 쓰기. 이야기를 하듯이, 생각이 자라는 대로, 나누고 싶거나 말하는 대로, 살았거나 살거나 살려는 대로, 만나거나 보거나 느끼거나 겪거나 들은 대로, 좋거나 싫거나 다쳤거나 즐거운 마음하고 느낌을 하나하나 글로 쓰기. 지난 일이나 바로 오늘 이곳을 차근차근 짚으면서 글을 쓰기
- **글월** : 1. 생각·마음·뜻·일·이야기·몸짓·모습·흐름·하루·삶 들을 눈으로 보아서 알 수 있도록 나타낸 것 (= 글) 2. 들려주고 싶은 이야기·나누고 싶은 말·품은 생각·겪거나 한 일·즐긴 놀이나 하루·알릴 이야기 들을 적어서 띄우는 꾸러미. 짧게 쓸 수도 길게 쓸 수도 있다 3. 말을 나타낸 그림이나 무늬 (= 글씨) 4. '알리거나 밝히는 이야기를 적은 글'을 따로 나타내는 이름 5. 누구나 알아볼 수 있도록 줄거리·이야기·흐름·권리·뜻·다짐을 적어서 널리 밝히는 구실을 하는 꾸러미. 간추려서 적기도 하고, 낱낱이 적기도 한다. '편지·게시물·포스팅·게시문·안내문·홍보문'을 가리킨다
- **글월동무** : 글월을 주고받으면서 지

내는 사이. '펜팔'을 가리킨다

- **글월벗** : 글월을 주고받으면서 지내는 가까운 사이. '펜팔'을 가리킨다
- **글이름** : 1. 글을 쓰는 사람을 밝히려고 붙이거나 지어 놓은 이름. 글을 쓸 적에만 따로 밝히거나 붙이거나 지어 놓은 이름. '필명·펜네임'을 가리킨다 2. 글·글씨·책을 잘 쓰거나 훌륭히 펴면서 널리 알려진 이름
- **글일꾼** : 글을 다루는 사람. 글을 쓰거나 손질하거나 엮는 일을 하는 사람. '작가·편집자·교정교열자'를 가리킨다
- **글자락** : '알리거나 밝히는 이야기를 적은 글'을 따로 나타내는 이름. 누구나 알아볼 수 있도록 줄거리·이야기·뜻 들을 적은 꾸러미. '포스팅·게시물·게시문'을 가리킨다
- **글자취** : 살거나 나누거나 하거나 짓거나 겪거나 이야기한 여러 가지를 남긴 글. '기록'을 가리킨다
- **글종이** : 글을 쓰는 종이. 글을 쓰기 좋도록 칸을 넣은 종이. '원고지·원고용지'를 가리킨다
- **글짓기** : 아직 이루지는 않았으나 앞으로 이루고 싶은 뜻·꿈·생각을 담아서 글을 쓰기. 아직 보거나 듣거나 느끼거나 겪지 않았으나, 보고 싶거나 듣고 싶거나 느끼고 싶거나 겪고 싶은 삶·모습·이야기를 스스로 생각해 보면서 글을 쓰기. 일어나지 않

았거나 일어날 듯하지 않거나 일어날 수 없다고 여길 만하지만, 눈앞에서 참으로 일어난다면 어떠할까 하고 마음으로 그리면서 글을 쓰기. 가깝거나 먼 앞날을 마음으로 그리면서 글을 쓰기

- **글판** : 글을 쓰는 판. 셈틀을 다룰 적에 글씨나 그림이나 무늬나 숫자를 넣으려고 쓴다. '자판·키보드'를 가리킨다
- **기름너울** : 기름값이 갑자기 치솟아 사람들 살림이 크게 힘들어진 일. '유류파동·석유파동·오일쇼크'를 가리킨다
- **기름벼락** : 기름값이 갑자기 치솟아 사람들 살림이 크게 힘들어진 일. '유류파동·석유파동·오일쇼크'를 가리킨다
- **기쁨낯** : 기쁜 느낌이 흐르는 낯
- **기쁨누리** : 누구나 기쁘게 지내는 터전. '행복한 세상'을 가리킨다
- **기차나루** : 이 고장에서 저 고장으로 오가려고 기차를 타는 곳. '기차역'을 가리킨다
- **길그림** : 1. 살아가는 땅이나 다니는 길을 한눈에 알아보기 좋도록 담은 그림. 땅이나 길을 그 크기대로 담을 수 없기에, 알맞게 줄여서 담는다. '지도'를 가리킨다 2. 앞으로 무엇을 하려는가를 차근차근 꼼꼼히 밝힌 그림이나 글. '설계도·계획도·지침·

로드맵'을 가리킨다

- **길동무** : 1. 길을 함께 가는 사이 2. 오래도록 한길을 함께 걸은 사람. '동반자·반려자'를 가리킨다
- **길라잡이** : = 길잡이
- **길모르다** : 길을 모르다
- **길목** : 1. 넓거나 커다란 길에서 좁거나 작은 길로 들어서는 자리 (길머리·길나들이) 2. 여러 길을 잇거나 어느 길에서 자주 드나드는 좋은 자리 3. 넘어가거나 바뀌거나 새로워지거나 거듭나는 때 (어느 때·자리·흐름에서 다른 때·자리·흐름으로 넘어가거나 바뀌거나 되는 고비)
- **길바보** : 길을 제대로 모르거나 잘 찾아가지 못하는 사람
- **길밤** : 길에서 묵거나 맞이하는 밤. '야영'을 가리킨다
- **길밥** : 길에서 먹는 밥. 마실이나 나들이를 다니다가 길·들·한데에서 차리거나 지어서 먹는 밥
- **길벗** : 1. 길을 함께 가는 가까운 사이 2. 오래도록 한길을 함께 걸은 가까운 사람. '동반자·반려자'를 가리킨다
- **길잠** : 길에서 누리거나 드는 잠. '야영·노숙·비박(bivouac)'을 가리킨다
- **길잡이** : 1. 길을 이끌어 주는 무엇 2. 나아갈 곳이나 이룰 뜻을 이끌어 주는 무엇 3. 낯설거나 어려워하는 사람한테 도움말을 들려주면서 기운이 나도록 이끌어 스스로 나아가도록

하는 사람. '멘토'를 가리킨다

- **까대다(까대기)** : 잘잘못을 제대로 살피지 않고 자꾸 밀어붙이면서 매우 나무라다
- **깨어지다** : 1. 조각조각이 나다. 하나였던 것이 조각으로 되어 여기저기로 가다 2. 일이 잘 안되다. 뜻하던 일을 이루지 못하다 3. 맞거나 부딪혀서 다치다 4. 쉽게 넘기 어렵던 곳·자리·길을 넘다 5. 이제까지 흐르거나 잇거나 있거나 벌어지던 흐름·기운·자리·모습·결이 바뀌다 6. 겨루거나·맞붙거나·싸울 적에, 어느 쪽이 다른 쪽한테 뒤서거나 못하다. '파손·부상·파경·파투·파산·파탄·돌파·경신·전환·패배·실패·파멸·요절·전락·망하다'를 가리킨다
- **깨지다** : '깨어지다'를 줄인 말
- **꼭두** : 1. 머리에서 숫구멍이 있는 자리. 어느 것보다 높이 있는 자리 2. 무엇보다 위이거나 높은 곳·자리 3. 무엇보다 위이거나 높은 곳·자리에 있는 사람·것 4. 무엇보다 앞인 때. 가장 이르다고 여길 때
- **꼭두머리** : 1. 일에서 무엇보다 앞이라 할 자리 2. 무엇보다 위이거나 높은 곳·자리 (때로는 '우듬지'를 가리킨다) 3. 무엇보다 위이거나 높은 곳·자리에 있는 사람·것 4. 무엇보다 앞인 때. 가장 이르다고 여길 때

- 꽃 : 1. 풀·나무가 씨앗·열매를 맺으려고 피우는 숨결 2. 씨앗·열매를 맺으려고 피우는 숨결을 품은 풀·나무를 아우르는 이름 3. 사랑을 받거나 아름답거나 멋진 사람 4. 사랑스럽거나 아름답거나 눈부신 나날·때·철·삶 5. 가장 돋보이거나 대수롭거나 뜻있거나 큰 자리·사람·일 6. 사랑스럽거나 뛰어나거나 아름답게 남긴 자취·일·삶·길·꿈·이야기 7. 홍역·아토피를 앓을 적에 살갗에 조그맣고 발갛게 돋아나는 것
- 꽃그릇 : 1. 꽃을 심거나 담거나 돌보는 그릇 2. 꽃을 그리거나 꽃무늬를 넣은 그릇 3. 무늬나 그림이나 빛깔을 곱게 담은 그릇
- 꽃그림천 : 1. 꽃을 그림으로 담은 천 2. 무늬나 그림을 곱게 담은 천
- 꽃글 : 늘 아름답고 빛나면서 즐거운 글. 꽃처럼 곱고 사랑을 담아서 쓴 글
- 꽃글월 : 늘 아름답고 빛나면서 즐거운 글월. 꽃처럼 곱고 사랑을 담아서 쓴 글월
- 꽃길 : 1. 꽃이 피거나 꽃이 있는 길 2. 늘 아름답고 빛나면서 즐겁게 누리거나 살아가는 길
- 꽃노래 : 늘 아름답고 빛나면서 즐겁게 부르는 노래
- 꽃님 : 1. 꽃을 높이거나 포근하게 여기거나 느끼면서 가리키는 이름 2. 사랑스러우면서 눈부신 사람

- 꽃돌이 : 꽃을 좋아하거나 사랑하는 사내. 늘 아름답고 빛나면서 즐거운 사내
- 꽃등 : 어느 것·자리·사람보다 앞. 보기 좋도록 어느 것·자리·사람보다 앞. 맨 처음. '최우선·톱·원톱·최초·최고'를 가리킨다
- 꽃마무리 : 아름답고 빛나면서 즐겁게 짓는 마무리
- 꽃맺음 : 어떤 이야기·책·영화에서 끝을 아름답고 빛나면서 즐겁게 맺는 일
- 꽃별 : 1. 사랑스러우면서 아름답고 눈부신 별 2. 사랑스러우면서 아름답고 눈부신 사람
- 꽃빔 : 1. 꽃무늬를 넣은 새 옷 2. 꽃처럼 고운 옷. 새로 장만하는 고운 옷. '화려한 의상'이나 '웨딩드레스'를 가리킬 수 있다
- 꽃사람 : 늘 아름답고 빛나면서 즐거운 사람
- 꽃사랑 : 늘 아름답고 빛나면서 즐겁게 누리거나 가꾸는 사랑
- 꽃살림 : 늘 아름답고 빛나면서 즐겁게 누리거나 가꾸는 살림
- 꽃삶 : 늘 아름답고 빛나면서 즐거운 삶
- 꽃순이 : 꽃을 좋아하거나 사랑하는 가시내. 늘 아름답고 빛나면서 즐거운 가시내
- 꽃아버지 : 꽃을 좋아하거나 사랑하

는 아버지. 늘 아름답고 빛나면서 즐거운 아버지

- **꽃어머니** : 꽃을 좋아하거나 사랑하는 어머니. 늘 아름답고 빛나면서 즐거운 어머니
- **꽃일** : 늘 아름답고 빛나면서 즐겁게 하는 일
- **꽃집** : 1. 꽃이 있거나 꽃을 파는 집·가게 2. 늘 아름답고 빛나면서 즐겁게 살아가는 집
- **꽃짝** : 늘 아름답고 빛나면서 즐거운 짝
- **꽃천** : 1. 꽃을 무늬나 그림으로 담은 천 2. 무늬나 그림을 곱게 담은 천
- **꽃할머니** : 꽃을 좋아하거나 사랑하는 할머니. 늘 아름답고 빛나면서 즐거운 할머니
- **꽃할아버지** : 꽃을 좋아하거나 사랑하는 할아버지. 늘 아름답고 빛나면서 즐거운 할아버지
- **꾸러미** : 1. 하나로 꾸려 놓은 것. 흩어지거나 떨어지지 않도록 하나로 모은 것 2. 여럿으로 되거나 있는 이야기·줄거리를 하나로 모은 것 3. 여러 가지를 한꺼번에 누리도록 꾸려 놓은 것 4. 하나로 꾸려 놓은 것을 세는 이름 5. 달걀 열 알을 하나로 모아 세는 이름
- **꿈그림** : 앞으로 이루려고 하는 뜻·길·일을 밝힌 그림이나 글
- **꿈나루** : 꿈을 이곳에서 저곳으로 펼

치도록 하는 곳이나 자리나 마음이나 사람

- **꿈동무** : 꿈을 이루는 길을 같이 나아가려는 사이
- **꿈벗** : 꿈을 이루는 길을 같이 나아가려는 가까운 사이

ㄴ (69 낱말)

- **나들가게** : 마을에 있는 작은 가게. 집에서 가볍게 가까이 드나드는 곳에 있는 가게라는 뜻이다
- **나들길** : 나들이를 가는 길
- **나들마당** : 마을에서 가볍게 가까이 드나들 수 있는 열린 자리나 곳. 마을에 있는 '문화센터·광장' 같은 곳을 가리킨다
- **나들목** : 나가고 들어오는 길·곳·자리. '인터체인지·출입구·통행로'를 가리킨다
- **나들벗** : 나들이를 같이 다니는 벗
- **나들이** : 1. 나가고 들어오는 일 2. 나가고 들어오는 곳 (어귀·길목·나들목) 3. 머물거나 있는 곳을 떠나서 가까운·다른 곳을 가볍게 다녀오는 일 4. 마음·생각을 새롭게 하거나 바꾸거나 돌리려고 새로운 곳으로 찾아가거나 다녀오는 일. '여행'을 가리키기도 한다
- **나들집** : 마을에서 가볍게 가까이 드

261

나들 수 있는 곳으로, 집처럼 포근하다는 뜻으로 쓰는 이름이다

- **나들터** : 마을에서 가볍게 가까이 드나들 수 있는 곳. 마을에 있는 '문화센터' 같은 곳을 가리킨다
- **나라일꾼** : 나라에서 일을 맡아서 하는 사람. 때때로 '공무원·공직자'를 가리킨다
- **나란걸음** : 1. 나란히 내딛는 걸음 2. 모두 나란히 움직이는 모습으로 나아가는 걸음
- **나먼저** : 다른 사람보다 내가 먼저 하거나 가거나 쓰거나 누리려고 자리를 차지하려고 하는 일이나 몸짓
- **나물무침** : 양념을 하고서 나물을 고루 섞은 먹을거리
- **나물버무리** : 양념을 안 하고서 나물을 고루 섞은 먹을거리
- **나찍** : 스스로 제 모습을 찍기. '셀카'를 가리킨다
- **나찍놀이** : 스스로 제 모습을 찍으며 놀기. 스스로 저를 찍으면서 즐기는 놀이
- **낡은것** : 꽤 많은 날이 지나도록 써서 더 쓸 만하지 않다고 여기거나 더 쓸 만하기 어렵다고 여기는 것. 꽤 많은 날이 지났기에 요즈음 흐름하고는 안 맞는다고 여기는 것
- **남멋** : 남, 그러니까 다른 사람이 그 사람 스스로 느끼고 생각하고 찾고 누리고 펴고 가꾸고 나아가는 멋

- **낮빛** : 낮을 느낄 수 있는, 낮을 느끼게 하는 빛·모습·느낌
- **내멋** : 내가 나를 느끼고 생각하고 찾고 누리고 펴고 가꾸고 나아가는 멋. 다른 사람 눈치를 따지거나 살피거나 바라보지 않는다
- **너나들이** : 서로 너니 나니 하고 부르며 허물없이 말을 건네는 사이. 매우 사랑스럽다고 할 만한 사이. '죽마고우'를 가리킨다
- **너른마루** : 넓게 마련하거나 두는 마루. '대청마루'를 가리킨다
- **너울** : 1. 바다에 이는 크고 사나운 물결 2. 크고 사납게 일어나거나 덮치는 일
- **너울벼락** : 갑자기 사납고 크게 일어나서 뒤덮는 물결. '쓰나미(つなみ·津波·津浪·海嘯)'를 가리킨다
- **넉글** : 꼭 넷으로 쓰거나 맺는 글
- **넉마디** : 마디가 넷인 것이나 글을 가리킨다
- **넉마디말** : 마디가 넷이 되도록 쓰거나 하거나 짓는 말
- **넉말** : 꼭 넷으로 쓰거나 맺는 말
- **널방아** : 널 한가운데를 받치고서 두 끝에 올라타거나 앉은 다음에 서로 뛰면서 오르고 내리도록 하는 놀이틀. '시소'를 가리킨다
- **널찧기** : = 널방아
- **널틀** : = 널방아
- **네글** : 꼭 넷으로 쓰거나 맺는 글

- **네글씨한자(네마디한자·넉마디한자·넉글한자)** : 꼭 넷으로 쓰는 한자. '사자성어'를 가리킨다
- **네마디** : 마디가 넷인 것이나 글을 가리킨다
- **네마디말** : 마디가 넷이 되도록 쓰거나 하거나 짓는 말
- **네말** : 꼭 넷으로 쓰거나 맺는 말
- **노래짓기** : 노래를 새로 쓰는 일. '작곡'을 가리킨다
- **놀러가다** : 1. 놀려는 마음으로 어느 곳에 가다. 재미나거나 즐겁게 지내려고 어느 곳에 가다 2. 이웃·동무·살붙이·다른 사람을 만나려고 가볍게 가다
- **놀림말** : 1. 놀리는 말. 장난스럽게 하는 말 2. 누구를 괴롭히거나 비웃거나 나쁘게 보거나 낮게 여기려고 하는 말
- **놀이그림** : 어떤 놀이를 어떻게 어느만큼 하거나 이루거나 맞이하려는가를 눈으로 보면서 쉽게 알도록 풀어낸 것
- **놀이돌이** : 놀이를 좋아하거나, 즐겁게·잘·신나게 노는 사내
- **놀이마루** : 놀 수 있도록 마련하거나 두는, 넓고 판판한 자리·터
- **놀이벌레(놀이버러지)** : 1. 놀이를 매우 좋아하거나 즐기는 사람 2. 오로지 놀이만 할 생각뿐, 다른 일에는 마음이 없는 사람

- **놀이순이** : 놀이를 좋아하거나, 즐겁게·잘·신나게 노는 가시내
- **놀이터** : 1. 놀이를 하는 터 2. 놀이를 할 수 있도록 여러 가지를 갖춘 넓은 터
- **놀이틀** : 타거나 오르거나 움직이거나 돌리면서 놀 수 있도록 마련한 틀. '놀이 기구·놀이 시설'을 가리킨다
- **누리가게** : 누리그물에 마련한 가게. 누리집에 물건을 올려서 사고판다. '인터넷숍'을 가리킨다
- **누리그물** : 셈틀마다 서로 만나거나 이을 수 있도록 돕는 풀그림이나 자리. '포털 사이트·인터넷 사이트'를 가리킨다
- **누리글** : 셈틀을 켜서 누리판에 올리거나 쓰는 글. 누리모임에 올리거나 쓰는 글. 누리그물에 올라와서 읽는 글. '인터넷 게시물'을 가리킨다
- **누리글월** : 셈틀을 켜서 누리판에서 주고받는 글월. '인터넷 편지·이메일'을 가리킨다
- **누리놀이** : 셈틀을 켜서 누리판에서 즐기는 놀이. '인터넷 게임'을 가리킨다
- **누리님** : 셈틀을 켜서 펴거나 어울리는 누리판을 이루는 사람. '네티즌'을 가리킨다
- **누리마실** : 누리그물 여러 곳을 두루 찾아다니면서 글을 읽거나 그림·사진·영상을 보거나 이야기를 살피는

일 (온갖 누리집을 누비는 일). '웹서핑'을 가리킨다

- **누리모임** : 셈틀을 켜서 펴거나 어울리는 누리판에서, 사람들이 저마다 여러 가지 글·그림·사진·영상·이야기 들을 올리거나 나누도록 마련한 곳. '인터넷 카페·인터넷 동호회'를 가리킨다

- **누리신문** : 누리그물에 이야기를 올리는 신문. 누리그물에 들어가서 이야기를 읽는 신문. '인터넷 신문'을 가리킨다

- **누리이웃** : 셈틀을 켜서 펴거나 어울리는 누리판에서 스스로 가까이 지내는 사람

- **누리자취** : 누리그물에 들어오거나 드나든 길을 남긴 모습. '접속 기록·접속 정보'를 가리킨다

- **누리저자** : 누리그물에 마련한 저자. 누리집에 물건을 올려서 사고파는 너른 저자판이다. '인터넷쇼핑몰'을 가리킨다

- **누리지기** : 셈틀을 켜서 펴거나 어울리는 누리판에 마련한 곳(누리모임)을 돌보거나 이끄는 사람. '누리그물'을 돌보거나 다스리는 사람도 가리킨다

- **누리집** : 셈틀을 켜서 펴거나 어울리는 누리판에서, 우리 스스로 여러 가지 글·그림·사진·영상·이야기 들을 올리거나 나누도록 마련한 곳. '홈페이지'를 가리킨다

- **누리판** : 셈틀을 켜서 펴거나 만나거나 어울리는 곳. 나라나 자리를 가리지 않고 만나거나 이어서 어울리도록 하는 곳이다. '인터넷'을 가리킨다

- **누이** : 1. 어버이가 같은, 또는 한 집안에서 살아가는 가시내를 사내가 가리키는 이름 2. 가까이 지내면서 나이가 어린 가시내를 사내가 가리키는 이름

- **눈물낯** : 눈물이 날 듯한, 또는 눈물이 나는 낯

- **눈코** : 눈하고 코를 함께 가리키는 말. 얼굴이 어떻게 생겼는가를 눈하고 코를 놓고서 살피거나 볼 적에 쓰는 말

- **눈코귀** : 눈, 코, 귀를 함께 가리키는 말. 얼굴이 어떻게 생겼는가를 눈, 코, 귀를 놓고서 살피거나 볼 적에 쓰는 말

- **눈코귀입** : 눈, 코, 귀, 입을 함께 가리키는 말. 얼굴이 어떻게 생겼는가를 눈, 코, 귀, 입을 놓고서 살피거나 볼 적에 쓰는 말

- **눈코입** : 눈, 코, 입을 함께 가리키는 말. 얼굴이 어떻게 생겼는가를 눈, 코, 입을 놓고서 살피거나 볼 적에 쓰는 말

- **느린밥** : 느긋하게 즐기도록 느긋하게 지어서 먹는 밥. '슬로푸드'를 가리킨다

- **늙몸** : = 늙은몸
- **늙은몸** : 늙은 몸. 나이가 들어 움직이기 힘든 몸을 나타낸다

- **다람쥐** : 1. 숲에서 살며 몸은 흙빛이고 배는 흰빛이며 나무열매를 좋아하고, 나무를 잘 타는 작은 짐승 2. 셈틀을 다룰 적에 화면에 깜빡거리는 단추를 움직이도록 쓰는 것. '마우스'를 가리킨다
- **다람쥐질** : 셈틀을 쓸 적에 화면에 깜빡거리는 단추를 움직이도록 하는 다람쥐를 만지는 일
- **다시보다** : 1. 예전에는 제대로 살피거나 헤아리지 않아서 잘 모르거나 어렴풋이 알던 이야기·길·살림·것·자리·숨결을 차근차근 살피거나 헤아리면서 보다 2. 예전에·이미 보았으나 더 찾아서 보다. 또는 예전에·아직 보지 못했기에 비로소 보려고 찾아서 보다
- **다시서다** : 꺾이거나 쓰러지거나 안되고 만 뒤에, 그대로 머물거나 있지 않고서, 힘이나 재주를 모으거나 갈고닦거나 키워서, 예전과 다르게 일어서다. '권토중래·재기·재도약'을 가리킨다
- **다시쓰다(다시쓰기)** : 1. 예전에 쓴 글을 버리고, 줄거리·이야기·뼈대·결을 바꾸거나 고쳐서 쓰다. '개작·개고'를 가리킨다 2. 예전에 쓰고서 더는 안 쓰던 것·물건·살림을 바꾸거나 고쳐서 쓰다. '재생·재사용'을 가리킨다 3. 예전에 일을 맡겼다가 더는 일을 안 맡긴 사람을 다시 부르거나 찾아서 일을 맡기다 (되쓰다)
- **다시읽다** : 1. 예전에 읽었으나 더 읽다 2. 예전에 읽은 틀이나 생각이나 마음을 버리고, 다르게 느끼거나 알려는 생각이나 마음으로 더 읽다
- **다시짓다** : 꺾이거나 쓰러지거나 안되고 만 뒤에, 그대로 머물거나 있지 않고서, 힘이나 재주를 모으거나 갈고닦거나 키워서, 예전과 다르게 짓다
- **다시찾다** : 예전에 알거나 찾았으나 한동안 잊거나 모르면서 지내던 이야기·길·살림·것·자리·숨결을 마치 이제껏 몰랐다는 듯이 찾다. 또는 그동안 알거나 가졌던 것을 잃은 다음에 마치 처음으로 알거나 가지는 듯이 찾다
- **다시하다** : 1. 예전에 하다가 멈추거나 그만두거나 마무리를 짓지 못한 일을 이어서 하다 2. 예전에 하다가 막히거나 안되거나 끝나거나 마무리를 못 지은 일·예전에 했던 일을, 그대로 두지 않고서, 힘이나 생각이나 재주를 모으거나 갈고닦아서, 예전

과 다르게 하다
- **달그림** : 한 달을 지내거나 살거나 보내면서, 이동안 무엇을 하거나 이루거나 맞이하려는가를 눈으로 보면서 쉽게 알도록 풀어낸 것. '월간 계획·월간 일정표'를 가리킨다
- **달동네** : = 달마을. 가난한 사람들이 멧중턱이나 멧꼭대기를 둘러싼 곳에 옹기종기 모여서 살아가며 마을을 이루는 모습을 본 백기완 님은 '달동네'라는 이름을 지었다. 나라에서는 이런 마을을 '빈민촌'이라 일렀고, 백기완 님은 가난한 마을 사람들이 달을 가까이에서 마주보고 산다는 뜻으로 '달동네'라는 이름을 쓰자고 했다
- **달마실** : 달이 뜬 밤에 달이나 별을 보면서 다니는 마실
- **달마을** : 시골이나 서울이나 사람들이 집을 지어 살며 저절로 모여 이루는 곳은 '마을'이다. 그런데 이런 마을을 놓고서, 일제강점기 무렵부터 '시골 = 마을', '도시(서울) = 동네(洞-)'라는 이름으로 가르려 했으며, 시골에서는 마을이름을 '-마을'로 했다면, 도시에서는 '-동'으로 했다. 이러면서 도시에서 가난한 사람들이 멧중턱이나 멧꼭대기를 둘러싸고 모인 마을도 '달마을' 아닌 '달동네'란 이름으로 널리 썼는데, 시골하고 도시를 굳이 가르기보다는 모두 사람이 모여서 이루는 터전이라는 뜻으로 '달마을'이라고 할 만하다
- **달말미** : 달마다 일을 쉬는 때. '월차'를 가리킨다
- **달밤마당** : 달이 깊은 밤에 열거나 누리는 저잣거리나 잔치판. '심야시장·심야축제'를 가리킨다
- **달빛마당** : = 달밤마당
- **달빛마실** : = 달마실
- **달삯** : 어느 일터에 들어가서 일하는 사람이 다달이 받는 일삯
- **달쌈** : 달마다 일을 살짝 쉬는 때
- **달책** : 다달이 나오는 책. '월간잡지·월간지'를 가리킨다
- **달콤글** : 달콤하게 속삭이거나 들려주거나 나누는 마음을 담은 글
- **달콤글월** : 달콤하게 속삭이거나 들려주거나 나누는 마음을 담은 글월
- **달틈** : 달마다 일을 살짝 쉬는 때
- **담배쌈** : 담배를 피울 만한 짬. 담배를 피우면서 짧게 쉬는 때
- **담배틈** : 담배를 피울 만한 틈. 담배를 피우면서 짧게 쉬는 때
- **더쓰다(더쓰기)** : 쓰임새가 다 되었다고 여길 만하지만 손질하거나 돌보면서 한동안 이어서 쓰다
- **더위벼락** : 갑자기 크게 더운 날씨
- **덤** : 1. 내야 할 값이나 제 값어치보다 더 주는 일·돈·물건. '추가·인센티브·성과급·사은품·가산점·추가금·추가 점수·플러스·일석이조·일석삼

조·일석다조·보너스·혜택'을 가리킨다 2. 쓰거나 빌리고서 돌려줄 적에 처음 쓰거나 빌린 돈·값·물건에 붙여서 주는 돈·물건. '이자·할증'을 가리킨다 3. = 우수리 4. 바둑을 두는 자리에서, 검은돌을 쥔 사람이 흰돌을 쥔 사람한테 몇 집을 더 주는 일

• **덤값** : 덤으로 주거나 받는 값

• **덤꾸러미** : 덤으로 주거나 받는 꾸러미

• **덤돈** : 덤으로 주거나 받는 돈. '팁·보너스·상여금'을 가리킨다

• **덤몫** : 덤으로 주거나 받는 몫

• **덤바퀴** : 더 두거나 챙기는 바퀴. '스페어타이어'를 가리킨다

• **덤삯** : 덤으로 주거나 받는 삯. '팁·보너스·상여금'을 가리킨다

• **덤터기** : 1. 한 적이 없는데 남한테 넘기는 짐·허물·걱정·잘못·손가락질. 또는 한 적이 없으나 남한테서 넘겨받는 짐·허물·걱정·잘못·손가락질 2. 한 적이 없으나 뜻하지 않게 받아야 하는 짐·허물·걱정·잘못·손가락질

• **덧돈** : 더 주거나 받는 돈. 더 붙여서 주거나 받는 돈

• **덧문** : 1. 문 곁이나 바깥에 더 붙이거나 다는 문 2. 기차·전철·버스를 타는 곳에서 사람들이 기찻길·전철길·버스길에 떨어지거나 그쪽으로 미리 나가지 않도록 따로 마련해 놓은 문. '안전문·스크린도어'를 가리킨다

• **덧없다** : 1. 알지 못하는 사이에 때가 매우 빠르게 지나가거나 바뀌다. '제행무상·무상'을 가리킨다 2. 보람이나 쓸모가 없어 허전하거나 아쉽다 3. 갈피를 잡을 수 없거나 까닭·바탕이 없다

• **덧이름** : 더 붙인 이름. 늘 쓰는 이름 말고, 어느 곳에서 따로 쓰려고 짓거나 붙인 이름. '별칭·별명·호·아이디·닉네임'을 가리킨다

• **덧일** : 1. 맡거나 주어진 일에 붙은, 더 맡거나 주어진 일 2. 일을 하기로 주어진 때를 넘어서 더 하는 일. '추가근로·추가노동·시간외노동·시간외근무·시간외근로'를 가리킨다

• **덧짓** : 더 하는 짓. 그만하지 않고 자꾸 하는 짓

• **도움님** : 돕는 사람을 높이는 이름. '후원자·원조자·스폰서'를 가리킨다

• **도움벗** : 곁에서 돕는 사람. 또는 도와주는 가까운 사이

• **도움지기** : 도우며 지키는 사람

• **돈벌레(돈버러지)** : 1. 돈을 매우 잘 벌거나 모으거나 좋아하는 사람 2. 오로지 돈만 지나치게 알거나 좋아하거나 밝히거나 모으려고 하는 사람

• **돈벼락** : 갑자기 한꺼번에 많이 생긴 돈

• **돈셈** : 돈을 밝히거나 따지거나 생각

하는 일. 다른 무엇보다 돈을 더 밝히거나 따지거나 생각하는 일

- **돈쓰다** : 1. 돈을 들여서 무엇을 하다 2. 돈을 내어 무엇을 내 것으로 하다. '소비·지출'을 가리킨다
- **돌고돌다** : 돌고서 또 돌다. 돌고 돌기를 그치지 않다. 한 자리나 한 가지 모습으로 있지 않다. '회전·무한반복·반복·제행무상·무상'을 가리킨다
- **돕다** : 1. 남이 하는 일이 잘되도록, 또는 힘이 덜 들도록 함께 하거나 힘을 더하다 2. 돈이나 물건을 주어서 어려운 때나 살림에서 벗어나도록 하다 3. 한결 좋아지게 하거나, 안 좋던 모습을 나아지게 하다 4. '갈 길을 빨리 가도록 하여'를 나타내는 말 5. 힘이 되어 주다 (모자라는 곳을 채우는 힘이 되어 주다) 6. 일이 잘되도록 힘을 더하다 7. 뒤를 밀어주다 (뒤에서 힘이 되어 주다) 8. 바르게 가도록 이끌다
- **동무** : 1. 늘 어울리는 사람 2. 어떤 일을 함께 하는 사이
- **동무님** : '동무'를 높이거나 따스하게 나타내는 말. 또는 한결 아끼는 '동무'를 나타내는 말
- **되살리다(되살리기·되살림)** : 쓰임새가 적거나 없던 것·물건·살림을 새로운 곳에 맞도록 바꾸거나 고쳐서 쓰임새를 다시 넓히다. '리사이클·재활용·재생'을 가리킨다

- **되쓰다(되쓰기)** : = 다시쓰다. '재사용·재이용'을 가리킨다
- **두걸음** : 1. 한 걸음을 딛고서 더 딛은 걸음 2. 아직 스스로 한 적이 없거나·아직 누구도 하지 않거나 모르는 일을, 맨 먼저 하려고 나서거나 가려고 한 다음에, 스스로 더 힘을 내거나 갈고닦으면서 새로 나아가려고 하는 길이나 몸짓
- **두꺼운종이** : 두께가 꽤 있는 종이. '중량지·하드보드지'를 가리킨다
- **두발** : 1. 한 발을 떼고서 더 떼는 발 2. 아직 스스로 한 적이 없거나·아직 누구도 하지 않거나 모르는 일을, 맨 먼저 하려고 나서거나 가려고 한 다음에, 스스로 더 힘을 내거나 갈고닦으면서 새로 나아가려고 하는 길이나 몸짓
- **두밤** : 밤을 둘 보내기. 두 날, 곧 이틀을 밖이나 다른 곳에서 자면서, 또는 밤을 이틀 보내면서 지내는 일. '이박삼일'을 가리킨다
- **두툼종이** : 두께가 꽤 있는 종이. '중량지·하드보드지'를 가리킨다
- **둑나루** : 둑을 놓은 곳에 있는 나루. '방파제 포구'를 가리킨다
- **둘찍** : 두 사람이 같이 나오도록 찍기
- **뒤밟기(뒤밟다)** : 무엇을 하거나 어떻게 하는가를 살피려고 뒤를 따라가는 일. '미행'을 가리킨다
- **뒤좇기(뒤좇다)** : 1. 뒤를 따라서 가

는 일. 앞에 가는 이를 잡거나 멈추게 하려고 뒤에서 따라가는 일 2. 뒤를 이어서 가는 일. 앞에 가는 이가 품거나 밝히거나 나누는 뜻·말·길을 그대로 이어서 가는 일

- **뒷가심** : 넉넉히 다 먹고서 입에 어떤 맛이나 냄새가 남지 않도록 입을 비우려고 가볍게 마련하는 먹을거리나 마실거리. '디저트·후식'을 가리킨다

- **뒷말(뒷소리)** : 1. 이어지는 말에서 뒤쪽 2. 어떤 일이 있고서 생기거나 흐르거나 나오는 말 3. 뒤에서·몰래·그 사람이 없는 자리에서·떳떳이 나서지 않으면서, 어떤 일이나 사람을 두고서 늘어놓거나 쓸데없이 이러니저러니 하는 온갖 말

- **뒷밥** : 넉넉히 다 먹고서 입에 어떤 맛이나 냄새가 남지 않도록 입을 비우려고 가볍게 마련하는 먹을거리나 마실거리. '디저트·후식'을 가리킨다

- **뒷배** : 뒤에서 조용히 돌보는 일. 남한테 드러나지 않도록 보살피는 일. 앞에 나서지 않으면서 돕는 일

- **뒷배님** : 뒤에서 조용히 돌보는 사람을 높이는 이름. '후원자·원조자·스폰서'를 가리킨다

- **뒷배벗** : 뒤에서 조용히 돌보는 가까운 사이

- **뒷배지기** : 뒤에서 조용히 돌보며 지키는 사람

- **뒷씻이** : 넉넉히 다 먹고서 입에 어떤

맛이나 냄새가 남지 않도록 입을 비우려고 가볍게 마련하는 먹을거리나 마실거리. '디저트·후식'을 가리킨다

- **뒷이야기(뒷얘기)** : 1. 이어지는 이야기에서 뒤쪽 2. 어떤 일이 있고서 생기거나 흐르거나 나오는 이야기 3. 뒤에서·몰래·그 사람이 없는 자리에서·떳떳이 나서지 않으면서, 어떤 일이나 사람을 두고서 늘어놓거나 쓸데없이 이러니저러니 하는 온갖 이야기

- **뒷종이** : 종이를 앞뒤로 놓고 볼 적에, 쓴 한쪽이 아닌, 쓰지 않은 한쪽. 한쪽은 썼으나 다른 한쪽은 아직 쓰지 않은 종이. '이면지'를 가리킨다

- **들놀이** : 1. 들에서 하는 놀이. 들에 가서 하는 놀이 2. 쉬거나 놀거나 싱그러운 바람을 마시려고 바깥이나 들로 다녀오는 일. '소풍'을 가리키기도 한다

- **들마실** : 쉬거나 놀거나 싱그러운 바람을 마시려고 바깥이나 들로 다녀오는 일. '소풍'을 가리키기도 한다

- **들밤** : 들에서 묵거나 머무는 밤. '야영'을 가리킨다

- **들잠** : 들에서 누리거나 드는 잠. '야영·노숙·비박(bivouac)'을 가리킨다

- **등뼈찌개** : 토막을 낸 등뼈를 오래 푹 끓이고 감자·우거지·들깨를 넣어서 부드럽게 익히고 양념을 한 찌개. '감자탕'을 가리킨다

- **등뼈찜** : 토막을 낸 등뼈에 감자·우거지·들깨를 넣어서 오래 푹 찐 먹을거리
- **등짐** : 1. 짐을 등에 지는 일. 또는 등에 얹은 짐 2. 짐을 넣어서 등에 지고 다닐 수 있도록 지은 살림. '배낭·가방·백팩'을 가리킨다
- **따라가다** : 1. 앞에 가는 사람·길·무엇을 보면서 이렇게 가는 대로 가다 (뒤에 서서 똑같이 가다) 2. 곧게 난 자리·길·금·흐름을 그대로 밟으면서 가다 3. 다른 사람·무엇·무리가 하는 일이나 모습, 또는 누가 시키는 말을 그대로 하거나 똑같이 하다 4. 앞에 있는 만큼·앞서가는 만큼·앞에서 이룬 만큼·앞에서 보여주는 만큼 가깝게·비슷하게·거의·제법 되거나 이르거나 있거나 하다 (뒤떨어진 곳에 있기에, 더는 뒤떨어지지 않으려고 하다. 멀리 떨어지려 하기에, 더 떨어지지 않도록 따라잡으려고 하다) 5. 앞에서 하거나 가거나 보여주거나·누가 시키는 대로 하거나 갈 뿐, 스스로 더 생각하거나 살피지 않다
- **따라배우다** : 앞에서 하거나 있거나 보여주는 그대로 해보면서 배우다
- **따라버릇** : 앞에서 하거나 있거나 보여주는 그대로 하려는 몸짓
- **따라쟁이** : 앞에서 하거나 있거나 보여주는 그대로 하려는 사람
- **따라하다** : 1. 앞에서 하는 사람·길·무엇을 보면서 이렇게 하는 대로 하다 2. 앞에 있는 만큼·앞서가는 만큼·앞에서 이룬 만큼·앞에서 보여주는 만큼 가깝게·비슷하게·잘·좋게 되거나 이르거나 있으려고 그대로 하거나 배우다 3. 앞에서 하거나 가거나 보여주거나·누가 시키는 대로 하거나 갈 뿐, 스스로 더 생각하거나 살피지 않다
- **딸깍질** : 1. 불을 켜고 끄는 단추를 올리거나 내리는 일 2. 셈틀을 쓸 적에 화면에 깜빡거리는 단추를 움직이도록 하는 다람쥐를 만지는 일
- **딸바보** : 딸한테만 푹 빠진 채 다른 아이나 사람은 헤아리지 않는 사람
- **딸아들** : 딸하고 아들을 함께 가리키는 말. '자녀'라고도 한다
- **떠난님** : 죽은 사람을 에둘러 나타내면서 높이는 말. 죽은 사람이 나한테 고마웠거나 사랑스러웠다는 느낌을 나타내거나, 죽은 사람이 훌륭하거나 아름다웠기에 기리려는 뜻으로 하는 말
- **떠난분** : 죽은 사람을 에둘러 나타내면서 높이는 말
- **떠난이** : 죽은 사람을 에둘러 나타내는 말
- **떼노래** : 여러 사람이 모여 목소리를 맞추어서 부르는 노래. '합창'을 가리킨다

- **떼찍** : 떼로 우르르 모여서 찍기. '단체 촬영'을 가리킨다
- **또이름** : 또 있는 이름. 늘 부르거나 가리키는 이름 말고 따로 나타내거나 가리키는 이름. '별명·별칭·호·닉네임'을 가리킨다
- **똑돌이** : 어떤 일이든 아주 시원스레·제대로·알맞게·바르게·빈틈없이 맺고 끊거나 할 줄 아는 사내
- **똑똑이** : 1. 옳고 그름을 제대로 가리거나 알아듣거나 헤아리면서 일하거나 말할 줄 아는 사람 2. 생각이나 셈이 바르거나 알맞은 사람
- **똑똑쟁이** : = 똑똑이
- **똑똑하다** : 1. 모습·됨됨이·소리·마음·생각이 하나하나 눈앞에 그리듯이 드러나다 2. 옳고 그름을 제대로 가리거나 알아듣거나 헤아리면서 일하거나 말할 줄 알다 3. 생각이나 셈이 바르거나 알맞다
- **똑부러지다** : 어떤 일이든 똑똑히 맺고 끊으며 올바르게 잘하다
- **똑소리** : 어떤 일에 대하여 철저하고 확실하게 행동하다
- **똑소리나다** : 어떤 일이든 아주 시원스레·제대로·알맞게·바르게·빈틈없이 맺고 끊거나 할 줄 알다
- **똑순이** : 어떤 일이든 아주 시원스레·제대로·알맞게·바르게·빈틈없이 맺고 끊거나 할 줄 아는 가시내
- **뚱딴지말** : 뚱딴지같은 말. 여느 틀을

확 벗어나거나 지나치다 싶은 말
- **뚱뚱이** : 살이 많이 붙어 옆으로 퍼진 모습일 적에 가리키는 이름
- **뚱뚱하다** : 1. 살이 많이 붙어서 몸이 옆으로 퍼지다 2. 어느 한 곳이 부풀어서 부피가 크다
- **뜀틀** : 위쪽에 천이나 폭신한 것을 대고서 네모나게 짠 나무틀을 겹겹이 쌓을 수 있도록 하고, 이 나무틀을 손으로 짚어서 껑충 뛰어넘도록 한 틀
- **뜬금말** : 갑작스럽게 바뀌는 말. 뜻하지 않은 모습으로 빠르게 바뀌는 말
- **뜬금일** : 갑작스럽게 바뀌는 일. 뜻하지 않은 모습으로 빠르게 바뀌는 일
- **뜬꿈** : 이루려고 하거나 이루기를 바라지만, 자꾸 다른 길로 새거나 뜨고 말아서 이루지 못하는 뜻·생각·일·이야기
- **뜬소리** : 1. 여러 사람 입에 오르내리면서 잘못 퍼지는 이야기 2. 제대로 나지 않고 한쪽으로 솟으면서 새는 소리 3. 이루거나 하지 못할 듯하면서 자꾸 떠서 퍼지는 이야기
- **뜻밖말** : 생각을 하지 못하거나 벗어난 말. 그러리라고 여길 수 없는 말
- **뜻밖일** : 생각을 하지 못하거나 벗어난 일. 그러리라고 여길 수 없는 일
- **띠종이** : 좁고 기다란 종이. 감거나 두르거나 묶으려고 쓰는 좁고 기다란 종이. '띠지'를 가리킨다 (띠처럼 생기거나 지은 종이)

- **마구** : 1. 몹시 세차거나 지나치게 2. 가리지 않거나 살피지 않으면서. '무참히·무단·강제로'를 가리킨다
- **마구먹다** : 제대로 살피거나 가리거나 따지거나 지켜보지 않고서 먹다. '과식'을 가리킨다
- **마구쓰다** : 제대로 살피거나 가리거나 따지거나 지켜보지 않고서 쓰다. '낭비·과소비·무단 사용'을 가리킨다
- **마구하다** : 제대로 살피거나 가리거나 따지거나 지켜보지 않고서 하다. '무단 행동·무단 행위'를 가리킨다
- **마디글** : 마디가 하나이도록 쓰거나 짓는 글
- **마루** : 1. 집에서 바닥보다 높게 하고서 여러 칸이나 부엌 사이에 둔 자리. 흔히 앞뒤를 틔워 바람이나 해가 잘 드나들도록 하지만, 한쪽을 막기도 하고, 두 쪽 모두 문을 놓기도 한다 2. 집에서 여러 칸이나 부엌 사이에 넓게 둔 자리, 또는 여러 칸이나 부엌을 드나들 수 있도록 마련한 자리 3. 넓고 판판한 나무를 깔아 놓은 자리·바닥 4. 넓고 판판하게 있거나 펼친 자리·터
- **마실** : 1. = 마을(살림집이 조그맣게 모여 이룬 삶터) 2. 이웃집이나 가까운 곳에 찾아가거나 다녀오는 일 3. 마음·생각을 새롭게 하거나 바꾸거나 돌리려고 새로운 곳으로 찾아가거나 다녀오는 일. '여행'을 가리키기도 한다
- **마실벌레(마실버러지)** : 1. 마실·나들이·여행을 좋아하거나 즐기는 사람 2. 집에 머물 생각이 없이 틈만 나면 바깥으로 돌아다니거나 떠나려고 하는 사람
- **마실빔** : 마실을 앞두거나 맞이하려고 새로 장만하는 옷이나 입을거리
- **마을밤** : 마을에서 묵거나 머무는 밤
- **마을밥** : 마을에서 심고 가꾸고 거둔 열매나 남새로 지어서 마을에서 누리는 밥. '로컬푸드'를 가리킨다
- **마을일꾼** : 마을에서 일을 맡아서 하는 사람
- **마을집묵기** : 마을집에서 묵는 일. 하루를 묵을 수 있고, 여러 날이나 여러 달을 묵을 적에도 쓸 수 있다
- **마을집살이** : 마을집에서 살아 보는 일. 하루뿐 아니라 여러 날이나 여러 달을 지낼 적에 쓴다
- **마을책집** : 마을에 있는 책집. 마을에서 사는 사람이 가까이에서 쉽게 찾아갈 수 있는 책집. '동네책방'을 가리킨다
- **마음나루** : 이 사람하고 저 사람 사이에 마음이 흐르거나 만날 수 있도록 하는 곳이나 사람이나 숨결
- **마음동무** : 1. 마음이 맞거나, 마음을 나누거나, 마음을 서로 읽거나, 마음

이 같이 흐르는 사이 2. 낯설거나 어려운 일을 마음으로 헤아려 주면서 차근차근 차분히 이야기를 들려주어 기운이 나도록 이끄는 사이

- **마음벗** : 1. 마음이 맞거나, 마음을 나누거나, 마음을 서로 읽거나, 마음이 같이 흐르는 가까운 사이 2. 낯설거나 어려운 일을 마음으로 헤아려 주면서 차근차근 차분히 이야기를 들려주어 기운이 나도록 이끄는 가까운 사이
- **마음쓰다** : 1. 뜻한 대로 되거나 이루도록 마음을 움직여서 하다 2. 작은 곳까지 하나하나 따뜻하거나 넉넉하게 보다. '배려·신경쓰다·선심'을 가리킨다
- **마음지기** : 1. 마음을 나누거나 마음이 맞으면서 지켜 주는 사람이나 무엇 2. 낯설거나 어려운 일을 마음으로 헤아려 주면서 차근차근 차분히 이야기를 들려주거나 몸으로 보여주거나 곁에서 돌보아 기운이 나도록 지켜 주는 사람이나 무엇
- **막 1** : '마구'를 줄인 말
- **막 2** : 1. 이곳에서 이때에 2. 이제부터 그대로 이어서
- **막나가다** : 제대로 살피거나 가리거나 따지거나 지켜보지 않고서, 무엇을 하거나 나가거나 움직이다. 몹시 세차게·지나치게 무엇을 하거나 나가거나 움직이다. '무소불위·저돌

적·아주 심하다·조심성 결여'를 가리킨다
- **막먹다** : = 마구먹다
- **막삽질** : 제대로 살피거나 가리거나 따지거나 지켜보지 않고서 밀어붙이거나 파헤치거나 허물거나 내쫓는 삽질. '막개발·난개발'을 가리킨다
- **막쓰다** : = 마구쓰다
- **막질** : 다른 사람한테 함부로 굴거나 제멋대로 하는 짓. 때때로 '갑질(甲-)'을 가리킨다
- **막하다** : = 마구하다
- **만나보기** : 만나서 이야기를 하는 일. '인터뷰·면접·회견'을 가리킨다
- **만남** : 만나는 일. 둘이나 여럿이 한자리에 모여서 여러 가지를 하거나 어울리거나 이야기를 하는 일
- **만남말** : 만나서 나누는 말
- **만남벗** : 만나서 이야기를 할 사람. '상담자'를 가리킨다
- **만남손님** : 만나서 이야기를 할 사람이나 손님. '회견자·출연자·인터뷰이·게스트'를 가리킨다
- **만남자리** : 만나는 자리. 둘이나 여럿이 한자리에 모여서 여러 가지를 하거나 어울리거나 이야기를 하는 자리
- **말동무** : 1. 말을 섞거나 이야기를 하는 사이 2. 낯설거나 어려운 일을 차분하면서 차근차근 이야기를 들려주어 기운이 나도록 이끄는 사이

- **말맛** : 말하는 맛. 말을 나누는 맛. 말을 하거나 나타내는 소리·높낮이·가락·결·흐름·밀고 당기기·빠르기에 따라서 다르게 느끼거나 즐기는 맛

- **말멋** : 말하는 멋. 말을 나누는 멋. 말을 하거나 나타내는 소리·높낮이·가락·결·흐름·밀고 당기기·빠르기에 따라서 다르게 느끼거나 즐기는 멋

- **말벗** : 1. 말을 섞거나 이야기를 하는 가까운 사이 2. 낯설거나 어려운 일을 차분하면서 차근차근 이야기를 들려주어 기운이 나도록 이끄는 가까운 사이

- **말자취** : 말이 흐르거나 쓰이면서 달라지거나 거듭나거나 태어난 여러 가지 모습. '어휘사·어휘 변천사'를 가리킨다

- **말짓기** : 말을 새로 엮거나 짜거나 내놓는 일

- **맑은몸** : 맑은 몸. 티나 허물이나 흉이 없어 눈부시거나 참하거나 곱게 움직이는 몸을 나타낸다

- **맛보기** : 1. 맛이 어떠한지 알려고 살짝·가볍게 먹는 밥. '시식'을 가리킨다 2. 힘이나 마음을 쏟아 어떤 일을 오랫동안·깊이·신나게 하기 앞서 가볍게 몸·손·마음을 풀거나 다스리려고, 또는 그 일이 어떠한가를 살짝 알고자 해보는 작거나 수수한 일 3. 책이나 영화에서 줄거리를 어림할 수 있도록 가볍게 간추려서 살짝 보

여주거나 들려주는 이야기. '예고편'을 가리킨다

- **맞대꾸** : 마주 해 주는 대꾸. 누가 하는 말이나 몸짓을 마주보면서 하는 대꾸

- **맞말** : 누가 하는 말을 받아서 들려주는 말

- **맞몸짓** : 누가 하는 몸짓을 받아서 보여주는 몸짓

- **맞이마루** : 손님을 맞이하면서 모시는 자리. 때로는 손님을 맞이하면서 모시기도 하면서 사람들이 드나드는 넓은 자리나 길을 가리킨다. 또는 극장·공항·호텔·백화점 같은 곳에서 사람들이 기다리면서 앉거나 쉬는 넓은 곳을 가리키기도 한다. '응접실·로비'를 가리킨다 (손님마루)

- **맞장구** : 1. 마주보면서 치는 장구 2. 누가 하는 말이나 몸짓을 그대로 받아들여서 하는 말이나 몸짓. 때로는 더 크게 보여주기도 한다

- **맞장단** : 1. 마주 쳐 주는 장단 2. 누가 하는 말이나 몸짓을 그대로 받아들여서 하는 말이나 몸짓. 때로는 더 크게 보여주기도 한다

- **맞짓** : 누가 하는 말이나 몸짓을 받아서 들려주는 말이나 보여주는 몸짓

- **머릿이름** : 1. 앞에 내세우는 이름 2. 첫 닿소리나 글씨를 하나씩 따서 이은 새로운 이름. '숲노래'라면 'ㅅㄴㄹ'로, '숲을 사랑하는 모임'이라면

'숲사모'로 쓰는 이름. '이니셜'을 가
리킨다

- **먼저가기** : 아직 다른 사람이 가지 않
았을 적에 먼저 가는 일
- **먼저보기** : 아직 다른 사람이 보지 않
았을 적에 먼저 보는 일
- **먼저질** : 무엇이나 언제나 먼저 하려
고 드는 모습이나 일
- **먼저하기** : 아직 다른 사람이 하지 않
았을 적에 먼저 하는 일
- **멍청이** : 생각이 흐리거나 제대로 볼
줄 모르는 사람 (도무지 모를 뿐 아니
라 앞으로도 배우기 어렵거나 싫은
사람한테 쓴다)
- **모둠** : 1. 모임을 작게 따로 가르는 자
리 (학교에서 흔히 쓴다) 2. 작게 갈
라서 모은 것 3. 여러 가지를 한꺼번
에 누리도록 모은 것. '세트·세트 메
뉴'를 가리킨다 4. 작게 따로 가른 자
리·작게 갈라서 모은 것을 세는 이름
- **모둠밥** : 1. 작게 갈라서 모아 먹는 밥
2. 여러 가지를 한꺼번에 누리도록
모은 밥 3. 여러 사람이 둘러앉아서
같이 누리는 밥. '회식'을 가리킨다
- **모임터** : 모이는 터. 여럿이 모여서
이야기를 하거나 일을 하거나 생각
을 나누는 터
- **몰글** : 몰아서 쓰는 글
- **몰래** : 헤아리거나 느끼지 못하는 사
이에 가볍게·조용히 (알지 못하는
사이에 가볍게·조용히)

- **몰래걸음** : 둘레에서 헤아리거나 느
끼지 못하는 사이에 가볍게·조용히
걷는 일 (알지 못하는 사이에 가볍
게·조용히 걷는 일)
- **몰래길** : 둘레에서 헤아리거나 느끼
지 못하는 사이에 가볍게·조용히 걷
거나 짓거나 일구는 길 (알지 못하는
사이에 가볍게·조용히 걷거나 짓거
나 일구는 길)
- **몰래눈** : 1. 다른 사람이 일구거나 얻
거나 알아내거나 찾아낸 것을 그 사
람이 헤아리거나 느끼지 못하는 사
이에 가볍게·조용히 보는 눈 2. 다른
사람 몸·몸짓을 그 사람이 헤아리거
나 느끼지 못하는 사이에 함부로 보
는 눈
- **몰래밟기** : 둘레에서 헤아리거나 느
끼지 못하는 사이에 가볍게·조용히
뒤를 따라가는 일. 이렇게 뒤를 따라
가면서 지켜보거나 꼬투리를 잡으
려고 한다 (알지 못하는 사이에 가볍
게·조용히 뒤를 밟는 일). '미행'을 가
리킨다
- **몰래보다** : 1. 다른 사람이 일구거나
얻거나 알아내거나 찾아낸 것을 그
사람이 헤아리거나 느끼지 못하는
사이에 가볍게·조용히 보다. '부정
행위·커닝'을 가리킨다 2. 다른 사람
몸·몸짓을 그 사람이 헤아리거나 느
끼지 못하는 사이에 함부로 보다. '관
음증'을 가리킨다

- **몰래사랑** : 둘레에서 헤아리거나 느끼지 못하는 사이에 하거나 나누는 사랑
- **몰래질** : 1. 둘레에서 헤아리거나 느끼지 못하는 사이에 가볍게·조용히 자꾸 하는 일 (알지 못하는 사이에 가볍게·조용히 자꾸 하는 일) 2. 다른 사람이 일구거나 얻거나 알아내거나 찾아낸 것을 그 사람이 헤아리거나 느끼지 못하는 사이에 가볍게·조용히 자꾸 보는 일 3. 다른 사람 몸·몸짓을 그 사람이 헤아리거나 느끼지 못하는 사이에 함부로 자꾸 보는 일
- **몰래좇기** : 둘레에서 헤아리거나 느끼지 못하는 사이에 가볍게·조용히 뒤를 따라가는 일 (알지 못하는 사이에 가볍게·조용히 뒤를 따라가는 일)
- **몰래찍다** : 둘레에서 헤아리거나 느끼지 못하는 사이에 가볍게·조용히 사진으로 찍다. 그 사람이 받아들이지 않았는데 함부로 찍는 일을 가리킨다 (알지 못하는 사이에 가볍게·조용히 사진으로 찍다). '도촬'을 가리킨다
- **몰래하다** : 둘레에서 헤아리거나 느끼지 못하는 사이에 가볍게·조용히 하다 (알지 못하는 사이에 가볍게·조용히 하다)
- **몰매** : 여러 사람이 달려들어 한꺼번에 때리는 매 ≒ 뭇매·물매·모다깃매·무더기매·무릿매. '집단폭력·집

단폭행'을 가리킨다
- **몰매글** : 여러 사람이 어느 한 사람한테 달려들어 한꺼번에 나무라거나 꾸짖는 글
- **몰매질** : 여러 사람이 달려들어 한꺼번에 때리는 짓 ≒ 뭇매질·물매질·모다깃매질·무더기매질·무릿매질. '집단폭력·집단폭행'을 가리킨다
- **몰밀다** : 모두 한곳에 밀다. 다른 곳은 살피지 않고 그저 한곳으로 모두 가도록 하다
- **몰빵** : 몰미는 일이나 짓. 다른 곳은 살피지 않고 그저 한곳으로 모두 가도록 하는 일이나 짓
- **몰이질** : 모두 한곳으로 가도록 하는 일이나 모습
- **몰이짓** : 모두 한곳으로 가도록 하는 짓
- **몸살이풀** : 몸을 살리거나 따뜻하게 하는 풀. '약초·허브'를 가리킨다
- **무지개천** : 1. 무지개 무늬나 그림을 담은 천 2. 여러 가지 빛실로 짠 천. 여러 가지 빛실로 그림을 곱게 넣은 천. 빛깔이나 무늬나 그림이 아름다운 천. '태피스트리(tapestry)'를 가리킨다
- **묵은것** : 쓸 만한 날이 꽤 지난 것. 꽤 많은 날이 지나도록 쓰지 않고 그대로 둔 것
- **묵은절** : 한 해를 마치는 섣달 마지막날에, 지난 한 해를 돌아보면서 아

쉽거나 모자라거나 싫었던 마음·매무새를 털어내려고 하는 절. '묵은세배·구세배'를 가리킨다

- **물결** : 1. 물이 움직이며 올라가고 내려오는 움직임 2. 물결과 같이 움직이는 모습을 빗댈 때에 쓰는 말
- **물결타기** : 1. 길쭉한 널빤지에 올라서서 물결을 따라 나아가거나 물결 사이를 빠져나가면서 즐기는 놀이 (물결을 타는 놀이). '파도타기·서핑'을 가리킨다 2. 다른 사람·흐름·말·모습에 따라 움직이는 일. 스스로 생각하거나 움직이기보다는 다른 사람·흐름·말·모습에 휩쓸리거나 휘둘리는 일을 나타낸다 3. 누리그물 여러 곳을 두루 찾아다니면서 글을 읽거나 그림·사진·영상을 보거나 이야기를 살피는 일 (온갖 누리집을 누비는 일). '웹서핑'을 가리킨다
- **물림가게** : 물려받거나 물려주는 가게. 집안에서 물려받을 수 있고 남한테서 물려받을 수 있다
- **물림옷** : 물려받거나 물려주는 옷
- **물림일** : 물려받거나 물려주는 일
- **물림지기** : 물려받거나 물려주는 집·가게를 잇거나 일을 하는 사람
- **물림집** : 물려받거나 물려주는 집
- **물벼락** : 1. 갑자기 크고 세게 쏟아지는 물 2. 갑자기 크고 세게 찾아든 고비나 어려움. 갑자기 넘겨받거나 찾아든 궂거나 힘든 일

- **미끄럼틀** : 미끄러져 내려오면서 놀수 있도록 한쪽으로 기울도록 세운 틀

ㅂ (117 낱말)

- **바깥마루** : 집에서 바깥쪽으로 따로 내어 바람이나 해를 넉넉히 받는 곳. 지붕을 놓기도 하고 안 놓기도 한다. '베란다·툇마루'를 가리킨다 (밖마루)
- **바깥잠** : 집 바깥에서 누리거나 드는 잠. '야영·노숙·비박(bivouac)'을 가리킨다
- **바다놀이** : 1. 바다에서 하는 놀이. 바다에 가서 하는 놀이 2. 쉬거나 놀거나 싱그러운 바람을 마시려고 바다로 다녀오는 일
- **바다마실** : 쉬거나 놀거나 싱그러운 바람을 마시려고 바다로 다녀오는 일
- **바람같다** : 바람과 같다, 곧 바람처럼 가볍거나 싱그럽거나 때로는 무시무시하거나 홀가분하거나 빠르다
- **바람길** : 1. 바람이 흐르거나 불거나 지나는 길 2. 바람이 잘 드나들 수 있도록 마련한 자리. '환풍구'를 가리킨다 3. 바람이 지나가는 길을 보면, 바람이 지나가더라도 그 자리에 따로 자국을 남기지 않으니, 마치 바람이 지나간 듯이 예전하고 오늘이 확 바뀐 모습을 나타낸다
- **바람쐬다(바람쐬기)** : 1. 마음·생각

을 새롭게 하거나 바꾸거나 돌리려고 다른 곳을 다녀오거나 바깥으로 나가서 거닐다. 늘 있던 곳에 흐르는 바람이 아닌, 다른 곳이나 바깥에 흐르는 바람을 마시면서 마음·생각을 새롭게 하거나 바꾸거나 돌리거나 다스리다 2. 다른 마을·고장·나라·곳·자리·터·땅으로 가서 낯익지 않은·새로운 모습이나 삶이나 흐름이나 이야기나 사람이나 숲을 느끼고 보고 듣고 만나고 받아들이다

- **바로밥** : 바로 먹을 수 있도록 지은 밥. '즉석식품·인스턴트식품'을 가리킨다

- **바른글** : 바르게 쓰는 글. 드러나거나 보이거나 밝힌 모습·삶·사람·이야기를 있는 그대로 쓰는 글. 맞도록 쓰는 글. 틀리지 않게 쓰는 글

- **바른길** : 바르게 난 길. 바르게 가는 길. 다른 이야기·힘·이름에 얽매이거나 휘둘리거나 휩쓸리거나 물들지 않고 그대로 가는 길

- **바른붓** : 드러나거나 보이거나 밝힌 모습·삶·사람·이야기를 있는 그대로, 틀린 곳이 없도록 글로 쓰는 모습이나 몸짓이나 사람이나 모임

- **바른소리** : 바르게 나가거나 내는 소리. 드러나거나 보이거나 밝힌 그대로, 틀리지 않게 들려주는 소리

- **바보** : 1. 어떤 일을 제대로 모르거나 제대로 못 보는 사람 (아직 모를 뿐

앞으로 배울 수 있는 사람한테 쓴다) 2. 어리석거나 못난 사람 3. 어느 한 가지에 푹 빠진 채 다른 일을 헤아리지 않는 사람 (어느 한 가지를 매우 좋아하거나 즐기느라 다른 데에는 마음을 못 쓰는 사람)

- **바보같다** : 바보와 같다, 곧 바보처럼 잘 모르거나 어리석다

- **바탕갈무리** : 셈틀이나 누리그물에서 바탕쪽에 보이는 그림이나 글씨를 통째로 옮기는 일. '화면 캡처'를 가리킨다

- **바탕그림** : 셈틀을 다룰 적에 들여다보는 화면을 덮는 그림. '배경화면·월페이퍼'를 가리킨다

- **박살** : 1. 조각조각이 남. 하나였던 것이 조각으로 되어 여기저기로 감 2. 하나로 있던 사람들·모임·자리·마을·나라가 서로 등을 돌리거나 마음이 바뀌면서 여기저기로 가거나 나뉨. '파괴·파손·와해·대파·완파'를 가리킨다

- **박살나다** : 1. 조각조각이 나다. 하나였던 것이 조각으로 되어 여기저기로 가다 2. 하나로 있던 사람들·모임·자리·마을·나라가 서로 등을 돌리거나 마음이 바뀌면서 여기저기로 가거나 나뉘다

- **박살내다** : 1. 조각조각이 나게 하다. 하나였던 것이 조각으로 되어 여기저기로 가게 하다 2. 하나로 있던 사

람들·모임·자리·마을·나라가 서로 등을 돌리거나 마음이 바뀌면서 여기저기로 가거나 나뉘도록 하다

- **밖마루** : = 바깥마루
- **받음** : 보낸 것을 받았다는 뜻. '수신' 을 가리킨다
- **발자국** : 1. 발로 밟은 곳에 남은 모습 2. 한 발을 떼는 걸음 3. 지나온 나날이나 삶. 지나온 날에 보이거나 남긴 모습. '종적·과정·단계·역사·프로필·약력·이력'을 가리킨다
- **발자취** : 1. 발로 밟고 지나갈 때 남는 자취나 소리 2. 지나온 나날이나 삶. 지나온 날에 보이거나 남긴 모습. '흔적·족적·역사·프로필·약력·이력·행적'을 가리킨다
- **밝은몸** : 밝은 몸. 둘레를 밝힐 만큼 곱거나 참하게 움직이는 몸을 나타낸다
- **밤** : 1. 해가 지고 나서 어둠이 깔리고서 다시 해가 떠서 밝을 무렵까지 나타내는 말 2. 해가 없이 어두운 때처럼, 삶도 어둠과 같다고 할 적에 빗대는 말 3. 잠을 자는 어느 하루. 우리 집이 아닌 밖이나 다른 곳에서 하루를 자면서, 또는 밤을 보내면서 지내는 날. '박(泊)'을 가리킨다
- **밤무지개** : 밤하늘에 뜬 별을 찬찬히 살피면 별빛이 하나가 아니라 다 다른 줄 알아차릴 수 있으니, 노랗고 빨갛고 푸르고 불그스름하고 파르스름

한 갖가지 별빛이 그야말로 곱게 어우러지기에, 이러한 별잔치를 가리킨다. '미리내'나 '은하수'라고도 할 수 있다

- **밤빛** : 1. 밤을 느낄 수 있는, 밤을 느끼게 하는 빛·모습·느낌 2. 밤알(밤나무 열매)이 잘 익었을 적에 겉껍질에 도는 빛·빛깔. 거무스름한 흙빛이다
- **밥감** : 밥을 지을 여러 가지, 또는 밥이 되는 여러 가지. '식재료'를 가리킨다 (= 밥거리)
- **밥거리** : 1. 밥을 지을 여러 가지. '식재료'를 가리킨다 (= 밥감) 2. 밥이 되거나 밥으로 삼는 여러 가지 (= 먹을거리) 3. 먹고살려고 하는 일거리
- **밥님** : 밥을 짓거나, 밥짓기를 즐겁거나 알차게 하는 사람을 높이는 이름
- **밥말미** : 밥을 먹을 말미. 다른 일을 하다가 살짝 쉬면서 밥을 먹을 만한 때
- **밥벌레(밥버러지)** : 1. 밥을 매우 잘 먹거나 좋아하는 사람 2. 일은 하지 않고서 밥만 많이 먹어서 없애는 사람
- **밥자리** : 1. 먹고살 수 있는 일을 하는 자리 2. 밥을 먹거나 나누는 자리
- **밥지기** : 밥을 짓는 사람. 밥짓기를 즐겁거나 알차게 하는 사람
- **밥짬** : 밥을 먹을 짬. 다른 일을 하다가 밥을 먹을 만한 짧은 때
- **밥투정** : 먹기 싫다고 하거나, 어느 것만 가려서 먹겠다고 하거나, 모자

라서 더 달라고 골을 내거나 자꾸 바라는 짓

- **밥틈** : 밥을 먹을 틈. 다른 일을 하다가 밥을 먹을 만한 짧은 때
- **배냇빔** : 갓 태어난 아기한테 주려고 새로 장만하는 옷이나 입어리. 배냇저고리를 비롯한 모든 아기 옷을 두루 가리킨다
- **배움그림** : 어떻게 무엇을 어느 만큼 배우려 하는가를 눈으로 보면서 쉽게 알도록 풀어낸 것. '교육 과정·교육 계획'을 가리킨다
- **배움글** : 배우면서 쓰는 글. 배운 이야기를 쓰는 글. 배운 이야기를 엮어서 쓰는 글일 적에는 '논문·학위논문'을 가리킬 수 있다
- **배움길** : 배우는 길. 삶·살림·사랑처럼 우리를 이루는 모든 얼거리를 배우는 길이 있고, 배움터에서 흐름에 맞추어 배우는 길인 '학습과정·교육과정'을 가리킬 수 있다
- **배움돈** : 살아가며 하루를 배우는 길에 들이는 돈
- **배움동무** : 같이 배우면서 지내는 사이
- **배움마실** : 집이나 마을을 멀리 떠나 다른 고장이나 나라에서 배우는 길. '유학·체험학습·현장학습'을 가리킨다
- **배움벌레(배움버러지)** : 1. 배우기를 좋아하는 사람 2. 언제나 배우기만

할 뿐, 배운 길을 삶에 제대로 쓰거나 펴지는 못하는 사람

- **배움벗** : 같이 배우면서 가까이 지내는 사이
- **배움빛** : 1. 슬기롭고 훌륭하게 배운 사람 2. 슬기롭고 훌륭하게 가르치거나 이끄는 사람. '교사·선생·지도자'를 가리킬 수 있다
- **배움삯** : 배우려고 어느 곳을 다니면서 치르는 값이나, 스승을 곁에 두고 배우면서 치르는 값. '교육비·학비'를 가리킨다
- **배움살림** : 배우는 살림. 배울 수 있도록 가꾸는 살림. 같이 배우고 나누도록 다스리는 살림. '교육환경·교육여건'을 가리킨다
- **배움이** : 배우는 사람. '학생'을 가리킨다
- **배움자리** : 배우는 자리. 삶·살림·사랑처럼 우리를 이루는 모든 얼거리를 배우는 집이 있고, 따로 집을 세우고 여러 가지를 갖추며 가르칠 어른을 두는 '학교·교육환경'을 가리킬 수 있다
- **배움집** : 배우는 집. 삶·살림·사랑처럼 우리를 이루는 모든 얼거리를 배우는 집이 있고, 따로 집을 세우고 여러 가지를 갖추며 가르칠 어른을 두는 곳인 '학교'를 가리킬 수 있다
- **배움터** : 배우는 터. 삶·살림·사랑처럼 우리를 이루는 모든 얼거리를 배

우는 터가 있고, 따로 집을 세우고 여러 가지를 갖추며 가르칠 어른을 두는 터인 '학교'를 가리킬 수 있다
- **버러지** : 1. 등뼈가 없는 작은 목숨을 모두어 나타내는 말 2. 어느 한 가지에 푹 빠지거나·매우 좋아하거나·무척 즐기는 사람을 빗대는 말 3. 어느 모습이 싫거나 더럽거나 나쁘거나 멀리하고 싶다는 뜻으로 빗대는 말
- **버스나루** : 이 고장에서 저 고장으로 오가려고 버스를 타는 곳. '버스터미널'을 가리킨다
- **벌레** : 1. 등뼈가 없는 작은 목숨을 모두어 나타내는 말. 지렁이·지네·사마귀·파리 들을 통틀어서 나타내는 말. 기는벌레(다리가 없는 벌레), 다리벌레(다리가 있는 벌레), 딱정벌레(몸이 딱딱한 껍데기로 싸인 벌레)·마디벌레(마디가 있는 벌레), 날벌레(날아다니는 벌레)로 나눌 수 있다. '곤충(昆蟲)'은 으레 '딱정벌레·마디벌레'를 좁게 가리킨다 2. 어느 한 가지에 푹 빠지거나·매우 좋아하거나·무척 즐기는 사람을 빗대는 말 3. 어느 모습이 싫거나 더럽거나 나쁘거나 멀리하고 싶다는 뜻으로 빗대는 말
- **벗** : 1. 나이가 비슷하면서 서로 가까이 어울리는 사이 2. 가까이에 두면서 심심함을 달래도록 돕는 것
- **벗개** : 가까이에 두거나 있거나 지내

는 개. '반려견'을 가리킨다
- **벗겨보다** : 1. 겉을 싸거나 두르거나 씌우거나 입힌 것이 겉에 없도록 하면서 보다 2. 겉으로 보이는 모습·이야기·말·글·얼개·몸짓에 드러나지 않는 모습·마음·뜻을 바깥으로 드러나도록 하다 (속모습·속마음·속뜻을 누구나 알아볼 수 있도록 겉에 덮거나 씌우거나 가린 것을 치우거나 없애다)
- **벗고양이** : 가까이에 두거나 있거나 지내는 고양이. '반려묘'를 가리킨다
- **벗김눈** : 1. 겉을 싸거나 두르거나 씌우거나 입힌 것이 겉에 없도록 하면서 보는 눈 2. 겉으로 보이는 모습·이야기·말·글·얼개·몸짓에 드러나지 않는 모습·마음·뜻을 바깥으로 드러나도록 하는 눈 (속모습·속마음·속뜻을 누구나 알아볼 수 있도록 겉에 덮거나 씌우거나 가린 것을 치우거나 없애는 눈)
- **벗김질** : 1. 겉을 싸거나 두르거나 씌우거나 입힌 것이 겉에 없도록 하는 일 2. 겉으로 보이는 모습·이야기·말·글·얼개·몸짓에 드러나지 않는 모습·마음·뜻을 바깥으로 드러나도록 하는 일 (속모습·속마음·속뜻을 누구나 알아볼 수 있도록 겉에 덮거나 씌우거나 가린 것을 치우거나 없애는 일)
- **벗냥이** : 가까이에 두거나 있거나 지

내는 고양이를 귀엽게 이르는 말. '반려묘'를 가리킨다

- **벗님** : '벗'을 높이거나 따스하게 나타내는 말. 또는 한결 아끼는 '벗'을 나타내는 말

- **벗멍이** : 가까이에 두거나 있거나 지내는 개를 귀엽게 이르는 말. '반려견'을 가리킨다

- **벗바리** : 뒤에서 조용히 돌보는 사람. 남한테 드러나지 않도록 보살피는 사람. 앞에 나서지 않으면서 돕는 사람. '후원자·원조자·스폰서'를 가리킨다

- **벗짐승** : 가까이에 두거나 있거나 지내는 짐승. '반려동물'을 가리킨다

- **벼락** : 1. 비를 머금은 구름·하늘하고 땅 사이에 흐르는 전기가 만나면서 일어나는 불덩어리 같은 크고 센 빛줄기 2. 크거나 아주 무섭게 나무라거나 꾸짖는 일 3. 날 듯이 매우 빠른 모습을 나타내는 말 4. 뜻하지 않았는데 뒤집어쓰거나 부딪혀야 하는 일 5. 아주 갑자기 이루어지거나 하는 일

- **별** : 1. 하늘에서 반짝이는 모습으로 보이며 우주에 있는 것 2. 훌륭하거나 뛰어나거나 아름다운 자취·일·삶·길을 남긴 사람 3. 널리 사랑받거나 알려진 사람. 또는 널리 높이거나 우러르는 사람. 또는 둘레를 널리 밝히는 멋지거나 아름답거나 훌륭한 사람

4. 눈에 잘 뜨이도록 그려 넣는 무늬. '☆' 모습으로 넣는다 5. 군인 가운데 장성이 단 계급 6. 잘못을 저질러서 감옥에 드나든 숫자를 일컫는 이름

- **별님** : 1. 별을 높이거나 포근하게 여기거나 느끼면서 가리키는 이름 2. 아름다우면서 눈부신 사람

- **별무지개** : 높다란 하늘에서 알록달록하게 온갖 빛깔이 어우러지면서 흐르는 기운. 이른바 '오로라'라고 한다

- **별바라기** : 1. 가만히 별을 보는(쳐다보거나 바라보거나 올려다보는) 일 2. 별에 대고 꿈이나 바람을 속삭이거나 말하는 일

- **별밤** : 별을 보면서 묵거나 머무는 밤. '야영·캠핑'을 가리킨다

- **별밤마실** : 별을 보면서 묵거나 머물려고 다니는 일

- **별밤지기** : 별을 보면서 묵거나 머무는 일. 또는 별을 보면서 묵거나 머무는 사람

- **보금고장** : 지내기에 매우 포근하고 아늑한 고장

- **보금길** : 다니기에 매우 포근하고 아늑한 길

- **보금나라** : 지내기에 매우 포근하고 아늑한 나라

- **보금놀이** : 어우러지며 즐기기에 매우 포근하고 아늑한 놀이

- **보금누리** : 지내기에 매우 포근하고

아늑한 누리
- **보금마을** : 지내기에 매우 포근하고 아늑한 마을
- **보금숲** : 다 같이 지내기에 매우 포근하고 아늑한 숲
- **보금자리** : 1. 새가 알을 낳거나 깃들이는 곳 2. 짐승이 잠을 자거나 들어가서 사는 곳 3. 사람들이 지내기에 매우 포근하고 아늑한 곳. '안락한 가정'을 가리킨다
- **보금책** : 다 같이 읽거나 누리기에 매우 포근하고 아늑한 책
- **보금책집** : 누구나 매우 포근하고 아늑히 찾아가서 누릴 수 있는 책집
- **보금터** : 지내거나 어우러지기에 매우 포근하고 아늑한 터
- **보냄** : 누구한테 보냈다는 뜻. '송신'을 가리킨다
- **보람** : 1. 살짝 보이는 자취나 모습 2. 여느 것하고 가르려고·잊지 않으려고·알아보기 쉽도록 놓거나 두는 것 3. 하거나·나서거나·돕거나·함께하면서, 또는 이렇게 하고 나서, 좋거나 반갑거나 즐겁거나 기쁘다고 느끼는 마음 4. 사람들 앞에서 좋은 말을 들을 만하다고 느끼는 마음이나 값어치. '자부심·만족감·영광·영예·효과·효력·효험·표적·금지'를 가리킨다
- **보람되다** : 1. 하거나·나서거나·돕거나·함께하면서, 또는 이렇게 하고 나

서, 좋거나 반갑거나 즐겁거나 기쁘다고 느낄 만하다 2. 사람들 앞에서 좋은 말을 들을 만하다고 느끼거나 이런 값어치가 있다. '만족스럽다, 영광스럽다, 영예롭다, 자부심, 당당하다'를 가리킨다
- **보람없다** : 1. 하거나·나서거나·돕거나·함께하면서, 또는 이렇게 하고 나서, 좋거나 반갑거나 즐겁거나 기쁘다고 느끼지 못하다 2. 사람들 앞에서 좋은 말을 들을 만하다고 느끼지 못하거나 이런 값어치가 없다. '백약무효·허무·허탈'을 가리킨다
- **보람있다** : 1. 하거나·나서거나·돕거나·함께하면서, 또는 이렇게 하고 나서, 좋거나 반갑거나 즐겁거나 기쁘다고 느끼다 2. 사람들 앞에서 좋은 말을 들을 만하다고 느끼거나 이런 값어치가 있다. '만족스럽다, 영광스럽다, 영예롭다, 자부심, 당당하다'를 가리킨다
- **보람차다** : 1. 하거나·나서거나·돕거나·함께하면서, 또는 이렇게 하고 나서, 좋거나 반갑거나 즐겁거나 기쁘다고 크게 느끼다 2. 사람들 앞에서 좋은 말을 들을 만하다고 크게 느끼거나 이런 값어치가 크다. '만족스럽다, 영광스럽다, 영예롭다, 자부심, 당당하다'를 가리킨다
- **보람하다** : 여느 것하고 가르려고·잊지 않으려고·알아보기 쉽도록 놓거

나 두다. '표시하다, 표를 하다, 표적을 두다'를 가리킨다

- **부엌** : 밥을 짓고 설거지를 하는 자리
- **부엌님** : 부엌을 지키는 사람이나 숨결. 부엌에서 일을 하는 사람이나 부엌을 지키는 숨결을 높이는 이름
- **부엌벗** : 부엌에서 일을 함께 하는 사람
- **부엌어른** : 부엌을 지키는 어른. 부엌에서 일을 하는 어른. 밥을 짓는 일을 앞에서 이끌거나 이 일을 여러 사람한테 알맞게 나누는 어른. '주방장·마스터 셰프'를 가리킨다
- **부엌지기** : 부엌을 지키는 사람. 부엌에서 일을 하는 사람. 밥을 짓는 일을 하는 사람이나, 밥짓기를 앞장서서 이끌거나 이 일을 여러 사람한테 알맞게 나누는 사람. '주방장·요리사'를 가리킨다
- **부질없다** : 1. 대수롭지 않거나 때가 지나가서, 쓸 만한 값어치가 없다. '제행무상·무상·별무소용·무소용·소용없다'를 가리킨다 2. 어떤 일을 하거나 마음을 품을 만하지 않다
- **부침판** : 먹을거리를 부치거나 할 적에 쓰는, 반반하고 자루가 달린 판. '프라이팬·번철'을 가리킨다
- **부풀림짓** : 속은 얼마 안 되지만 마치 많이 있는 듯이 보이려고 하는 짓. 조금만 있는 알맹이를 감추려고 겉을 지나치게 꾸미는 짓. '과대포장'을 가

리킨다
- **북새통** : 1. 사람이 많이 모여서 시끄럽게 떠들며 어지러운 모습 2. 사람이나 자동차가 한꺼번에 너무 많이 모여서 시끄럽고 어지러워 길이 막히는 모습이나 때. 흔히 아침저녁에 이런 모습이나 때가 있고, 커다란 도시에서는 하루 내내 이런 모습이나 때이기도 하다. '러시아워·교통혼잡'을 가리킨다
- **북적거리다** : 1. 한곳에 많이 모여 매우 어지럽게 떠들면서 자꾸 움직이다 2. 그리 많지 않은 물이 끓으며 자꾸 거품이 일다 3. 술이나 식혜처럼 삭히는 것이 괴어 자꾸 끓어오르다
- **북적길** : 한곳에 사람이나 자동차가 많이 모여서 시끄럽거나 어지러운 길. '러시아워·교통혼잡'을 가리킨다
- **북적마당** : 많이 모여서 시끄럽거나 어지러운 마당
- **북적손님** : 많이 모여서 시끄럽거나 어지러운 손님. '천객만래'를 가리킨다
- **북적잔치** : 많이 모여서 시끄럽거나 어지러운 잔치
- **붐비다** : 1. 좁은 곳에 어지럽게 뒤섞이거나 모인 채 움직이다 2. 어떤 일이 갈피를 잡기 어렵게 얽히고설킨 채 돌아가다
- **붐빔길** : 좁은 곳에 사람이나 자동차가 많이 모여서 시끄럽거나 어지러운 길. '러시아워·교통혼잡'을 가리

킨다

- **붕뜬꿈** : 이루려고 하거나 이루기를 바라지만, 아주 다른 길로 새거나 뜨고 말아서 이루지 못하는 뜻·생각·일·이야기

- **비탈틀** : 미끄러져 내려오기도 하고, 거꾸로 타고 오르기도 하도록 한쪽으로 기울여서 세운 틀. '미끄럼틀'이란 놀이틀을 미끄러져 내려오며 놀기만 하지 않고, 거꾸로 오르며 놀기도 하기에, 오르내리면서 놀도록 따로 마련하는 틀을 가리킨다

- **빈종이** : 1. 아직 아무것도 쓰거나 그리지 않은 종이. 또는 아직 쓰지 않아서 깨끗한 종이. '백지'를 가리킨다 2. 아직 아무것도 넣지 않거나 담지 않은 모습 3. 무엇을 쓰거나 담을 자리만 비운 모습

- **빛종이** : 여러 빛깔을 넣거나 물을 들인 종이. '색종이·색지'를 가리킨다

- **빛천** : 1. 빛실을 써서 빛깔을 넣은 천 2. 무늬나 그림이 여러 빛깔로 고운 천

- **빠른밥** : 빨리 먹을 수 있도록 지은 밥. '패스트푸드'를 가리킨다

- **빵벌레(빵버러지)** : 1. 빵을 매우 잘 먹거나 좋아하는 사람 2. 다른 것은 잘 먹지 않고서 오직 빵만 먹으려고 하는 사람

- **뽕밭바다** : 뽕밭이 바뀌어 이룬 바다. 온누리 온갖 일이 무척 빠르게 달라지는 흐름을 빗대는 말. '상전벽해'를 가리킨다

ㅅ (161 낱말)

- **사람몸** : 사람을 이루는 몸. '인체'를 가리킨다

- **사람물결** : 사람으로 물결을 치는 모습. 또는 물결을 치듯 넘치는구나 싶도록 많은 사람. '인파·인산인해'를 가리킨다

- **사람바다** : 사람으로 바다를 이룬 모습. 또는 바다를 이루는구나 싶도록 많은 사람. '인파·인산인해'를 가리킨다

- **사람숲** : 사람으로 숲을 이룬 모습. 또는 숲을 이루는구나 싶도록 많은 사람. '인산인해'를 가리킨다

- **사람판** : 사람으로 가득한 판. 또는 어느 곳을 가득 채운 사람들

- **-사랑** : 무척 곱고 크며 깊고 넓고 따스하게 여기거나 다루면서 즐기는 일. '만화사랑·책사랑·글사랑·이웃사랑·섬사랑·숲사랑·동무사랑·마을사랑'처럼 쓴다

- **사랑글** : 사랑을 속삭이거나 들려주거나 나누는 말. 사랑을 담은 글. 달콤하고 따스하게 들려주거나 쓴 글

- **사랑글월** : 사랑을 속삭이거나 들려주거나 나누는 말. 사랑을 담은 글월.

달콤하고 따스하게 들려주거나 쓴 글월

- **사랑꽃** : 1. 사랑스러운 꽃. 사랑을 품 거나 담은 꽃 2. 사랑스럽고 아름다 운 사람
- **사랑꾼** : 누구·무엇을 아끼거나 즐기 려고 하는 사람
- **사랑꿈** : 사랑으로 품는 꿈. 사랑이 되거나 사랑으로 이루기를 바라는 뜻·생각·일·이야기
- **사랑누리** : 저마다 삶을 기쁘며 곱게 가꾸는, 노래하고 웃음이 흘러나와 서 사랑으로 지내는 터전. '평화로운 세상'을 가리킨다
- **사랑님** : 1. 사랑하는 사람을 높이는 말. 서로 사랑하는 사이를 높이는 말 2. 누구나 어느 것·책·일·영화 들을 매우 아끼거나 즐기는 사람을 높이 는 말
- **사랑동무** : 사랑하는 동무. 사랑스러 운 동무. 사랑으로 서로 헤아리거나 살필 줄 아는 사이
- **사랑말** : 사랑을 속삭이거나 들려주 거나 나누는 말. 사랑을 담은 말. 달 콤하고 따스하게 들려주는 말
- **사랑바보** : 사랑을 제대로 모르거나 어떻게 하는지 생각하지 않는 사람
- **사랑벗** : 1. 사랑스러운 벗. 사랑하는 벗. 사랑으로 만나는 벗. 사랑을 나누 거나 이야기하는 벗. 때로는 '동호인' 을 가리킨다 2. 사랑으로 오래도록

함께하는 가까운 사이. '배우자'를 가 리킨다

- **사랑별** : 1. 사랑스러운 별. 사랑을 품 거나 담은 별 2. 사랑스럽고 아름다 운 사람
- **사랑이** : 1. 사랑하는 사람. 서로 사 랑하는 사이 2. 누구나 어느 것·책· 일·영화 들을 매우 아끼거나 즐기는 사람. '팬'이나 '마니아'나 '애호가'를 가리킨다
- **사랑이름** : 사랑스럽게 가리키는 이 름. '애칭·별칭'을 가리킨다
- **사랑자취** : 사랑을 하며 살거나 나누 던 일·마음·하루를 남긴 모습
- **사랑짓기** : 사랑을 새로 펴거나 길어 올리거나 나누거나 나타나도록 하 는 일
- **사잇일** : = 샛일
- **사진벌레(사진버러지)** : 1. 사진을 매 우 좋아하거나 즐겨찍는 사람 2. 툭 하면 사진기를 꺼내어 무엇이든 찍 으려고 하는 사람
- **사흘고개** : 사흘에 이르면 고개에 이 른다는 뜻으로, 사흘을 넘기기 어려 운 모습이나 몸짓을 나타낸다
- **사흘고비** : 사흘에 이르면 고비가 된 다는 뜻으로, 사흘을 넘기기 어려운 모습이나 몸짓을 나타낸다
- **사흘끝** : 사흘에 이르면 끝이 난다 는 뜻
- **사흘다짐** : 사흘 동안 이어가는 다짐,

그러니까 사흘을 넘기지 못하는 다짐

- **사흘뜻** : 사흘 동안 이어가는 뜻, 그러니까 사흘을 넘기지 못하는 뜻
- **사흘마감** : 사흘 만에 마감을 본다는 뜻
- **사흘마음** : 사흘 동안 이어가는 마음, 그러니까 사흘을 넘기지 못하는 마음
- **사흘밤** : 사흘을 보내는 밤. 사흘을 밖이나 다른 곳에서 자면서, 또는 밤을 사흘 보내면서 지내는 일. '삼박사일'을 가리킨다
- **살뜰곁님** : 일이나 살림을 매우 마음을 쏟아 잘 다뤄서 빈틈이 없는, 이러면서 곁에서 서로 아끼거나 돌보는 사람을 높이는 이름. '조강지처'를 가리킨다
- **살뜰님** : 일이나 살림을 매우 마음을 쏟아 잘 다뤄서 빈틈이 없는 사람을 높이는 이름
- **살뜰벗** : 일이나 살림을 매우 마음을 쏟아 잘 다뤄서 빈틈이 없는 가까운 사이
- **살뜰하다** : 1. 일이나 살림을 매우 마음을 쏟아 잘 다뤄서 빈틈이 없다 2. 사랑하거나 아끼려는 마음이 매우 따스하고 넓다
- **살려쓰다(살려쓰기)** : 1. 이제까지 알던 쓰임새를 한껏 넓혀서 다른 곳이나 여러 자리에 알맞게 쓰다. '활용·이용'을 가리킨다 2. 쓰임새가 적거나 없던 것·물건·살림을 새로운 곳에 맞도록 바꾸거나 고쳐서 쓰임새를 넓히다. '재활용·재생'을 가리킨다

- **살림** : 1. 집을 이루어서 꾸리거나 가꾸거나 돌보며 사는 일 2. 집·모임·마을·고을·고장·나라를 꾸리거나 가꾸거나 돌보거나 이끄는 모습·결·판 3. 집을 꾸리거나 가꾸거나 돌보면서 쓰는 여러 가지 4. 모임·마을·고을·고장·나라를 꾸리거나 가꾸거나 돌보거나 이끌거나 다스리는 일
- **살림길** : 살림을 하는 길. 알맞거나 알뜰하거나 알차게 살아갈 수 있도록 집·모임·마을·고을·고장·나라를 꾸리거나 가꾸거나 돌보거나 이끄는 길
- **살림꽃** : 곱고 알차며 훌륭하고 사랑스레 돌보는 살림. 집·밥·옷을 돌보거나 짓거나 갈무리하면서 아이를 곱게 보살피는 일을 알차며 훌륭하고 사랑스레 하는 모습
- **살림꾼** : 1. 집안일을 하는 사람 2. 집·밥·옷을 돌보거나 짓거나 갈무리하면서 아이를 곱게 보살피는 알뜰한 사람. '주부·가정주부'를 가리킨다
- **살림꿈** : 살림으로 짓거나 품거나 펴거나 이루려는 꿈. 살릴 수 있기를 바라는 뜻·생각·일·이야기. 또는 살림살이가 잘되거나 넉넉하기를 바라는 뜻·생각·일·이야기

- **살림님** : 집·밥·옷을 돌보거나 짓거나 갈무리하면서 아이를 곱게 보살피는 알뜰한 사람을 서로 높이거나 아끼는 이름. '주부·가정주부'를 가리킨다
- **살림돈** : 살림을 하며 쓰는 돈, 또는 살아가면서 쓰는 돈. '생활비·생계비'를 가리킨다
- **살림돌이** : 집·밥·옷을 돌보거나 짓거나 갈무리하면서 아이를 곱게 보살피는 알뜰한 사내
- **살림동무** : 집·밥·옷을 돌보거나 짓거나 갈무리하면서 아이를 곱게 보살피는 일인 '살림'을 함께 맡아서 하는 사이. 한집에서 살면서 서로 살림이며 집일이며 나누어 하거나 서로 살펴서 하는 사이. '가사분담을 하는 동반자·배우자'를 가리킨다
- **살림바보** : 살림을 제대로 모르거나 어떻게 꾸릴지 생각하지 않는 사람
- **살림벗** : 집·밥·옷을 돌보거나 짓거나 갈무리하면서 아이를 곱게 보살피는 일인 '살림'을 함께 맡아서 하는 가까운 사이. 한집에서 살면서 서로 살림이며 집일이며 나누어 하거나 서로 살펴서 하는 가까운 사이. '가사분담을 하는 동반자·배우자'를 가리킨다
- **살림순이** : 집·밥·옷을 돌보거나 짓거나 갈무리하면서 아이를 곱게 보살피는 알뜰한 가시내
- **살림숲** : 숲처럼 있는 살림. 살림으로 이룬 숲. 사람이 살면서 곁에 두는 살림살이를 한자리에 모아서, 살림살이마다 우리 삶이 흘러온 길이 어떻게 스며서 드러나는가를 보여주는 곳
- **살림숲집** : 살림살이가 숲처럼 있는 집. 사람이 살면서 곁에 두는 살림살이를 한자리에 모은 곳으로, 살림살이마다 우리 삶이 흘러온 길이 어떻게 스며서 드러나는가를 보여주는 곳. '박물관'을 가리킨다
- **살림지기** : 집·밥·옷을 돌보거나 짓거나 갈무리하면서 아이를 곱게 보살피는 알뜰하며 든든한 사람. '주부·가정주부'를 가리킨다
- **살림풀** : 몸을 살리거나 따뜻하게 하는 풀. '약초·허브'를 가리킨다
- **살짝일** : 오래 하거나 길게 하는 일이 아닌, 살짝 하거나 거드는 일
- **삶그림** : 살아가면서 무엇을 하거나 이루거나 맞이하려는가를, 또는 어떻게 살거나 가꾸거나 짓거나 돌보려는가를, 눈으로 보면서 쉽게 알도록 풀어낸 것. '인생 계획'을 가리킨다
- **삶길** : 살아가는 길. 살아가며 이루는 길. 사람이 모여 삶을 짓거나 가꾸거나 누리는 길
- **삶꿈** : 살면서 품는 꿈. 살아가면서 이루거나 펴기를 바라는 뜻·생각·일·이야기
- **삶동무** : 1. 살아가며 마음을 나누거

나 마음이 맞는 사이 2. 같은 집이나 마을에서 함께 살아가는 사이 3. 살면서 마주하거나 부딪히거나 겪는 온갖 일을 깊고 넓게 헤아려 주면서 차근차근 차분히 이야기를 들려주거나 몸으로 보여주거나 곁에서 돌보아 기운이 나도록 지켜 주는 사이. '동반자·반려자'를 가리킨다

- **삶배움터** : 삶에서 배우고 삶이 바로 배움이라는 뜻으로, 살아가는 곳이 배우는 터라는 말
- **삶벗** : 1. 살아가며 마음을 나누거나 마음이 맞는 가까운 사이 2. 같은 집이나 마을에서 함께 살아가는 가까운 사이 3. 살면서 마주하거나 부딪히거나 겪는 온갖 일을 깊고 넓게 헤아려 주면서 차근차근 차분히 이야기를 들려주거나 몸으로 보여주거나 곁에서 돌보아 기운이 나도록 지켜 주는 가까운 사이. '동반자·반려자'를 가리킨다
- **삶보람** : 살아가면서 좋거나 반갑거나 즐겁거나 기쁘다고 느끼는 마음
- **삶자리** : 살아가는 자리. 살아가며 이루는 자리. 사람이 모여 삶을 짓거나 가꾸거나 누리는 자리
- **삶자취** : 삶을 남긴 모습. 살아오면서 하거나 짓거나 나누거나 겪거나 이야기한 여러 가지를 아울러서 남긴 모습. '인생사·생애사·인생 기록·인생 회고'를 가리킨다

- **삶지기** : 1. 살아가며 마음을 나누거나 마음이 맞으면서 지켜 주는 사람이나 무엇 2. 같은 집이나 마을에서 함께 살아가며 지켜 주는 사람이나 무엇 3. 살면서 마주하거나 부딪히거나 겪는 온갖 일을 깊고 넓게 헤아려 주면서 차근차근 차분히 이야기를 들려주거나 몸으로 보여주거나 곁에서 돌보아 기운이 나도록 지켜 주는 사람이나 무엇. '동반자·반려자'를 가리킨다
- **삶켠** : 살아가는 어느 한켠. 살아가며 이루는 어느 한켠. 사람이 모여 삶을 짓거나 가꾸거나 누리는 어느 한켠
- **삶터** : 살아가는 터. 삶을 이루는 터. 사람이 모여 삶을 짓거나 가꾸거나 누리는 터. 집, 마을, 두레, 모임, 고을, 고장, 나라, 지구라는 별처럼, 사람이 작게 모이거나 크게 모여서 이루는 모든 터를 두루 아우르는 말
- **삿대질** : 1. 삿대로 배를 밀어서 가는 일 2. 말로 다투면서 손가락이나 주먹을 마치 삿대처럼 휘두르거나 내지르는 짓
- **새그림** : 새롭게 무엇을 하려는가를 밝힌 그림이나 글
- **새꽃** : 1. 새로 핀 꽃 2. 새로 나타난 솜씨있거나 눈부시거나 사랑받는 사람
- **새나루** : 이곳하고 저곳을 새롭게 잇는 곳이나 자리

- **새내기** : 대학교나 일터 같은 곳에 새로 들어온 사람
- **새누리** : 해묵거나 낡은 허물을 벗듯이 삶과 살림을 새롭게 가꾸거나 지어서 환하거나 눈부시도록 서로 즐거우며 알뜰한 터전. '신세계'를 가리킨다
- **새로보다** : 1. 아직 없거나 아무도 알지 못하는 이야기·줄거리·결을 처음으로 보다 2. 예전에 보거나 알던 이야기·줄거리·결을 마치 처음이라는 생각이나 느낌으로 보다
- **새로서다** : 꺾이거나 쓰러지거나 안되고 만 뒤에, 그대로 머물거나 있지 않고서, 힘이나 재주를 모으거나 갈고닦거나 키워서, 처음으로 나서는 듯한 모습으로 일어서. '권토중래·재기·재도약'을 가리킨다
- **새로쓰다(새로쓰기)** : 1. 아직 없거나 아무도 하지 않은 이야기·줄거리·결을 처음으로 쓰다. '신작'을 가리킨다 2. 예전에 쓰고서 더는 안 쓰던 것·물건·살림을 새로운 곳에 맞도록 바꾸거나 고쳐서 쓰임새를 넓히다. '재활용·신활용'을 가리킨다
- **새로읽다** : 1. 아직 모르는 이야기나 줄거리를 처음으로 읽다 2. 예전에 읽은 이야기나 줄거리를 마치 처음이라는 생각이나 느낌으로 읽다
- **새로짓다(새로짓기)** : 1. 아직 없거나 아무도 하지 않은 것·일·살림을 처음으로 나타나도록 하다. '창조·창작·창출'을 가리킨다 2. 꺾이거나 쓰러지거나 안되고 만 뒤에, 그대로 머물거나 있지 않고서, 힘이나 재주를 모으거나 갈고닦거나 키워서, 처음이라 할 만하도록 짓다
- **새로찾다** : 이제껏 모르거나 아무도 알아내지 못한 이야기·길·살림·것·자리·숨결을 처음으로 알아내거나 찾다
- **새로하다** : 1. 아직 없거나 아무도 하지 않은 일을 처음으로 하다 2. 마치 처음이 되는 듯한 모습으로 고치거나 가꾸거나 손질하다. '리폼·갱신'을 가리킨다
- **새몸** : 새로운 몸. 갓 태어난 아기라든지, 아프거나 앓다가 깨어나서 튼튼히 일어난 사람이라든지, 이제까지 입거나 품던 낡거나 묵은 생각·마음을 털어내고서 즐겁고 환하게 거듭나려고 하는 사람을 나타낸다
- **새빛** : 1. 새로 생기거나 나오거나 밝은 빛 2. 새롭게 가꾸거나 짓거나 하는 일·길·살림이 보기 좋거나 환하게 피어나는 모습
- **새이름** : 새로 짓거나 생긴 이름. 늘 부르거나 가리키는 이름 말고 새롭게 나타내거나 가리키려고 짓거나 붙인 이름
- **새절** : 새해 첫날에, 이제부터 맞이할 한 해를 그리면서 마음·매무새를 새

롭게 가다듬으려고 하는 절. '세배'를 가리킨다

- **새책집** : 새로 태어난 책을 다루거나 파는 곳. '신간서점'을 가리킨다
- **새해맞이** : 다가오는 한 해를 그리면서 마음·매무새를 새롭게 가다듬고 앞날을 하나하나 짓자고 하는 자리나 모임. '신년회'를 가리킨다
- **샛밥** : 끼니가 아닌 때·아침저녁 사이에 일손을 쉬면서 먹는 밥 (새참·곁두리)
- **샛별(새별)** : 1. '금성'을 가리키는 이름 2. 앞으로 크게 되거나 빛나거나 잘될 만한 사람 3. 새로 나타난 솜씨 있거나 눈부시거나 사랑받는 사람
- **샛일** : 통으로 하는 일이 아닌, 사이에 하는 일
- **생각나루** : 이 생각하고 저 생각을 잇도록 하는 곳이나 자리나 마음
- **서로돕기** : 어떤 뜻·일·꿈을 이루려고 여럿이 힘을 모으는 몸짓. '협력·협동·상부상조'를 가리킨다
- **석밤(세밤)** : 밤을 셋 보내기. 석 날, 곧 사흘을 밖이나 다른 곳에서 자면서, 또는 밤을 사흘 보내면서 지내는 일. '삼박사일'을 가리킨다
- **석줄글** : 석 줄로 쓰거나 짓는 글. '삼행시'를 가리킨다
- **선물빔** : 선물로 주려고 새로 장만하는 옷이나 입을거리
- **섣달** : 한 해를 열두 달로 나눌 적에

열두째 달. 한 해에서 마지막인 달

- **섣달나무** : 한 해가 저무는 달인 12월에 있는 성탄절을 기리면서 세우는 나무. '크리스마스트리·성탄목'을 가리킨다
- **섣달맞이** : 지나온 한 해를 돌아보면서 마음·매무새를 새롭게 가다듬자고 하는 자리나 모임. '송년회·망년회'를 가리킨다
- **섣달잔치** : 한 해가 저무는 달인 12월에 있는 성탄절을 기리면서 누리는 잔치
- **설빔** : 설을 앞두거나 맞이하려고 새로 장만하는 옷이나 입을거리
- **셈틀** : 다른 기계를 움직이거나, 머리를 써야 하는 여러 가지 일을 맡도록 마련한 것. 이것으로 영화를 보거나 글을 쓰거나 사진을 찍을 수 있고, 책상맡에 두고서 쓰거나 가볍게 손에 쥐고서 들고 다닐 수 있다. 아주 작은 데에도 이 구실을 하도록 크기를 줄여서 넣을 수 있다. '컴퓨터'를 가리킨다
- **소꿉** : 1. 어른이 살림을 하는 모습을 어린이가 지켜보면서 그대로 따라하거나 비슷하게 해보는 놀이 2. 어른이 살림을 하는 모습을 어린이가 지켜보면서 그대로 따라하거나 비슷하게 해보며 놀 적에 쓰는 여러 가지 3. 어른이 하는 살림이 제대로 서지 않고 서툴거나 엉성한 모습

- **소꿉놀이** : 1. 어린이가 어른처럼 살림을 하는 모습으로 즐기는 놀이 2. 어른이 아직 어린이 놀이처럼 서툴거나 엉성하게 살림을 꾸리거나 일을 하는 모습을 나타내는 말
- **소꿉돈** : 살림을 가볍게 꾸리면서 쓰는 돈. '용돈(用-)'을 가리킨다
- **소꿉밭** : 아직 서툴거나 엉성하게 돌보는 밭
- **소꿉일** : 아직 서툴거나 엉성하게 하는 일
- **소꿉짓** : 아직 서툴거나 엉성하게 하는 짓
- **손가락질** : 1. 손가락으로 가리키기 2. 남한테서 비웃음을 살 만한 일이나 모자라다고 여기는 모습을 들어서 나쁘게·낮추어 말하기
- **손놓다** : 1. 어떤 일을 하다가 살짝 쉬다. '휴식'을 가리킨다 2. 어떤 일을 하다가 더는 하지 않거나 떠나다. '방임·방관·방조·외면·직무유기·책임회피'를 가리킨다
- **손님마루** : = 맞이마루
- **손맛** : 1. 손으로 만지거나 대거나 스치거나 잡으면서 헤아리는·받아들이는 느낌 2. 일·놀이를 하면서 손으로 깊고 넓게 헤아리는·받아들이는 짜릿하거나 즐거운 느낌 3. 밥을 지을 적에 스스로 손을 써서 보이거나 내는 깊거나 너른 느낌 (제 손으로 펴는 솜씨에서 우러나오는 깊거나 너

른 맛) 4. 맞아서 아픈 느낌
- **손멋** : 스스로 손을 써서 보이거나 내거나 이루는 멋
- **손수** : 다른 힘을 빌리지 않고 제 손으로
- **손수짓기(손수짓다)** : 다른 힘을 빌리지 않고 제 손으로 짓는 일. '자급자족'을 가리킨다
- **손쓰다** : 1. 어느 때에 뜻한 대로 될 수 있도록 무엇을 하거나 움직이다 2. 뜻하는 대로 되거나 나아가도록 미리 어떤 길을 생각하면서 움직이거나 무엇을 하다 3. 넉넉하게 돈·물건·마음을 쓰다. '처리·조치·취하다·강구·선작업·선수'를 가리킨다
- **손자취** : 손으로 다루거나 쓰거나 만지면서 남긴 모습
- **손짐** : 1. 손에 쥐거나 든 짐. 손으로 가볍거나 쉽게 들고 다닐 수 있는 짐 2. 짐을 넣어서 손에 가볍게 들고 다닐 수 있도록 지은 살림. '손가방'을 가리킨다
- **솜씨** : 1. 손을 놀려서 짓거나 할 수 있는 힘이나 슬기 2. 일을 하거나 다루거나 다스리는 손놀림이나 몸짓 3. 훌륭하거나 멋지거나 대단하게 하는 힘이나 몸짓
- **솜씨꾼** : 1. 손을 놀려서 짓거나 할 수 있는 힘이나 슬기가 있는 사람 2. 일을 하거나 다루거나 다스리는 손놀림이나 몸짓이 있는 사람 3. 훌륭하

거나 멋지거나 대단하게 하는 힘이
나 몸짓이 있는 사람. 때때로 '전문
가·베테랑'을 가리킨다

- **솜씨님** : 1. 손을 놀려서 짓거나 할 수
있는 힘이나 슬기가 좋은 사람을 높
이는 이름 2. 일을 하거나 다루거나
다스리는 손놀림이나 몸짓이 좋은
사람을 높이는 이름 3. 훌륭하거나
멋지거나 대단하게 하는 힘이나 몸
짓이 좋은 사람을 높이는 이름

- **솜씨있다** : 1. 손을 놀려서 짓거나 할
수 있는 힘이나 슬기가 있다 2. 일을
하거나 다루거나 다스리는 손놀림이
나 몸짓이 있다 3. 훌륭하거나 멋지
거나 대단하게 하는 힘이나 몸짓이
있다

- **솜씨좋다** : 1. 손을 놀려서 짓거나 할
수 있는 힘이나 슬기가 좋다 2. 일을
하거나 다루거나 다스리는 손놀림이
나 몸짓이 좋다 3. 훌륭하거나 멋지
거나 대단하게 하는 힘이나 몸짓이
좋다

- **솜씨지기** : 1. 손을 놀려서 짓거나 할
수 있는 힘이나 슬기가 좋은 사람 2.
일을 하거나 다루거나 다스리는 손
놀림이나 몸짓이 좋은 사람 3. 훌륭
하거나 멋지거나 대단하게 하는 힘
이나 몸짓이 좋은 사람

- **수다터** : 수다를 떠는 터. 신나게 이
야기를 하거나, 가볍게 수다를 떨 수
있는 터

- **수레짐** : 1. 수레에 얹거나 담은 짐 2.
짐을 넣어서 끌고 다닐 수 있도록 지
은 살림 (밑에 작은 바퀴를 붙이고 단
단하게 겉을 대어 짐을 가볍게 다루
거나 안 다치도록 넣어서 끌고 다닐
수 있도록 지은 살림). '여행가방·캐
리어'를 가리킨다

- **숨돌릴틈** : 숨을 돌릴 틈. 바쁠 적에
바쁜 일·길·몸짓을 살짝 멈추고서
숨을 깊이 마시고 내쉬면서 쉴 만한
짧은 때

- **숨살이풀** : 숨을 살리거나 따뜻하게
하는 풀. '약초·허브'를 가리킨다

- **숨은-** : 1. 몸이나 어떤 것을 안 보이
게 어디에 두는 (다른 사람 눈에 잘
안 띄거나 잘 찾을 수 없는 곳에 두
는) 2. 겉이나 바깥이나 둘레에 잘 안
드러나는 3. 아직 겉·바깥·둘레로
밝히거나 드러내거나 나서지 않으면
서 있는. '비밀의·매장된·사장된·잠
재된'을 가리킨다

- **숨은길** : 1. 겉으로 드러나거나 앞에
서 알아보기 어려운 길. '비밀 통로·
미로'를 가리킨다 2. 사람들이 눈여
겨보지 못하거나 쉽게 알아보지 못
하는 길

- **숨은다짐** : 겉으로 드러나거나 드러
내지 않은 다짐. 서로 마음으로 나누
는 다짐. '밀약'을 가리킨다

- **숨은뜰** : 잘 보이지 않도록 숨은 뜰.
다른 사람 눈에 뜨이고 싶지 않고, 끼

리끼리 어울릴 수 있도록 마련한 뜰

- **숨은빛** : 겉으로 드러나거나 드러내지 않은 빛. 겉이나 바깥이나 둘레에 잘 드러나지 않은 빛. 아직 겉·바깥·둘레로 밝히거나 드러내거나 나서지 않은 빛

- **숨은사랑** : 겉으로 드러나거나 드러내지 않은 사랑. 겉이나 바깥이나 둘레에 잘 드러나지 않은 사랑. '은덕'을 가리킨다

- **숨은살림꾼** : 겉으로 드러나거나 앞으로 나서지는 않으면서, 솜씨있고 알뜰하고 야무지게 살림을 하거나 다루는 사람. '언성 히어로(unsung hero)'를 가리킨다

- **숨은손(숨은손길)** : 겉으로 드러나거나 드러내지 않은 손. 겉이나 바깥이나 둘레에 잘 드러나지 않은 손. 아직 겉·바깥·둘레로 밝히거나 드러내거나 나서지 않은 손

- **숨은싸움** : 겉으로 드러나거나 드러내지 않은 싸움. 겉이나 바깥이나 둘레에 잘 드러나지 않은 싸움. 아직 겉·바깥·둘레로 밝히거나 드러내거나 나서지 않은 싸움. '암투'를 가리킨다

- **숨은이** : 겉으로 드러나거나 드러내지 않은 사람. 겉이나 바깥이나 둘레에 잘 드러나지 않은 사람. 아직 겉·바깥·둘레로 밝히거나 드러내거나 나서지 않은 사람. '은자·밀사'를 가리킨다

- **숨은일** : 겉으로 드러나거나 드러내지 않은 일. 겉이나 바깥이나 둘레에 잘 드러나지 않은 일. 아직 겉·바깥·둘레로 밝히거나 드러내거나 나서지 않은 일

- **숨은일꾼** : 겉으로 드러나거나 앞으로 나서지는 않으면서, 솜씨있고 알뜰하고 야무지게 일을 하거나 다루는 사람. '언성 히어로(unsung hero)'를 가리킨다

- **숨은책** : 겉으로 드러나지 않은 책. 겉이나 바깥이나 둘레에 잘 드러나지 않은 책. 아직 겉·바깥·둘레로 밝혀지거나 드러나거나 나타나지 않은 책. '비밀의 서'를 가리킨다

- **숨은터** : 잘 보이지 않도록 숨은 터. 다른 사람 눈에 뜨이고 싶지 않고, 끼리끼리 어울릴 수 있도록 마련한 터

- **숨풀** : 숨을 살리거나 따뜻하게 하는 풀. '약초·허브'를 가리킨다

- **숲길** : 1. 숲에 난 길이나 숲에 낸 길 2. 풀하고 나무가 베푸는 바람·냄새·기운을 누리면서 몸하고 마음을 달래거나 다스리는 길 3. 삶·넋·살림·꿈을 숲처럼 푸르게 가꾸려고 하는 길

- **숲놀이** : 1. 숲에서 하는 놀이. 숲에 가서 하는 놀이 2. 쉬거나 놀거나 싱그러운 바람을 마시려고 숲으로 다녀오는 일. '소풍'을 가리키기도 한다

- **숲다래** : 숲에서 저절로 자라는 다래 나무에서 나는 열매. '다래' 열매인데, 밭다래하고 갈라서 '숲다래'라고 이름을 붙여 본다
- **숲뜰** : 숲으로 이룬 뜰. '수목원'을 가리킬 수 있다
- **숲마실** : 쉬거나 놀거나 싱그러운 바람을 마시려고 숲으로 다녀오는 일. '소풍'을 가리키기도 한다
- **숲밤** : 숲에서 묵거나 머무는 밤. '야영'을 가리킬 수 있다
- **숲벗** : 1. 숲에 사는 가까운 사이 2. 삶·넋·살림·꿈을 숲처럼 푸르게 가꾸려고 하는 사람이나 이웃
- **숲집** : 1. 숲에 있거나 숲에 지은 집 2. 삶·넋·살림·꿈을 숲처럼 푸르게 가꾸는 집
- **쉴새없다** : 쉴 만한 사이조차 없다. 살짝 쉬거나 숨을 돌릴 만한 때를 내기 어렵도록 아주 바쁘다
- **쉴짬** : 쉬는 짬. 살짝 쉬면서 숨을 돌리거나 말을 섞는 때
- **쉴틈** : 쉬는 틈. 살짝 쉬면서 숨을 돌리거나 말을 섞는 때
- **쉴틈없다** : 쉴 만한 틈조차 없다. 살짝 쉬거나 숨을 돌릴 만한 때를 내기 어렵도록 아주 바쁘다
- **쉼뜰** : 쉬는 뜰. '정원'이나 '휴양지'를 가리킬 수 있다
- **쉼터** : 1. 쉬는 터 2. 한동안 머물면서 쉬었다 갈 수 있도록 마련한 곳. 고속도로 같은 곳에 있다
- **스스로** : 1. 바로 나 2. 바로 내 힘으로 3. 누가 시키지 않았는데도 하려고 마음을 먹고 나서서 4. 아무한테서도 힘을 받지 않고 (저절로)
- **스스로짓기(스스로짓다)** : 누가 시키지 않았는데도 하려고 마음을 먹고 나서서 짓는 일. 아무한테서도 힘을 받지 않고서 짓는 일. '자급자족'을 가리킨다
- **슬픔낯** : 슬픈 느낌이 흐르는 낯
- **시골밤** : 시골에서 묵거나 머무는 밤
- **시늉** : 어느 흐름·모습·움직임·소리·결·무늬·느낌을 비슷하게 해보는 짓
- **시늉쟁이** : 어느 흐름·모습·움직임·소리·결·무늬·느낌을 비슷하게 해보는 사람
- **시늉질** : 어느 흐름·모습·움직임·소리·결·무늬·느낌을 비슷하게 자꾸 해보는 짓

○ (162 낱말)

- **아들딸** : 아들하고 딸을 함께 가리키는 말. '자녀'라고도 한다
- **아들바보** : 아들한테만 푹 빠진 채 다른 아이나 사람은 헤아리지 않는 사람. 때로는 '남아 선호'를 가리킨다
- **아름글** : 아름다운 글. 아름답게 쓰거

나 나누거나 읽거나 새기는 글. 쓰거
나 나누거나 읽거나 새기기에 참 좋
으면서 즐겁거나 훌륭하거나 착해서
마음에 드는 글

- **아름꽃** : 아름다운 꽃. 참 좋으면서
즐겁거나 훌륭해서 마음에 드는 꽃.
아름다운 꽃처럼 아름다운 것·사람
을 빗대는 이름

- **아름나라** : 누구나 홀가분하면서 즐
겁고 거리낌없이 살아갈 만큼 넉넉
하고 아늑하면서 포근한 나라. '천
국·지상천국·낙원·지상낙원·에
덴·에덴동산·이상향·무릉도원·도
원향·유토피아'를 가리킨다

- **아름노래** : 아름다운 노래. 참 좋으
면서 즐겁거나 훌륭해서 마음에 드
는 노래

- **아름누리** : 누구나 홀가분하면서 즐
겁고 거리낌없이 살아갈 만큼 넉넉
하고 아늑하면서 포근한 누리. '천
국·지상천국·낙원·지상낙원·에
덴·에덴동산·이상향·무릉도원·도
원향·유토피아'를 가리킨다

- **아름님** : 아름다운 분. 아름답게 마주
하는 분. 참 좋으면서 즐겁거나 훌륭
하거나 착해서 마음에 드는 분

- **아름답다** : 1. 눈으로 보거나 귀로 듣
거나 느낌으로 오는 모습이 참 좋으
면서 즐겁다 2. 훌륭하거나 착해서
마음에 들며 즐겁다 3. 누구나 홀가
분하면서 즐겁고 거리낌없이 살아갈

만큼 넉넉하고 아늑하면서 포근하다

- **아름마을** : 누구나 홀가분하면서 즐
겁고 거리낌없이 살아갈 만큼 넉넉
하고 아늑하면서 포근한 마을

- **아름말** : 아름다운 말. 아름답게 하거
나 나누거나 듣거나 들리는 말. 하거
나 나누거나 듣거나 들리기에 참 좋
으면서 즐겁거나 훌륭하거나 착해서
마음에 드는 말

- **아름벗** : 아름다운 벗. 참 좋으면서
즐겁거나 훌륭하거나 착해서 마음에
드는 벗

- **아름별** : 누구나 홀가분하면서 즐겁
고 거리낌없이 살아갈 만큼 넉넉하
고 아늑하면서 포근한 별

- **아름이** : 아름다운 사람. 참 좋으면서
즐겁거나 훌륭하거나 착해서 마음에
드는 사람

- **아름일** : 아름다운 일. 아름답게 하는
일. 참 좋으면서 즐겁거나 훌륭해서
마음에 드는 일

- **아름집** : 아름다운 집. 참 좋으면서
즐겁거나 훌륭해서 마음에 드는 집

- **아름책** : 아름다운 책. 줄거리나 꾸밈
새가 아름다운 책. 참 좋으면서 즐겁
거나 훌륭해서 마음에 드는 책

- **아름터** : 누구나 홀가분하면서 즐겁
고 거리낌없이 살아갈 만큼 넉넉하
고 아늑하면서 포근한 터

- **아이같다** : 아이와 같다. 어른을 두고
하는 말로, 어른이지만 아이처럼 마

음이 맑거나 곱다는 뜻으로 쓴다

- **아이먼저** : 아이가 먼저 하거나 가거나 쓰거나 누리도록 자리를 내주는 일이나 몸짓
- **아침짓다** : 1. 아침 끼니를 짓다 2. 아침에 누릴 삶·살림·일·놀이를 새로 열거나 꾸리거나 펴다
- **아침하다** : 아침 끼니를 먹다. 또는 아침 끼니를 손수 짓거나 차리다
- **아픈몸** : 아픈 몸. 다치거나 앓으면서 기운이 빠진 몸을 나타낸다
- **알뜰곁님** : 일이나 살림을 잘 다루는, 이러면서 곁에서 서로 아끼거나 돌보는 사람을 높이는 이름. '조강지처'를 가리킨다
- **알뜰님** : 일이나 살림을 잘 다루는 사람을 높이는 이름
- **알뜰벗** : 일이나 살림을 잘 다루는 가까운 사이
- **알뜰하다** : 1. 일이나 살림을 잘 다루다 2. 사랑하거나 아끼려는 마음이 참되며 넓다
- **알록천** : 빛실을 써서 여러 빛깔이 어우러지는 천
- **알림글** : 1. 알리는 글 2. 알리는 뜻·일·이야기를 담은 꾸러미나 종이. '소식지·회지·회보·뉴스레터'를 가리킨다
- **알림글월** : 알리는 뜻·일·이야기를 담아 보내는 글이나 글모음. 꾸준하게 펴내거나 누리집에서 누리글월로

보내기도 한다. '소식지·회지·회보·뉴스레터'를 가리킨다

- **알림종이** : 둘레에·널리 알리려는 뜻·일·이야기를 담은 종이. '홍보지·광고지·팸플릿'을 가리킨다
- **앞가심** : 밥맛이 나게 미리 마련하는 먹을거리나 마실거리. '애피타이저·전채'를 가리킨다
- **앞그림** : 앞으로 무엇을 하려는가를 밝힌 그림이나 글. '설계·계획·미래계획·지침·로드맵'을 가리킨다
- **앞길** : 1. 앞에 있거나·앞에 나거나·앞으로 있어서 지나가는 길 2. 이제부터 나아가려는·살아가려는·이루려는·하려는 길이나 뜻 (앞날·꿈길) 3. 어디로 가는·가려는 길
- **앞꿈** : 이제부터 나아가려는·살아가려는·이루려는 꿈. '장래 희망·미래 희망·미래 계획'을 가리킨다
- **앞뜰** : 1. 집 앞에 있는 뜰 2. 가까이에서 누리거나 즐기거나 어울릴 수 있는 뜰
- **앞마당** : 1. 집 앞에 있는 마당 2. 마음껏 일하거나 놀거나 누리거나 즐기거나 뜻을 펴거나 어울릴 수 있는 느긋하고 익숙하며 좋은 자리
- **앞밤** : 어떤 일·자리·잔치를 앞둔 밤. '전야·이브'를 가리킨다
- **앞밥** : 밥맛이 나게 미리 마련하는 먹을거리나 마실거리. '애피타이저·전채'를 가리킨다

- **앞씻이** : 밥맛이 나게 미리 마련하는 먹을거리나 마실거리. '애피타이저·전채'를 가리킨다
- **앞종이** : 종이를 앞뒤로 놓고 볼 적에, 쓴 한쪽
- **애쓰다** : 1. 마음하고 힘을 들여서 무엇을 하다 2. 남이 하는 일이 잘되도록, 또는 힘이 덜 들도록, 함께 하거나 마음이나 힘을 더하다 3. 어떤 일을 이루도록 마음하고 힘을 들여서 나서다 4. 힘이 들더라도 뜻·일을 이룰 수 있도록 마음을 더 쓰면서 움직이거나 무엇을 하다. 힘이 들기에 새롭게 마음하고 힘을 내어 뜻·일을 이룰 수 있도록 움직이거나 무엇을 하다. '노력·조력·협조·분투·매진·헌신'을 가리킨다
- **양념** : 1. 맛을 좋거나 낫거나 높이거나 나게 하려고 넣거나 섞는 것 2. 더 재미가 나거나 즐겁거나 신나게 하도록 넣거나 섞거나 붙이는 것·말·몸짓·추임새
- **양념가루** : 맛을 좋거나 낫거나 높이거나 나게 하려고 넣거나 섞는 가루
- **양념물** : 맛을 좋거나 낫거나 높이거나 나게 하려고 넣거나 섞는 물
- **양념질** : 1. 맛을 좋거나 낫거나 높이거나 나게 하려고 넣거나 섞는 일 2. 더 재미나거나 즐겁거나 신나게 하도록 여러 가지 것·말·몸짓·추임새를 넣거나 섞거나 붙이는 일

- **얘기종이(이야기종이)** : 얘기(이야기)를 담은 종이. 어느 동안 어느 곳에서 일어난 여러 얘기(이야기)를 담은 종이. 어느 동안 어느 곳에서 일어난 일이나 얘기를 알맞게 묶어서 꾸준하게 펴내기도 한다. '소식지·회지·회보·뉴스레터'를 가리킨다
- **얘깃자리** : 둘이나 여럿이 모여서 얘기를 하는 자리. '인터뷰장·면접장·회견장'을 가리킨다
- **어깨동무** : 1. 서로 어깨에 팔을 얹거나 끼면서 나란히 있거나 서거나 걷거나 노는 일 2. 나이·키·마음·뜻이 비슷하거나 같아서 즐겁거나 부드럽게 어울리는 사이 3. 마음·뜻·일·길이 비슷하거나 같다고 여겨서 돕거나 돌보거나 아끼거나 어울리는 사이. '평등·연대·공조·협동'을 가리킨다
- **어깨짐** : 1. 짐을 어깨에 얹는 일. 또는 어깨에 얹은 짐 2. 짐을 넣어서 어깨에 가로질러 들고 다닐 수 있도록 지은 살림. '숄더백'을 가리킨다
- **어둠자취** : = 그늘자취
- **어른같다** : 어른과 같다. 아이를 두고 하는 말로, 아이라 하더라도 어른보다 한결 듬직하거나 슬기롭거나 씩씩해서 훌륭하다는 뜻으로 쓴다
- **어른먼저** : 어른이 먼저 하거나 가거나 쓰거나 누리도록 자리를 내주는 일이나 몸짓
- **어린몸** : 어린 몸. 나이가 어려 싱그

럽거나 환하게 움직이는 몸을 나타
낸다

- **어비딸** : 아버지하고 딸을 함께 가리
키는 말. '부녀'라고도 한다
- **어비아들** : 아버지하고 아들을 함께
가리키는 말. '부자'라고도 한다
- **어울림뜰** : 어울리는 뜰. 여럿이 사
이좋게 어울리거나 즐겁게 어울려서
놀거나 일하거나 만나거나 이야기하
는 뜰
- **어울림터** : 어울리는 터. 여럿이 사
이좋게 어울리거나 즐겁게 어울려서
놀거나 일하거나 만나거나 이야기하
는 터
- **어이딸** : 어머니하고 딸을 함께 가리
키는 말. '모녀'라고도 한다
- **어이아들** : 어머니하고 아들을 함께
가리키는 말. '모자'라고도 한다
- **언누이** : 언니하고 누이를 함께 가리
키는 이름. '자매·형제'를 가리킨다
- **언니** : 1. 같은 어버이가 낳은 여러 아
이 가운데 먼저 태어난 쪽 2. 여러 사
람 사이에서 나이가 많은 쪽
- **엉뚱말** : 여느 생각이나 흐름하고는
크게 다르거나 무척 지나치다 싶은 말
- **엉뚱일** : 여느 생각이나 흐름하고는
크게 다르거나 무척 지나치다 싶은 일
- **여린몸** : 여린 몸. 쉽게 아프거나 앓
으며, 둘레에 쉽게 휘둘리거나 휩쓸
릴 만큼 기운이 없는 몸을 나타낸다
- **여우같다** : 여우와 같다, 곧 여우처럼

꾀가 많거나 숨은 재주가 많다
- **열린부엌** : 부엌에서 밥을 하면 냄
새·김·연기가 다른 곳으로 튀거나
흐르기 마련이라, 으레 막힌 다른 자
리에 두곤 한다. 이러한 부엌을 마루
나 방 가까이에 열어 놓고서 밥을 하
는 일을 다 볼 수 있도록 하는 곳. '오
픈키친'을 가리킨다
- **열매물** : 1. 열매에서 나오는, 또는 열
매에 있는 물 2. 열매를 짠 물. 열매를
짜서 누리는 마실거리
- **예(옛)** : 꽤 많이 지나간 날
- **예스럽다** : 꽤 많은 날이 지나간 듯
하다
- **옛것** : 꽤 많은 날이 지난 것
- **옛날것** : 꽤 많은 날이 지난 것. 꽤 많
은 날이 지나 오늘날하고는 맞지 않
거나 다르다고 여길 만한 것
- **옛날스럽다** : 꽤 많은 날이 지나간
듯하다. 꽤 많은 날이 지나 오늘날하
고는 맞지 않거나 다르다고 여길 만
하다
- **옛날얘기(옛날이야기)** : 1. 옛날에 있
던 일 2. 옛날부터 흘러서 오늘로 이
은 이야기 3. 옛날하고 오늘날을 대
면 확 바뀌어서 알아보기 어렵다는
뜻으로 쓰는 말
- **옛자취** : 예전에 보이거나 남긴 모습.
지난 날에 보이거나 남긴 모습. '과
거·과거사·과거 행적'을 가리킨다
- **옛책집** : 오랜 나날을 살아낸 책을 다

루거나 사고파는 곳. '고서점'을 가리킨다

- **오누이** : 오라비하고 누이를 함께 가리키는 이름. '남매'를 가리킨다
- **오늘자취** : 오늘을 살아가면서 남긴 모습. 흔히 1945년 뒤부터 따지는데, 그때부터 오늘에 이르기까지 살거나 지내거나 보내면서 달라지거나 보이거나 남긴 모습. '현대 역사·현대사'를 가리킨다
- **오래** : 꽤 많은 나날이 지나도록 (시간이 지나는 동안이 길게)
- **오래가게** : 오래된 가게. 꽤 많은 나날이 지나도록 물려받거나 물려주면서 이어온 가게
- **오래가다** : 꽤 많은 나날이 지나거나 흐르도록 그대로 가다. 어떤 일·흐름·보람·뜻이 생각보다 꽤 많은 때가 지나도록 그대로 가다
- **오래나라** : 꽤 많은 나날이 지나거나 흐르도록 그대로 있거나 잇거나 지키는 나라
- **오래님** : 꽤 많은 나날이 지나도록 어느 한 가지를 꾸준히 하면서 어느새 솜씨나 재주를 갈고닦아서 잘할 줄 아는 사람을 높이는 이름
- **오래되다** : 처음 나타나거나 지은 지 꽤 많은 나날이 되다. 어떤 것을 처음 짓거나 얻은 지 꽤 많은 나날이 지나서 그다지 쓸 만하지 않거나 제 쓰임새를 잃다

- **오래두다** : 꽤 많은 나날이 지나거나 흐르도록 두다. '장기간 보관'을 가리킨다
- **오래마을** : 사람들이 오래 살아가는 마을. '장수촌'을 가리킨다
- **오래빛** : 꽤 많은 나날이 지나도록 어느 한 가지를 꾸준히 하면서 어느새 솜씨나 재주를 갈고닦아서 잘할 줄 아는 사람을 높이는 이름
- **오래살다** : 꽤 많은 나날이 지나거나 흐르도록 살다. '장수'를 가리킨다
- **오래쓰다(오래쓰기)** : 꽤 많은 나날이 지나거나 흐르도록 쓰다. 낡거나 닳지 않도록 손질하거나 돌보거나 아끼면서 꾸준히·자꾸자꾸 쓰다 (이제 더는 쓰기 어렵다고 할 만한 때를 지났어도 알맞게 손질하거나 돌보거나 아끼면서 다루는 모습을 나타낸다)
- **오래일** : 오래된 일. 꽤 많은 나날이 지나도록 물려받거나 물려주면서 이어온 일
- **오래있다** : 꽤 많은 나날이 지나거나 흐르도록 있거나 머물다. 어느 자리·곳을 생각보다 꽤 많은 때가 지나거나 흐르도록 그대로 잇거나 지키다
- **오래지기** : 꽤 많은 나날이 지나도록 물려받거나 물려주는 일을 이어온 사람
- **오래집** : 오래된 집. 꽤 많은 나날이 지나도록 물려받거나 물려주면서 이어온 집

- **오래책** : 꽤 많은 나날이 지나거나 흐르도록 읽거나 읽히거나 사랑받는 책. '스테디셀러'를 가리킨다
- **오랜것** : 꽤 많은 나날이 지난 것. 꽤 많은 나날이 지나면서 드물거나 값어치가 오른 것을 가리키기도 한다. '골동품·앤티크'를 가리킨다
- **오랜내기** : 어떤 일을 오래 하면서 익숙하게 하는 사람. '베테랑·경력자'를 가리킨다
- **오랜동무** : 오랫동안 어울리는 사이
- **오랜벗** : 오랫동안 서로 가까이 어울린, 나이가 비슷한 사이
- **오려모으기** : 나중에 보거나 쓰기 좋도록 오려서 모으는 일. '스크랩·자료 수집'을 가리킨다
- **오른누름** : 셈틀을 켜서 다람쥐를 만지며 쓸 적에, 다람쥐 오른쪽에 있는 단추를 누르는 일. '우클릭'을 가리킨다
- **온갖맛** : 이곳저곳에서 나는 먹을거리를 많이 차리거나 내놓기에 누리는 다 다르면서 아주 많은 맛
- **온갖밥** : 이곳저곳에서 나는 먹을거리를 많이 차리거나 내놓기에 누리는 다 다르면서 아주 많은 밥
- **온갖손님** : 저마다 다른 여러 손님. 꾸준하게 많이 찾아오는 저마다 다른 온갖 손님. '천객만래'를 가리킨다
- **온누리** : 1. 한 나라를 이루는 마을·고을·고장을 아우르는 터전을 가리키는 이름 2. 지구를 이루는 모든 나라·숲·바다·멧골을 아우르는 터전을 가리키는 이름 3. 해·지구·달을 비롯한 모든 별을 아우르는 터전을 가리키는 이름 (이른바 '우주'를 가리킨다)
- **온몸** : 모든 몸. 몸을 이루는 모든 곳을 아울러서 나타낼 적에 쓰는 말. '전신'을 가리킨다
- **온밥** : 여러 가지 먹을거리를 두루 마련하거나 올려서 차린 밥. '정식(定食)·한정식'을 가리킨다
- **온손님** : 1. 모든 손님. 손님을 모두 아우르는 말 2. 온갖 손님. 저마다 다른 여러 손님을 아우르는 말
- **온풀밥** : 오롯이 풀을 차린 밥. 오직 풀만 누리는 밥. '비건(vegan)'을 가리킨다
- **왼누름** : 셈틀을 켜서 다람쥐를 만지며 쓸 적에, 다람쥐 왼쪽에 있는 단추를 누르는 일. '좌클릭'을 가리킨다
- **우두머리** : 1. 어느 누구보다 높은 자리에 있는 사람 2. 무엇보다 위이거나 높은 곳·자리 (때로는 '우듬지'를 가리킨다) 3. 어느 누구보다 앞에 나서거나 일을 하는 사람
- **우묵이** : = 우묵판
- **우묵판** : 먹을거리를 튀기거나 끓이거나 할 적에 쓰는, 가운데가 우묵하고 자루가 달린 판. '웍, 중화팬, 양수냄비'를 가리킨다

- **우묵하다** : 가운데가 둥그스름하게 안쪽으로 들어가다
- **우수리** : 1. 값을 내고서 받는 돈 2. 어느 만큼 차고서 남는 몫
- **웃-** : 1. 위에 있거나, 더 있거나, 더 붙거나, 위로 올리거나, 넘치는 느낌·모습·흐름을 나타내려고 붙이는 말 2. 여럿을 한자리에 놓고 살피거나 헤아릴 적에 한결·아주·더욱 낫다든지, 아름답거나 훌륭하다든지, 높일 만하거나 훨씬 좋게 여길 만하다고 할 적에 붙이는 말
- **웃가시내** : 참으로 훌륭하거나 아름답구나 싶은 가시내. 나이·자리·몸값·이름값 따위를 모두 떠나, 참으로 훌륭하거나 아름다운 가시내일 적에 쓰는 이름
- **웃사내** : 참으로 훌륭하거나 아름답구나 싶은 사내. 나이·자리·몸값·이름값 따위를 모두 떠나, 참으로 훌륭하거나 아름다운 사내일 적에 쓰는 이름. '상남자'를 가리킨다
- **웃사람** : 참으로 훌륭하거나 아름답구나 싶은 사람. 나이·자리·몸값·이름값 따위를 모두 떠나, 사람으로서 참으로 훌륭하거나 아름다울 적에 쓰는 이름 ('웃사람'이라 할 적에는 어떤 겉모습이나 겉차림이 없이 누구나 아름답거나 훌륭하다고 여기는 느낌)
- **웃사랑** : 모든 사랑은 아름답거나 훌륭한데, 이 사랑 가운데 가없이 아름답거나 훌륭하다고 손꼽을 만한 사랑. 이를테면 어버이가 아이를 품는 사랑이나, 아이가 어버이를 품는 사랑을 들 수 있다
- **웃음낯** : 웃음을 지을 듯한, 또는 웃음을 짓는 낯
- **웃일** : 크고 작음·바쁨 안 바쁨·값짐 안 값짐 들을 떠나, 무엇보다 마음을 기울여서 기쁘게 맞이하거나 할 만한, 아름답거나 훌륭하거나 사랑스러운 일
- **웃질** : 사람이 '위·아래' 사이가 아니지만, 스스로 위라는 자리에 있다고 여기고 다른 사람을 아래라는 자리에 있다고 여기면서, 함부로 굴거나 깔보거나 괴롭히거나 들볶거나 힘으로 누르는 짓. '갑질(甲-)'을 가리킨다
- **윗-** : 위하고 아래를 가르는 자리에서 '위'를 나타내려고 앞에 붙이는 말
- **윗사람** : 1. 나이가 많거나 줄·항렬이 높은 사람 2. 자리·몸값·이름값이 높은 사람 ('윗사람'이라 할 적에는 어떤 겉모습이나 겉차림을 내세우면서 위에 서려는 느낌)
- **으뜸** : 1. 꼭 하나만 뽑을 만큼 좋거나 낫거나 높거나 곱거나 값진 것·사람. 여럿 사이에서 꼭 하나만 꼽도록 좋거나 낫거나 높거나 곱거나 값진 것·사람. 여럿을 나란히 놓고 살필 적에 처음으로 꼽을 만큼 좋거나 낫거나 높거

나 곱거나 값진 것·사람 2. 바탕으로 삼거나 늘 생각하도록 두는 것·뜻

- **으뜸꽃** : 1. 으뜸이 되는 꽃. 가장 돋보이거나 고운 꽃 2. 가장 돋보이거나 곱거나 빼어난 사람
- **으뜸별** : 1. 짝을 이룬 두 별 가운데 밝은 별 2. 으뜸이 되는 별
- **이것질** : 앞에서 누구를 밀어붙이면서 깎아내리거나 나쁘게 하는 말이나 짓
- **이놈질** : 앞에서 누구를 마구 밀어붙이면서 크게 깎아내리거나 나쁘게 하는 말이나 짓
- **이슬같다** : 이슬과 같다, 곧 이슬처럼 맑고 곱다
- **이슬길** : 1. 이슬이 맺힌 길 2. 새벽에 맺혀 아침에 사라지는 이슬이 가는 길처럼, 어느 때에 갑자기 사라지듯 달라지는 모습을 나타낸다
- **이슬동무** : 새벽을 여는 이슬을 맞이하는, 또는 새벽을 여는 이슬을 떨어주듯 먼저 나아가는 길에 같이 있는 사이
- **이슬벗** : 새벽을 여는 이슬을 맞이하는, 또는 새벽을 여는 이슬을 떨어 주듯 먼저 나아가는 길에 같이 있는 가까운 사이
- **이야기나루** : 이곳에서 흐르는 이야기를 저곳으로 나누거나 퍼뜨리도록 하는 곳이나 자리나 사람이나 책
- **이야기짓기** : 이야기를 새로 엮거나

쓰거나 들려주는 일

- **이웃먼저** : 나보다 이웃이 먼저 하거나 가거나 쓰거나 누리도록 자리를 내주는 일이나 몸짓
- **이음길** : 다른 길로 바꾸어서 갈 수 있도록 이은 길·곳·자리. '환승 구간·환승 통로'를 가리킨다
- **이음나루** : 다른 길로 바꾸어서 탈 수 있는 곳. '환승역'을 가리킨다
- **이음목** : 다른 길로 바꾸어서 탈 수 있는 곳. '환승역'을 가리킨다
- **이음삯** : 다른 길로 바꾸어서 탈 적에 내는 돈. '환승 요금'을 가리킨다
- **이틀밤** : 이틀을 보내는 밤. 이틀을 밖이나 다른 곳에서 자면서, 또는 밤을 이틀 보내면서 지내는 일. '이박삼일'을 가리킨다
- **일개미** : 1. 일을 하는 개미. 개미무리에서 집을 짓고 먹이를 나르고 알·새끼를 돌보는 여러 가지 일을 하는 개미 2. 다른 데에는 눈길이나 마음을 두지 않고서 일을 바지런히 하는 사람. 놀지 않고서 일만 바지런히 하는 사람
- **일그림** : 어떤 일을 어떻게 어느 만큼 하거나 이루거나 맞이하려는가를 눈으로 보면서 쉽게 알도록 풀어낸 것. '일정표·작업 일정·작업 계획'을 가리킨다
- **일꾼** : 1. 삯·값·돈을 받고서 다른 사람 일을 하는 사람 2. 어느 일을 맡아

서 할 사람 3. 어느 일을 솜씨있게·
훌륭히·잘·알차게·보기좋게 하거
나 다루거나 다스리는 사람 4. 어느
곳에 몸을 두고서 그곳에서 맡기는
일을 하는 사람. '회사원·노동자·직
원' 같은 사람을 가리킨다

● **일님** : 어느 일을 솜씨있게·훌륭히·
잘·알차게·보기좋게 하거나 다루거
나 다스리는 사람을 높이는 이름

● **일돌이** : 일을 하는 사내. 일을 잘하
거나 바지런히 하거나 꾸준히 하는
사내

● **일바보** : 1. 일을 제대로 모르거나 어
떻게 하는지 생각하지 않는 사람 2.
일만 아는 사람. 일에만 푹 빠진 채
다른 자리는 헤아리지 않는 사람. 그
저 일만 바지런히 하려는 마음이나
생각이나 몸짓일 뿐, 다른 데에는 눈
길이나 마음을 두지 않고, 놀거나 쉬
려는 생각조차 없다든지, 집안이나
이웃도 살필 줄 모르는 사람

● **일바탕** : 1. 일을 하거나 짓는 바탕 2.
여러 일을 겪거나 하는 동안 차츰 쌓
이거나 생기는 힘이나 몸짓. '경력·
스펙'을 가리킨다

● **일벌레(일버러지)** : 1. 다른 데에는
눈길이나 마음을 두지 않고서 일을
바지런히 하는 사람. 2. 놀지 않고서
일만 바지런히 하는 사람

● **일벗** : 오래도록 함께 일한 가까운 사
람. '동업자'를 가리킨다

● **일벼락** : 갑자기 한꺼번에 많이 생
긴 일

● **일보람** : 일을 하거나 펴면서 좋거나
반갑거나 즐겁거나 기쁘다고 느끼는
마음

● **일사랑** : 일을 사랑하는 모습. 일을
매우 아낄 뿐 아니라, 즐겁고 아름답
게 하는 모습 ('일바보'가 일에 푹 빠
진 나머지 다른 데에는 눈길이나 마
음을 두지 못하는 모습이라면, '일사
랑'은 일을 매우 아끼고 즐기면서도
다른 데를 살피거나 같이 돌볼 줄 아
는 모습을 나타낸다)

● **일새** : = 일솜씨

● **일손** : 1. 일을 하는 손. 손을 움직여
서 하는 일 2. 손을 놀려서 짓거나 할
수 있는 힘이나 슬기 (일을 하는 솜
씨) 3. 일을 하는 사람

● **일솜씨** : 1. 일을 하는 솜씨. 손을 놀
려서 일을 짓거나 하는 몸짓 2. 훌륭
하거나 멋지거나 대단하게 일을 하
는 힘이나 몸짓. 여러 일을 겪거나 하
는 동안 차츰 쌓이거나 생기는, 훌륭
하거나 멋지거나 대단한 힘이나 몸
짓. '경력·스펙'을 가리킨다

● **일순이** : 일을 하는 가시내. 일을 잘
하거나 바지런히 하거나 꾸준히 하
는 가시내

● **일재주** : 1. 일을 하는 재주. 일을 하
거나 다루거나 다스리는 몸짓 2. 남
보다 일을 잘하는 힘이나 몸짓. 여러

일을 겪거나 하는 동안 차츰 쌓이거
나 생기는, 남보다 뛰어나거나 훌륭
한 힘이나 몸짓. '경력·스펙'을 가리
킨다

- **읽기** : 날씨·바람·흐름·철·때·마
  음·일머리·생각·글·책이 무엇인가
  라든지 무엇을 나타내는가를 헤아려
  서 아는 몸짓. 또는 이런 여러 가지를
  헤아려서 알도록 눈이나 몸이나 마
  음으로 살피는 일

- **읽음** : 받아서 읽었다는 뜻. '수신 확
  인'을 가리킨다

- **입가심** : 1. 입을 가시는 일. 살짝 먹
  거나 마셔서 입을 비우거나 깨끗이
  하는 일. 먼저 무엇을 살짝 먹거나 마
  시면서 입에 남은 맛이나 냄새가 사
  라지도록 하는 일을 가리키고, 이렇
  게 한 뒤에 넉넉히 차려서 밥맛을 한
  결 깊고 넓게 느끼거나 누리려고 한
  다. 또는 넉넉히 다 먹고서 입에 어떤
  맛이나 냄새가 남지 않도록 입을 비
  우려고 가볍게 무엇을 먹거나 마시
  는 일. 또는 이런 먹을거리나 마실거
  리. '애피타이저·전채·디저트·후식'
  을 가리킨다 2. 크거나 대단하거나
  뜻깊은 일을 하기 앞서 가볍게 몸·
  손·마음을 풀거나 다스리려고 하는
  작거나 수수한 일

- **입씻이** : 1. 입을 씻는 일. 살짝 먹거
  나 마셔서 입을 비우거나, 입에 남은
  것을 없애는 일. 먼저 무엇을 살짝 먹

거나 마시면서 입에 남은 맛이나 냄
새가 사라지도록 하는 일을 가리키
고, 이렇게 한 뒤에 넉넉히 차려서 밥
맛을 한결 깊고 넓게 느끼거나 누리
려고 한다. 또는 넉넉히 다 먹고서 입
에 어떤 맛이나 냄새가 남지 않도록
입을 비우려고 가볍게 무엇을 먹거
나 마시는 일. 또는 이런 먹을거리나
마실거리. '애피타이저·전채·디저
트·후식'을 가리킨다 2. 숨기거나 감
추거나 꿍꿍이·속셈이 있어서, 또는
누구한테 안 좋은 이야기가 드러나
지 않도록, 이를 남들이 알지 못하도
록, 누구한테 돈이나 물건을 주어 그
이야기가 그 사람 입밖으로 나오지
않도록 하는 일. 또는 이렇게 하려고
주는 돈이나 물건

ㅈ (87 낱말)

- **자국** : 1. 다른 것이 닿거나 묻어서 생
  기거나 달라진 자리 2. 다친 곳이나
  부스럼이 생겼다가 다 나아서 사라
  진 자리 3. 발로 밟은 곳에 남은 모습
  4. 무엇이 있었거나 지나가거나 겪은
  뒤에 생긴 느낌이나 이야기

- **자취** : 1. 어떤 것이 있거나 생긴 동안
  남기거나 나타나거나 지은 자리 2.
  가거나 움직인 곳

- **작은님** : 솜씨나 재주가 살짝 뛰어나

거나 훌륭한데 아직 널리 알려지거
나 도드라지지 않은 사람. 앞으로 솜
씨나 재주가 자라서 널리 알려지거
나 도드라질 사람

- **작은별** : 1. 작은 별 2. 솜씨나 재주가
  살짝 뛰어나거나 훌륭한데 아직 널
  리 알려지거나 도드라지지 않은 사
  람. 앞으로 솜씨나 재주가 자라서 널
  리 알려지거나 도드라질 사람
- **작은빛** : 1. 작은 빛 2. 솜씨나 재주가
  살짝 뛰어나거나 훌륭한데 아직 널
  리 알려지거나 도드라지지 않은 사
  람. 앞으로 솜씨나 재주가 자라서 널
  리 알려지거나 도드라질 사람
- **잔소리** : 1. 그리 쓸데가 없이 하는 말
  (자잘하게 하는 말) 2. 듣고 싶지 않
  은데 자꾸 하거나 나무라는 말
- **잔주먹** : 자잘하게 때리거나 휘두르
  거나 치는 주먹. '잽'을 가리킨다
- **잔질** : 자잘하게 하는 일이나 짓
- **잔치맛** : 기쁘거나 좋은 일이 있어서
  먹을거리를 넉넉히 차려서 여러 사
  람이 모여 누리는 맛
- **잔치밥(잔칫밥)** : 잔치로 누리는 밥.
  넉넉히 마련하고 여러 사람이 모여
  서 누리는 밥. 기쁘거나 좋은 일이 있
  어서 먹을거리를 넉넉히 차려서 여
  러 사람이 모여 누리는 밥
- **잔치빔** : 잔치를 앞두거나 맞이하려
  고 새로 장만하는 옷이나 입을거리
- **잔치자리(잔칫자리)** : 1. 잔치를 하는

자리 2. 밥을 먹거나 나눌 적에, 넉넉
히 마련하고 여러 사람이 모여서 크
게 누리는 자리. 때로는 넉넉히 마련
하지 않거나 여러 사람이 모이지 않
아도 마음으로 즐겁거나 기쁘게 맞
이하는 자리가 될 수 있다

- **잘** : 1. 다룰 줄 아는 힘이 있게. 힘을
  많이 들이지 않고도 할 수 있게 (솜씨
  있게. 훌륭하게) 2. 쓸 만하게. 할 만
  하게. 볼만하게. 사랑받을 만하게. 마
  음에 들 만하게 3. 모자라지도 넘치
  도 않게. 한쪽으로 지나치지 않게 (알
  맞게. 좋게) 4. 걱정·근심·아프거나
  다칠 일이 없이. 힘들거나 어렵지 않
  게. 마음을 푹 놓을 수 있게 (가볍게.
  좋게. 마음껏) 5. 마음이 차도록. 마음
  이 차서 아쉬운 느낌이 없도록 (흐뭇
  하게. 기쁘게. 즐겁게) 6. 있는 그대
  로 부드럽게·따뜻하게 (옳게. 바르
  게. 착하게) 7. 마음을 다하여. 마음을
  다하면서 넉넉하게 (따뜻이. 살갑게.
  살뜰히. 알뜰히) 8. 마음을 깊거나 넓
  게 쓰면서. 흔들리거나 흐트러지지
  않게끔 마음을 깊거나 넓게 써서 (반
  듯하게, 차분하게) 9. 섞이거나 어지
  럽지 않게. 아주 드러나거나 나타나
  도록 하나하나. 넓거나 깊도록 하나
  하나 (또렷하게, 환하게) 10. 다른 데
  에 마음을 쓰지 말고. 마음이 다른 데
  에 가지 않도록 (똑똑히) 11. 마음에
  안 드는 일이 없도록. 마음에 안 드는

새로 쓰는 **우리말 꾸러미** 사전

일이 없도록 넉넉하게 12. 무슨 일만 있다 하면. 어느 때나 자리이든. 틈이 나거나 틈을 내어 (툭하면. 자주. 흔히. 버릇처럼. 쉽게. 늘. 걸핏하면) 13. 좋거나 싫다는 마음이 없이 (가리지 않고. 아무렇지 않게) 14. 힘·품·겨를을 많이 들이지 않아도 되도록 (쉽게. 수월하게. 거침없이. 시원스레. 빨리) 15. 보기에 아주 좋게 (멋지게. 곱게. 예쁘게) 16. 잘은 모르지만 어느만큼 될 만하게 (어림으로 보아 넉넉하게) 17. 100,000,000(억)을 가리키는 이름. '충분히·만족스레·편하게·적절히·순조롭게·탈 없이·자세히·정확히·분명히·능란하게·선하게·정직하게·성의껏·친절히·유감없이'를 가리킨다

- **잘나가다** : 막히거나 걸리는 일이 없이 쭉쭉 뻗듯이 나아가거나 되거나 이루거나 사랑받거나 반기다
- **잘나다** : 1. 얼굴·겉모습·생김새가 남보다 훨씬 낫거나 좋거나 앞서 보이다 2. 모습·됨됨이·소리·생각·솜씨가 남보다 훨씬 낫거나 좋거나 앞서 보이다 3. 모습·됨됨이·말·몸짓이 남보다 낫지 않고, 오히려 볼만하지 않거나 몹시 작다 ("참 잘났군."처럼 비아냥이나 비웃음 같은 느낌으로 쓰는 말)
- **잘난이** : 1. 얼굴·겉모습·생김새가 남보다 훨씬 낫거나 좋거나 앞서 보

이는 사람 2. 모습·됨됨이·소리·생각·솜씨가 남보다 훨씬 낫거나 좋거나 앞서 보이는 사람 3. 모습·됨됨이·말·몸짓이 남보다 낫지 않고, 오히려 볼만하지 않거나 몹시 작은 사람 ("참 잘났군."처럼 비아냥이나 비웃음 같은 느낌으로 쓰는 말)
- **잘난쟁이** : = 잘난이
- **잘난질** : 스스로 남보다 잘났다고 여기면서 함부로 굴거나 제멋대로 하는 짓. 때때로 '갑질(甲-)'을 가리킨다
- **잘팔리다** : 막히거나 걸리는 일이 없이 쭉쭉 뻗듯이 팔리다
- **잠벌레(잠버러지)** : 1. 잠을 매우 오래 자거나 즐기는 사람 2. 다른 일은 하지 않고서 그저 잠만 오래 자는 사람
- **재주** : 1. 잘하도록 타고난 힘이나 슬기 2. 일을 하거나 다루거나 다스리는 길이나 생각 3. 남보다 잘하는 힘이나 몸짓 4. 뛰거나 넘거나 구르는 대단하거나 멋진 몸짓
- **재주꾼** : 1. 잘하도록 타고난 힘이나 슬기가 있는 사람 2. 일을 하거나 다루거나 다스리는 길이나 생각이 있는 사람 3. 남보다 잘하는 힘이나 몸짓이 있는 사람 4. 뛰거나 넘거나 구르는 대단하거나 멋진 몸짓이 있는 사람. 때때로 '전문가·베테랑'을 가리킨다
- **재주님** : 1. 잘하도록 타고난 힘이나 슬기가 너르거나 깊은 사람을 높이

는 이름 2. 일을 하거나 다루거나 다스리는 길이나 생각이 너르거나 깊은 사람을 높이는 이름 3. 남보다 잘하는 힘이나 몸짓이 너르거나 깊은 사람을 높이는 이름 4. 뛰거나 넘거나 구르는 대단하거나 멋진 몸짓이 너르거나 깊은 사람을 높이는 이름
- **재주많다** : 1. 잘하도록 타고난 힘이나 슬기가 너르거나 깊다 2. 일을 하거나 다루거나 다스리는 길이나 생각이 너르거나 깊다 3. 남보다 잘하는 힘이나 몸짓이 너르거나 깊다 4. 뛰거나 넘거나 구르는 대단하거나 멋진 몸짓이 너르거나 깊다
- **재주있다** : 1. 잘하도록 타고난 힘이나 슬기가 있다 2. 일을 하거나 다루거나 다스리는 길이나 생각이 있다 3. 남보다 잘하는 힘이나 몸짓이 있다 4. 뛰거나 넘거나 구르는 대단하거나 멋진 몸짓이 있다
- **재주지기** : 1. 잘하도록 타고난 힘이나 슬기가 너르거나 깊은 사람 2. 일을 하거나 다루거나 다스리는 길이나 생각이 너르거나 깊은 사람 3. 남보다 잘하는 힘이나 몸짓이 너르거나 깊은 사람 4. 뛰거나 넘거나 구르는 대단하거나 멋진 몸짓이 너르거나 깊은 사람
- **저녁자리** : 저녁 끼니를 먹는 자리
- **저녁잔치** : 저녁에 밥을 넉넉히 마련하고 여러 사람이 모여서 누리는 자리
- **저녁짓다** : 1. 저녁 끼니를 짓다 2. 저녁에 누릴 삶·살림·일·놀이를 새로 열거나 꾸리거나 펴다
- **저녁하다** : 저녁 끼니를 먹다. 또는 저녁 끼니를 손수 짓거나 차리다
- **저승빔** : 저승길로 가려고 입는 옷. '수의'를 가리킨다
- **전철길그림** : 전철이 다니는 길을 담은 그림. '전철노선도'를 가리킨다
- **절밤** : 절에서 묵거나 머무는 밤. '템플스테이'를 가리킨다
- **절하룻밤** : 절집에서 누리는 하룻밤. 멧골에 깃들인 절에서 묵거나 머무는 하룻밤
- **젊은몸** : 젊은 몸. 나이가 젊어 힘차게 움직이는 몸을 나타낸다
- **정지** : 밥을 짓고 설거지를 하는 자리. 서울을 뺀 나라 곳곳에서 쓰는 이름
- **정지님** : 정지를 지키는 사람이나 숨결. 정지에서 일을 하는 사람이나 정지를 지키는 숨결을 높이는 이름
- **정지벗** : 정지에서 일을 함께 하는 사람
- **정지어른** : 정지를 지키는 어른. 정지에서 일을 하는 어른. 밥을 짓는 일을 앞에서 이끌거나 이 일을 여러 사람한테 알맞게 나누는 어른. '주방장·마스터 셰프'를 가리킨다
- **제금** : 이제까지 살거나 지내던 집

에서 나오며 따로 지내거나 꾸리는 길·삶·살림. '독립·독립생활'을 가리킨다

- **제금나다** : 이제까지 살거나 지내던 집에서 나오며 살림·삶·길을 따로 꾸리거나 지내다
- **제길** : 저 스스로 느끼고 생각하고 찾고 누리고 펴고 가꾸고 나아가는 길. 저 스스로 나아갈 뿐, 다른 길을 따지거나 살피거나 바라보지 않는다
- **제놀이** : 저 스스로 하거나 즐기는 놀이. 저 스스로 즐길 뿐, 다른 사람이 없이도 저 스스로 즐겁거나 재미있거나 넉넉하거나 느긋하게 하는 놀이
- **제멋** : 제가 저를 느끼고 생각하고 찾고 누리고 펴고 가꾸고 나아가는 멋. 다른 사람 눈치를 따지거나 살피거나 바라보지 않는다
- **제살림** : 제가 스스로 짓거나 가꾸거나 누리거나 펴는 살림
- **좋은몸** : 좋은 몸. 잘 가꾸어서 보기에 좋거나, 잘 다스려서 스스로 즐겁게 움직이는 몸을 나타낸다
- **주검빔** : = 저승빔
- **죽기로** : 죽어도 좋다고 여길 만큼 힘을 모조리 내어. 죽음을 두려워하지 않는 씩씩한 마음으로 힘을 내어. 모든 힘을 들여서. 있는 대로 힘을 내어. '사력을 다해·최선을 다해·열심·결사적·필사적·진검승부·사생결단·전력·전력질주·전력투구'를

가리킨다

- **죽기살기로** : 죽느냐 사느냐를 따지지 않고 모든 힘을 내어. 죽든 살든 생각하지 않고서 모든 힘을 내어. 모든 힘을 들여서. 있는 대로 힘을 내어. '사력을 다해·최선을 다해·열심·결사적·필사적·진검승부·사생결단·전력·전력질주·전력투구'를 가리킨다
- **죽살이** : 죽음과 삶. '생사'를 가리킨다
- **죽은님** : 죽은 사람을 높이거나, 죽은 사람이 나하고 가깝거나 사랑스러웠다는 뜻을 나타내는 말
- **죽은분** : 죽은 사람을 높이는 말
- **죽은이** : 죽은 사람을 수수하게 나타내는 말
- **즐겨놀다** : 자주 놀거나 즐겁게 놀다
- **즐겨듣다** : 자주 듣거나 즐겁게 듣다
- **즐겨먹다** : 자주 먹거나 즐겁게 먹다
- **즐겨보다** : 자주 보거나 즐겁게 보다
- **즐겨쓰다** : 자주 쓰거나 즐겁게 쓰다
- **즐겨읽다** : 자주 읽거나 즐겁게 읽다
- **즐겨짓다** : 자주 짓거나 즐겁게 짓다
- **즐겨찾다** : 자주 찾거나 즐겁게 찾다
- **즐겨하다** : 자주 하거나 즐겁게 하다
- **즐김벗** : 누구·무엇을 아끼거나 즐기는 벗. '동호인'을 가리킨다
- **즐김이** : 누구·무엇을 아끼거나 즐기는 사람
- **지는글** : 이제 낡거나 묵어서 더는 읽

히지 않는 글
- **지는길** : 이제 빛을 잃거나 사라지려고 하는 일이나 길
- **지는꽃** : 1. 이제 기운이나 물이 빠지는 꽃 2. 늙은 나이를 나타내는 이름
- **지짐판** : 먹을거리를 지지거나 할 적에 쓰는, 반반하고 자루가 달린 판. '프라이팬·번철'을 가리킨다
- **짐** : 1. 어느 곳으로 가져가거나 들고 가려고, 잘 모으거나 묶거나 엮거나 챙긴 것·살림·물건 2. 하기로 한 일. 하기로 해서 풀거나 해낼 일 (하기로 한 일인데 무척 어렵거나 힘이 많이 든다는 느낌을 나타낸다) 3. 힘이 많이 들어야 하거나, 힘을 많이 들여야 하거나, 마음에 안 들거나, 손을 많이 써야 하거나, 그리 안 하고 싶은 일 (사람이나 물건을 가리키기도 한다) 4. 한 사람이 한 걸음에 들어서 옮길 수 있을 만한 부피나 크기를 세는 말 5. 무엇을 넣어서 등에 얹거나 어깨에 걸치거나 손에 들거나 허리에 차고서 다닐 수 있도록 지은 살림
- **짐수레** : 1. 짐을 실어서 끌고 다니거나 나르는 수레 2. 커다란 가게에서 장만하는 물건을 담아서 끌고 다니는 수레. '쇼핑카트'를 가리킨다
- **짐승같다** : 짐승과 같다. 사람도 짐승 가운데 하나이지만, 이때에는 사람이 사람 탈을 벗은 듯한 모습으로 너무 거칠거나 마구 굴면서 제 모습을 잃을 적을 빗댄다
- **짐차** : 짐을 실어서 나르는 차. '트럭'을 가리킨다
- **집그림** : 집을 어떻게 짓거나 고치거나 가꾸려는가를 밝힌 그림이나 글
- **집꽃** : 집에서 키우거나 돌보는 꽃. '실내식물·원예식물'을 가리킨다
- **집나무** : 집에서 키우거나 돌보는 나무
- **집돌이** : 바깥으로 돌아다니기보다는 집에 있으면서 살림을 꾸리기를 좋아하는 사내
- **집밤** : 우리 집이 아닌 이웃이나 낯선 마을에 있는 여느 살림집에서 묵거나 머무는 밤. '홈스테이'를 가리킨다
- **집밥** : 집에서 짓거나 차려서 먹는 밥. 밖에 나가서 사서 먹는 밥은 '바깥밥'이 된다
- **집순이** : 바깥으로 돌아다니기보다는 집에 있으면서 살림을 꾸리기를 좋아하는 가시내
- **집풀** : 집에서 키우거나 돌보는 풀
- **짬** : 1. 두 가지가 마주 붙은 자리 2. 어떤 일을 하다가 다른 일을 하거나 다른 생각을 할 만한 짧은 때 3. 가장자리를 가지런하게 자르려고 뾰족한 끝으로 살짝 찍은 자리
- **짬일** : 짬을 내서 하는 일이나 짬이 나서 하는 일
- **쪽** : 1. '작게 생긴', '작게 있는', '작고 가벼운', '작게 살짝'을 나타내는 말 2.

새로 쓰는 **우리말 꾸러미** 사전

'작고 가볍게 지은'이나 '작게 살짝 지은'을 나타내는 말 3. '작고 가볍게 나뉜·나눈'을 나타내는 말

- **쪽마루** : 집에서 바깥쪽으로 살짝·작게 내어 바람이나 해를 넉넉히 받는 곳. 지붕을 놓기도 하고 안 놓기도 한다. '베란다·툇마루'를 가리킨다
- **쪽잠** : 살짝·짧게 눈을 붙이면서 쉬려고 하는 일. 퍽 짧은 동안 옹크리고 자면서 쉬는 일
- **쪽짬** : 아주 살짝·짧게 쉬면서 숨을 돌리거나 말을 섞는 때
- **쪽틈** : 아주 살짝·짧게 쉬면서 숨을 돌리거나 말을 섞는 때

ㅊ (58 낱말)

- **차린빔** : 사람들 앞에서 보기 좋게 보이려고 새로 장만하는 옷이나 입을 거리. '정장'을 가리킨다
- **참글** : 참답게 쓰는 글. 참하게 쓰는 글. 숨기거나 가리거나 덮거나 없애거나 지우거나 고치거나 바꾸지 않으면서 쓰는 글. 드러나거나 보이거나 밝힌 모습·삶·사람·이야기를 모두 또렷하게 담거나 옮겨서 쓰는 글. 누구나 제대로 알거나 보도록 그대로 쓰는 글
- **참길** : 참다운 길. 참답게 가는 길. 다른 이야기·힘·이름에 얽매이거나

휘둘리거나 휩쓸리거나 물들지 않고서, 또렷하거나 환하거나 밝거나 곱게 가는 길

- **참넋** : 참답게 가꾸거나 짓거나 꾸리는 넋
- **참누리** : 속이거나 따돌리거나 억누르거나 싸우는 짓이 없이 서로 돕고 아끼고 돌보면서 어깨동무할 수 있는 터전. 이른바 거짓이 아닌 참으로 가꾸는 터전. '정의로운 세상'을 가리킨다
- **참다래** : 숲에서 나는 열매인 '다래'를 밭에서도 가꾸어 먹을 수 있도록 하면서 붙인 이름. 다른 나라에서는 '키위'라는 이름으로도 가리킨다
- **참배움** : 참답게 가꾸거나 짓거나 꾸리면서 배우는 일
- **참붓** : 드러나거나 보이거나 밝힌 모습·삶·사람·이야기를 있는 그대로, 숨기거나 가리거나 덮거나 없애거나 지우거나 고치거나 바꾸지 않고서 글로 쓰는 모습이나 몸짓이나 사람이나 모임
- **참사람** : 삶과 살림을 참답게 가꾸거나 짓거나 꾸리는 사람
- **참사랑** : 삶과 살림을 참답게 가꾸거나 짓거나 꾸리는 사랑
- **참살길** : 참답게 살아갈 길. 스스로 바라는 곳대로 곧게 가는 길이면서, 스스로 새롭게 삶을 짓는 길
- **참살림** : 참답게 가꾸거나 짓거나 꾸

리는 살림
- **참살이** : 참답게 가꾸거나 짓거나 꾸리는 삶. '웰빙'을 가리키기도 한다
- **참소리** : 참답게 나거나 내는 소리. 드러나거나 보이거나 밝힌 대로, 숨기거나 가리거나 덮거나 없애거나 지우거나 고치거나 바꾸지 않고서 들려주는 소리
- **찻짬** : 차를 마실 만한 짬. 차를 마시면서 짧게 쉬는 때. '티타임·휴식 시간'을 가리킨다
- **찻틈** : 차를 마실 만한 틈. 차를 마시면서 짧게 쉬는 때. '티타임·휴식 시간'을 가리킨다
- **책길** : 책을 읽으면서 익히거나 살피는 길. 책을 쓰거나 지으면서 삶을 가꾸는 길
- **책노래** : 1. 책하고 노래가 어우러지는 자리. '북콘서트'를 가리킨다 2. 온갖 책을 두루 펼쳐 놓아 사람들이 이러한 책을 널리 즐기거나 누릴 수 있도록 마련한 자리
- **책님** : 책을 사랑하거나 사랑할 줄 아는 고운 사람을 높이는 이름 (책을 읽거나 쓰거나 다루는 모든 사람을 아울러서 가리킨다)
- **책동무** : 책을 같이 배우거나, 책을 같이 읽으면서 지내는 사이
- **책마실** : 바라는 책을 찾아서 책집이나 책숲집을 찾아다니는 일. '북투어'를 가리킨다

- **책마을** : 책이 있는 마을. 책으로 이룬 마을. 책집이 여럿 있거나 많이 모인 마을. 책을 바탕으로 가꾸거나 꾸미거나 짓거나 어우러진 마을
- **책밤** : 책집에서 묵거나 머무는 밤. '북스테이'를 가리킨다
- **책벌레(책버러지)** : 1. 책을 매우 좋아하거나 즐겨읽는 사람 2. 일은 하지 않고서 책만 읽는 사람
- **책벗** : 책을 같이 배우거나, 책을 같이 읽으면서 지내는 가까운 사이
- **책보따리** : 1. 책을 싸서 들고 다니도록 하는 천. 또는 천에 싸서 들고 다니는 책 2. 잔뜩 꾸려서 묵직한 책
- **책사랑** : 책으로 이루거나 나누거나 펴는 사랑. 책을 곱게 아끼거나 돌보거나 다루는 일. 책으로 늘 아름답고 빛나면서 즐겁게 누리거나 가꾸는 사랑
- **책손** : 바라는 책을 찾아서 책집을 찾아가는 사람
- **책손님** : 바라는 책을 찾아서 책집을 찾아가는 사람을 높이는 이름
- **책숲** : 숲처럼 있는 책. 책으로 이룬 숲. 숲을 이루던 나무가 책으로 바뀌고서, 이러한 책을 차곡차곡 두어 마치 숲을 옮긴 듯이 여러 가지 책이 어우러지면서 푸른 이야기가 흐르는 곳
- **책숲집** : 책이 숲처럼 있는 집. 숲을 이루던 나무가 책으로 바뀌고서, 이러한 책을 차곡차곡 두어 마치 숲을

새로 쓰는 **우리말 꾸러미** 사전

옮긴 듯이 여러 가지 책이 어우러지면서 푸른 이야기가 흐르는 집. '도서관'을 가리킨다

- **책일꾼** : 책을 엮거나 꾸미거나 찍거나 펴거나 짓는 일을 하는 사람. '출판 노동자·출판사 직원'을 가리킨다
- **책읽기** : 책을 읽음. 책에 흐르는 이야기나 줄거리나 뜻을 헤아려서 아는 일. 책을 펴서 이야기나 줄거리나 뜻을 제 것으로 받아들이거나 마음으로 맞아들이거나 배우는 일
- **책잔치** : 온갖 책을 두루 펼쳐 놓아 사람들이 이러한 책을 널리 즐기거나 누릴 수 있도록 마련한 자리. '북페어·북페스티벌·도서전'을 가리킨다
- **책지기** : 책을 쓰거나 엮거나 짓거나 펴는 일을 하는 사람
- **책집** : 책을 사고팔거나 다루는 곳. '서점'을 가리킨다
- **책집마실** : 바라는 책을 찾거나, 여러 책집을 느긋하게 누리고 싶어서 찾아다니는 일. '책방 여행'을 가리킨다
- **책집지기** : 책집에서 책을 다루는 일을 하면서, 책집을 찾아온 손님을 맞이하는 일꾼. '서점원·책방 주인'을 가리킨다
- **책터** : 책이 있는 터. 책으로 이룬 터. 책을 바탕으로 가꾸거나 꾸미거나 짓거나 어우러진 터
- **책하룻밤** : 책집에서 누리는 하룻밤. 책을 누리면서 묵거나 머무는 하룻밤

- **처음** : 1. 가장 먼저라고 할 때 2. 어느 것·누구보다 앞에 있는 하나, 또는 앞으로 나오거나 드러나는 하나. 여럿 사이에서 앞에 있거나 앞으로 나오거나 드러나는 하나. 여럿을 나란히 놓고 살필 적에 가장 앞으로 꼽을 만큼 뛰어난 것·사람 3. 아직 겪거나 하거나 느끼거나 보거나 알거나 이루지 못한 일·모습·삶·살림 4. 아직 겪거나 하거나 느끼거나 보거나 알거나 이루지 못한 (처음으로·처음에)
- **처음길** : 1. 처음 가거나 나서는 길 2. 아직 스스로 한 적이 없거나·아직 누구도 하지 않거나 모르는 일을, 맨 먼저 하려고 나서거나 가려는 길. '시작·개척·제일보'를 가리킨다
- **처음내기** : = 첫내기
- **척척** : 1. 시원스럽거나 솜씨가 있게 하는 모습을 나타내는 말. 2. 가지런히 있거나 차근차근 되는 일을 나타내는 말 3. 아주 어울려서 보기에 좋은 모습을 나타내는 말
- **척척이** : 1. 일·살림을 비롯해서 무엇이든 시원스럽거나 솜씨가 있게 하는 사람 2. 일·살림을 비롯해서 무엇이든 가지런히 두거나 차근차근 하는 사람 3. 일·살림을 비롯해서 무엇을 하든 아주 어울려서 보기에 좋은 사람
- **척척쟁이** : = 척척이
- **첫걸음(첫걸음마)** : 1. 어디로 가려고

처음으로·이제 막 딛는 걸음 2. 어떤 일을 하려고 처음으로·이제 막 걸음을 떼거나 나아가기 3. 간 적이 없어서 모르는·낯선 곳을 처음으로 가는 걸음 4. 아직 스스로 한 적이 없거나·아직 누구도 하지 않거나 모르는 일을, 맨 먼저 하려고 나서거나 가려는 길. '시작·개척·제일보'를 가리킨다

- **첫길** : 1. 처음으로 가는 길. 이제 나서는 길 2. 새로운 살림으로 가는 길 3. 아직 스스로 한 적이 없거나·아직 누구도 하지 않거나 모르는 일을, 맨 먼저 하려고 나서거나 가려는 길. '개척·제일보'를 가리킨다 4. 눈에 뜨이거나 남다르다 싶을 만큼 좋거나 낫다고 여겨 꼭 하나로 뽑을 만한 것·사람

- **첫내기** : 어떤 일을 처음 하는 사람. 어떤 곳에 처음 들어가거나 들어온 사람

- **첫또래** : 어떤 곳에 함께 처음 들어가거나 들어온 사람. '입학 동기·입사 동기'를 가리킨다

- **첫마음** : 무엇을 하려고 나설 적에 품는 마음. 어떤 일을 하려고 나서면서 처음에 품는 마음. '초심'을 가리킨다

- **첫발(첫발자국)** : 1. 어디로 가려고 처음으로·이제 막 내딛는 발 2. 어떤 일을 하려고 처음으로·이제 막 발을 떼거나 나아가기 3. 아직 스스로 한 적이 없거나·아직 누구도 하지 않거

나 모르는 일을, 맨 먼저 하려고 나서거나 가려는 몸짓. '시작·개척·제일보'를 가리킨다

- **첫손** : 어느 것·누구보다 좋거나 나은 하나. 여럿 사이에서 꼭 하나만 꼽도록 좋거나 나은 것·사람. 여럿을 나란히 놓고 살필 적에 가장 앞으로 꼽을 만큼 뛰어난 것·사람 (첫손가락)

- **첫손가락** : 1. 손가락 가운데 첫째로 있는 손가락 (엄지손가락) 2. 어느 것·누구보다 좋거나 나은 하나. 여럿 사이에서 꼭 하나만 꼽도록 좋거나 나은 것·사람. 여럿을 나란히 놓고 살필 적에 가장 앞으로 꼽을 만큼 뛰어난 것·사람 (첫손)

- **첫째** : 1. 어느 것보다 앞에 있는 (가장 먼저 있는) 2. 무엇보다도 하나 3. 가장 먼저 태어난 아이 4. 가장 나이가 많은, 또는 가장 많이·오래 해 온 사람

- **쳇바퀴** : 1. 얇고 길며 반반한 나무를 둥글게 휘어 붙여서 짓는 체에서 몸이 되는 바깥쪽. 거르는 구실로 쓸 적에는 그물이나 천으로 쳇불을 메우고, 안쪽에 살만 대어 빙글빙글 돌게 하기도 한다. "다람쥐 쳇바퀴 돌듯"이라 말할 적에 나오는 '쳇바퀴'는 바로 안쪽에 살만 댄 얼개이다 2. 늘 똑같이 되풀이를 하는 모습·몸짓·삶을 나타내는 말. 달라질 길이 없이 되

풀이하면서 갇힌 듯한 모습·몸짓·삶을 나타내는 말. '구속된 생활·노예 생활·반복되는 일상·동일한 작업'을 가리킨다

- **쳇바퀴질** : 1. 쳇바퀴를 도는 일 2. 늘 똑같이 되풀이를 하는 모습·몸짓·삶. 달라질 길이 없이 되풀이하면서 갇힌 듯한 모습·몸짓·삶. '구속된 생활·노예 생활·반복되는 일상·동일한 작업'을 가리킨다
- **추위벼락** : 갑자기 크게 추운 날씨

ㅋ (8 낱말)

- **콕소리** : 작게 찌르듯이 하는 말. 가볍게 나무라거나 타이르는 말. '잔소리'는 좀 듣고 싶지 않도록 자꾸 하는 말이라면, '콕소리'는 가볍게 나무라거나 타이를 뿐, 듣기 싫은 소리가 아니요, 자꾸 하는 말도 아니다
- **콕주먹** : 작거나 가볍게 때리거나 휘두르거나 치는 주먹. 작지만 제법 힘이 있게 때리거나 휘두르거나 치는 주먹. '잽'을 가리킨다
- **콕질** : 작게 치거나 찌르거나 대는 일이나 짓. 작지만 제법 힘이 있게 치거나 찌르거나 대는 일이나 짓
- **콕콕질** : 잇달아 작게 치거나 찌르거나 대는 일이나 짓. 작지만 잇달아 제법 힘이 있게 치거나 찌르거나 대는

일이나 짓

- **큰님** : 솜씨나 재주가 뛰어나거나 훌륭해서 널리 섬기거나 기리는 사람
- **큰별** : 1. 커다란 별 2. 솜씨나 재주가 뛰어나거나 훌륭해서 널리 섬기거나 기리는 사람
- **큰빛** : 1. 커다란 빛 2. 솜씨나 재주가 뛰어나거나 훌륭해서 널리 섬기거나 기리는 사람
- **큰책집** : 크게 꾸민 책집. 매우 넓은 자리에 책꽂이를 넉넉히 마련하고서 책을 많이 모아 놓은 책집. 나라 곳곳에 이웃책집(체인점)을 여럿 두기도 한다. '대형서점'을 가리킨다

ㅌ (25 낱말)

- **토막일** : 통으로 하는 일이 아닌, 토막으로 갈라서 하는 일
- **토실꽃** : 잎이나 줄기에 물을 많이 품은 꽃
- **토실이** : 1. 살이 보기 좋을 만큼 붙은 모습일 적에 가리키는 이름 2. 잎이나 줄기에 물을 많이 품은 풀이나 꽃을 가리키는 이름. 물을 많이 품은 잎이나 줄기가 토실해 보인다는 뜻으로 붙인다. '다육이(多肉-)·다육식물(多肉植物)'을 가리킨다
- **토실토실하다** : 살이 꽤 붙어 몸이 옆으로 조금 크게 퍼진 모습이 보기

315

좋다
- **토실폴** : 잎이나 줄기에 물을 많이 품은 풀
- **토실하다** : 살이 붙어 몸이 옆으로 퍼진 모습이 보기 좋다
- **통통이** : 키·크기가 작고 살이 보기 좋을 만큼 붙은 모습일 적에 가리키는 이름
- **통통하다** : 1. 키·크기가 작고 살이 붙어서 몸이 옆으로 퍼진 듯하면서 보기 좋다 2. 어느 한 곳이 붓거나 부풀어서 도드라져 보이다
- **투실이** : 살이 보기 좋을 만큼 꽤 붙은 모습일 적에 가리키는 이름
- **투실투실하다** : 살이 많이 붙어 몸이 옆으로 크게 퍼지다
- **투실하다** : 살이 꽤 붙어 몸이 옆으로 두드러지게 퍼진 모습이 보기 좋다
- **퉁퉁이** : 살이 꽤 붙어 옆으로 퍼진 모습일 적에 가리키는 이름
- **퉁퉁하다** : 1. 살이 꽤 붙어서 몸이 옆으로 퍼진 모습이 두드러지다 2. 어느 한 곳이 꽤 붓거나 부풀어서 두드러져 보이다
- **트인정지** : 정지에서 밥을 하면 냄새·김·연기가 다른 곳으로 튀거나 흐르기 마련이라, 으레 막힌 다른 자리에 두곤 한다. 이러한 정지를 마루나 방 가까이에 틔워 놓고서 밥을 하는 일을 다 볼 수 있도록 하는 곳. '오픈키친'을 가리킨다

- **튼튼누리** : 아프거나 힘들거나 괴로운 일이 없이 누구나 튼튼하게 지내는 터전. '건강한 세상'을 가리킨다
- **튼튼몸** : 튼튼한 몸. 아프거나 앓는 일이 없고, 둘레에 휘둘리거나 휩쓸리지 않을 만큼 기운이 있는 몸을 나타낸다
- **틀린말** : 1. 참이 아닌 말 (알맞지 않거나, 바르지 않거나, 옳지 않은 말) 2. 나라에서 널리 쓰자고 하는 틀에서 벗어난 말. '비표준어'를 가리킨다
- **틈** : 1. 막히지 않아 드나들 수 있는 자리 (벌어진 자리) 2. 어떤 일을 하다가 다른 일을 하거나 다른 생각을 할 만한 짧은 때 3. 어떠한 곳에 함께 어울리는 자리 4. 아직 제대로 없거나 짜이지 않거나 모자란 자리
- **틈새일** : 틈새에 하는 일
- **틈일** : 틈을 내서 하는 일이나 틈이 나서 하는 일
- **티끌없다** : 티끌 하나 없다. 작은 부스러기나 먼지나 생채기나 허물이 하나도 없다
- **티끌있다** : 티끌이 있다. 작은 부스러기나 먼지나 생채기나 허물이 있다
- **티없다** : 티 하나 없다. 작은 부스러기나 생채기가 하나도 없다. '순수·순진·천진·천진난만'을 가리킨다
- **티있다** : 티가 있다. 작은 부스러기나 생채기가 있다
- **틱톡질** : 셈틀을 쓸 적에 화면에 깜빡

거리는 단추를 움직이도록 하는 다
람쥐를 만지는 일

Ⅱ (52 낱말)

- **파란길** : 맑은 하늘이나 깊은 바다와
  닮거나 같다고 할 만한 길
- **파란꿈** : 맑은 하늘이나 깊은 바다와
  닮거나 같다고 할 만한 꿈
- **파란넋** : 맑은 하늘이나 깊은 바다와
  닮거나 같다고 할 만한 넋
- **파란마음** : 맑은 하늘이나 깊은 바다
  와 닮거나 같다고 할 만한 마음
- **파란하늘** : 파랗게 눈부신 하늘. '창
  공·창천'을 가리킨다
- **파랗다** : 1. 맑은 하늘 빛깔이나 깊은
  바다 빛깔과 같다 2. 춥거나 무서워
  서 얼굴이나 입술에 핏기가 없다 (때
  로는 곱지 않게 살짝 파란 빛깔이 돌
  기도 한다) 3. 마음에 안 들거나 성이
  나서 차갑거나 사나운 기운이 있다
  4. 아주 젊다 (새파랗다)
- **판그림** : 판을 어떻게 벌이거나 펼치
  거나 이루거나 할는지를 알아보기
  좋도록 엮거나 짓거나 짠 것
- **팔짱** : 1. 두 손을 서로 다른 쪽 소매
  에 넣는 몸짓. 또는 두 팔을 서로 다
  른 쪽 겨드랑이에 넣거나 팔뚝에 대
  는 몸짓 2. 나란히 있거나·서거나·
  가는 사람 곁에서 제 팔을 이 사람 팔

에 끼는 몸짓 3. 눈앞에서 일어나거
나 벌어지거나 생기는 일을 풀려고
하지 않고 그저 바라보기만 하는 몸
짓. 스스로 나서거나 할 일이라고 여
기지 않으면서 한발 물러선 채 바라
보기만 하는 몸짓. '방관·수수방관·
방임·방조·직무유기'를 가리킨다
- **팔짱끼다** : 1. 두 손을 서로 다른 쪽
  소매에 넣는 몸짓. 또는 두 팔을 서로
  다른 쪽 겨드랑이에 넣거나 팔뚝에
  대다 2. 나란히 있거나·서거나·가는
  사람 곁에서 제 팔을 이 사람 팔에 끼
  다 3. 눈앞에서 일어나거나 벌어지거
  나 생기는 일을 풀려고 하지 않고 그
  저 바라보기만 하다. 스스로 나서거
  나 할 일이라고 여기지 않으면서 한
  발 물러선 채 바라보기만 하다. '방
  관·수수방관·방임·방조·직무유기'
  를 가리킨다
- **팽개질** : 1. 싫거나 성이 나서 매우 세
  게 집어서 내던지는 짓 2. 어떤 일을
  하다가 싫거나 성이 나서 갑자기 그
  만두거나 떠나는 짓. '방관·방임·직
  무유기·방치·책임회피'를 가리킨다
- **팽개치다** : 1. 싫거나 성이 나서 매우
  세게 집어서 내던진다. 2. 어떤 일을
  하다가 싫거나 성이 나서 갑자기 그
  만두거나 떠나다. '방관·방임·직무
  유기·방치·책임회피'를 가리킨다
- **포근나루** : 겨울에 한길이나 찻길이
  나 맞이마당 한쪽에 따뜻하도록 마

련한 자리

- **푸르다** : 1. 풀 빛깔과 같다 2. 열매나 알이 아직 다 안 익거나 덜 익다 3. 젊거나 기운이 넘치다 4. 바람이 맑고 싱그럽다 5. 꿈이나 사랑이 크고 아름답다 6. 힘이나 기운이 크고 당차다
- **푸른고장** : 1. 풀이나 나무가 잘 자란 고장 2. 집·숲·마을·나라·지구를 모두 깨끗하게 가꿀 뿐 아니라, 알차거나 알뜰하게 돌보는 고장
- **푸른글** : 기운이 넘치거나 맑으면서 고운 글. 때때로 '청소년문학'을 가리킨다
- **푸른길** : 1. 풀이나 나무가 잘 자란 길 2. 한창 잘 자라는 풀이나 나무처럼, 기운이 무르익거나 젊은 모습·숨결로 나아가는 길 3. 삶·넋·살림·꿈을 숲처럼 푸르게 가꾸려고 하는 길
- **푸른꿈** : 풀잎이나 나뭇잎 같은 꿈. 젊거나 기운이 넘치는, 맑거나 싱그러운, 꿈이나 사랑이 크고 아름다운, 힘이나 기운이 크고 당찬 꿈
- **푸른나라** : 1. 풀이나 나무가 잘 자란 나라 2. 집·숲·마을·삶터·지구를 모두 깨끗하게 가꿀 뿐 아니라, 알차거나 알뜰하게 돌보는 나라
- **푸른날** : 기운이 넘치거나 맑으면서 고운 날. '청춘·청년기·청년 시절'을 가리킨다
- **푸른넋** : 풀잎이나 나뭇잎 같은 넋.

집·숲·마을·나라·지구를 모두 깨끗하게 가꿀 뿐 아니라, 알차거나 알뜰하게 돌보려는 생각·마음·숨결·뜻
- **푸른누리** : 1. 풀하고 나무가 넉넉하면서 시원스럽고 알맞게 자라서 사람과 모든 숨결이 깨끗하면서 즐겁게 지낼 수 있는 아름다운 터전 ('숲'이라는 낱말이 따로 있으나, 숲이 어떠한 터전인가를 빗대려는 뜻으로 쓰는 이름이다) 2. 숲처럼 풀하고 나무가 우거지면서 사람과 모든 숨결이 깨끗하면서 즐겁게 삶을 누릴 수 있는 터전 (시골이나 서울을 가리지 않고 쓰는 이름이다. 어느 터전을 깨끗하면서 숲정이로 푸르게 가꾸어 살기 좋다는 뜻으로 쓴다) 3. 깨끗하면서 즐거운 누리판이나 누리그물
- **푸른두레** : 집·숲·마을·나라·지구를 모두 깨끗하게 가꿀 뿐 아니라, 알차거나 알뜰하게 돌보는 사람들이 모여서 이룬 자리
- **푸른들** : 푸르고 넓게 펼친 들. '초원·평원·평야'를 가리킨다
- **푸른때** : 기운이 넘치거나 맑으면서 고운 때
- **푸른마을** : 1. 풀이나 나무가 잘 자란 마을 2. 집·숲·마을·나라·지구를 모두 깨끗하게 가꿀 뿐 아니라, 알차거나 알뜰하게 돌보는 마을
- **푸른마음** : 풀잎이나 나뭇잎 같은 마음. 젊거나 기운이 넘치는, 맑거나 싱

그러운, 꿈이나 사랑이 크고 아름다운, 힘이나 기운이 크고 당찬 마음. 집·숲·마을·나라·지구를 모두 깨끗하게 가꿀 뿐 아니라, 알차거나 알뜰하게 돌보려는 마음

- **푸른몸** : 푸른 몸. 푸릇푸릇한 나이로 싱그럽게 움직이거나, 마치 숲처럼 푸르게 움직이는 몸을 나타낸다
- **푸른벗** : 집·숲·마을·나라·지구를 모두 깨끗하게 가꿀 뿐 아니라, 알차거나 알뜰하게 돌보는 사람이나 이웃
- **푸른빛** : 기운이 넘치거나 맑으면서 고운 빛
- **푸른살림** : 집·숲·마을·나라·지구를 모두 깨끗하게 가꿀 뿐 아니라, 알차거나 알뜰하게 돌볼 줄 아는 살림
- **푸른삶** : 1. 기운이 넘치거나 맑으면서 고운 삶. 푸르게 가꾸려는 삶 2. 집·숲·마을·나라·지구를 모두 깨끗하게 가꿀 뿐 아니라, 알차거나 알뜰하게 돌보면서 누리거나 나누는 삶
- **푸른숲** : 1. 풀이나 나무가 잘 자란 숲 2. 풀이나 나무가 잘 자라면서, 사람과 모든 숨결이 넉넉하고 기쁘게 삶을 누릴 수 있도록 가꾸거나 돌보는 숲
- **푸른이** : 기운이 무르익거나 젊거나 맑으면서 고운 모습·숨결인 사람. 숲처럼 푸른 모습이거나 숨결인 사람. 따로 나이를 가리지 않고서 쓰는 이름
- **푸른집** : 1. 풀이나 나무가 잘 자란 집

2. 집·숲·마을·나라·지구를 모두 깨끗하게 가꿀 뿐 아니라, 알차거나 알뜰하게 돌보는 집
- **푸른책** : 기운이 넘치거나 맑으면서 고운 책. 푸르게 살아가려는 길을 밝히는 책. 푸른 나이를 살아가는 이한테 길벗이 되는 책. 때때로 '환경책·청소년책'을 가리킨다
- **푸른철** : 기운이 넘치거나 맑으면서 고운 철. '청춘·청년기·청년 시절'을 가리킨다
- **푸름이** : 한창 자라면서 기운이 무르익은 사람. 흔히 열넷~열아홉 나이를 가리킨다. '청소년'을 가리킨다
- **푸짐맛** : 푸짐하게 누리는 맛. 잔뜩 차려서 아주 넉넉히 누릴 수 있는 맛
- **푸짐밥** : 푸짐하게 차린 밥. 잔뜩 차려서 아주 넉넉히 누릴 수 있는 밥
- **풀** : 1. 줄기가 부드럽고 물을 많이 머금으면서 푸른 빛깔인 몸으로 흙에 뿌리를 내려 한두 해나 짧게 여러 해만 사는데, 꽃을 피워서 열매를 맺거나 씨를 떨구면 곧 시드는 목숨 2. 몸을 살리거나 따뜻하게 하거나 고운 냄새를 풍기거나 밥에 곁들이거나 약으로 삼으려고 쓰는 잎
- **풀그림** : 1. 셈틀을 다루는 틀이나 얼개. '프로그램'을 가리킨다 2. 어떤 일을 하도록 짠 틀이나 얼개를 한눈에 알아보도록 펼친 그림. 한눈에 알아보도록 짜서 펼친 그림. '프로그램·

프로·계획·계획표·일정·일정표'를 가리킨다

- **풀기름** : 풀줄기나 풀열매나 풀포기로 얻은 기름. 사람이 먹으려고 쓰기도 하지만, 자동차 같은 기계를 움직일 적에 쓰기도 한다. 기계를 움직이며 쓸 적에는 '바이오 연료'를 가리킨다
- **풀무침** : 양념을 하고서 풀을 고루 섞은 먹을거리. '샐러드'를 가리킨다
- **풀물** : 1. 풀에서 나오는, 또는 풀에 있는 푸른 빛깔인 물 2. 풀을 짠 물. 풀을 짜서 누리는 마실거리. '녹즙'을 가리킨다
- **풀밥** : 풀을 차린 밥. 풀을 차려서 누리는 밥. '채식'을 가리킨다
- **풀버무리** : 양념을 안 하고서 풀을 고루 섞은 먹을거리. '샐러드'를 가리킨다
- **풀살림** : 밥을 지어서 먹을 적에 풀을 바탕으로 꾸리는 살림
- **풋기름** : 풀에서 얻는 기름인 '풀기름'하고, 거름으로 얻는 기름인 '거름기름'을 아우르는 이름. 이 땅이나 별을 푸릇푸릇하게 돌볼 만한 기름이라는 뜻에서 '풋-'을 붙인다
- **풋내기** : 어떤 일을 처음 하느라 아직 익숙하지 않아 잘하지 못하는 사람
- **피는글** : 새롭거나 환해서 이제부터 널리 읽히려고 하는 글
- **피는길** : 이제 빛이 나거나 널리 알려지려고 하는 일이나 길

- **피는꽃** : 1. 이제 기운이나 물이 오르는 꽃 2. 한창 물이 오르는 젊은이나 곱게 자라는 어린이를 나타내는 이름

ㅎ (84 낱말)

- **하냥다짐** : 일이 뜻한 대로 되지 않으면 목을 베어도 좋다고 받아들이는 다짐. 목숨을 내놓고서라도 꼭 이루거나 하겠다고 나서는 단단한 마음. '결사적·필사적·진검승부·사생결단'을 가리킨다
- **하늘같다** : 하늘과 같다, 곧 하늘처럼 높거나 거룩하거나 넉넉하다
- **하늘나루** : 하늘길을 오가려고 비행기를 타는 곳. '공항'을 가리킨다
- **하늘누리** : 하늘과 같은 누리. 누구나 홀가분하고, 누구나 즐겁거나 기쁘며, 누구나 사랑스럽거나 아름답게 살고, 늘 어깨동무에 보살피는 손길이 흐르는 터전. '천국·유토피아·낙원'을 가리킨다
- **하늘바라기** : 1. 빗물로 벼를 심어 가꾸는 논 2. 가만히 하늘을 보는(쳐다보거나 바라보거나 올려다보는) 일 3. 하늘에 대고 꿈이나 바람을 속삭이거나 말하는 일
- **하루그림** : 하루를 지내거나 살거나 보내면서, 이동안 무엇을 하거나 이

루거나 맞이하려는가를 눈으로 보면서 쉽게 알도록 풀어낸 것. '일일계획표'를 가리킨다

- **하루보람** : 하루를 살거나 지내면서 좋거나 반갑거나 즐겁거나 기쁘다고 느끼는 마음
- **하루자취** : 하루를 살면서 남긴 모습. '일일 기록·일기'를 가리킨다
- **하룻밤** : 하루를 묵거나 머무는 밤. '숙박'을 가리킨다
- **한가위빔** : 한가위를 앞두거나 맞이하려고 새로 장만하는 옷이나 입을거리
- **한걸음** : 1. 쉬지 않고 그대로 나아가는 걸음 2. 처음으로 내딛는 걸음 하나. 이런 걸음을 빗대어 처음으로 어떤 일을 하려고 나아가는 모습·몸짓을 나타내기도 한다 3. 서로 하나가 되는 걸음. 서로 하나가 되는 몸짓으로 나아가는 걸음
- **한결같다** : 하나부터 끝까지 모두 같다. 또는 처음부터 끝까지 하나와 같다
- **한누리** : 널리 어깨동무를 하면서 언제나 두루 어우러지는 터전. 울타리가 없고, 따돌림이 없고, 위아래가 없고, 갈라지거나 등돌리는 일이 없고, 돈·힘·이름으로 함부로 괴롭히거나 들볶는 일이 없는 터전. '통일된 세상·평등한 세상'을 가리킨다
- **한덩이** : 1. 하나로 있거나 하나가 된 덩이 2. 움직이거나 나아가거나 일을 할 적에, 여럿이 따로 떨어지지 않고 하나가 되는 모습을 나타내는 말
- **한데** : 둘레나 하늘을 가리거나 막지 않은 데. 집 바깥을 가리킨다
- **한뎃밤** : 둘레나 하늘을 가리거나 막지 않은 데에서 맞이하는 밤
- **한뎃잠** : 둘레나 하늘을 가리거나 막지 않은 데에서 누리거나 드는 잠. '야영·노숙·비박(bivouac)'을 가리킨다
- **한밤** : 하루를 묵거나 머무는 밤
- **한밤묵다** : 우리 집 아닌 곳에서 하루를 묵다
- **한밤자다** : 우리 집 아닌 곳에서 하루를 자다
- **한접시** : 하나로 모으거나 꾸린 접시. 접시 하나로 모으거나 꾸려서 누리거나 즐길 수 있는 것·먹을 수 있는 밥. '세트·세트 메뉴'를 가리킨다
- **한줄글** : 한 줄로 쓰거나 짓는 글
- **한판** : 하나로 모으거나 꾸린 판. 판 하나로 모으거나 꾸려서 누리거나 즐길 수 있는 것·먹을 수 있는 밥. '세트·세트 메뉴'를 가리킨다
- **함께걷다** : 1. 여럿이 모여서 한때에 걷다 2. 여럿이 어떤 길을 갈 적에 마음을 하나로 모아서 가다. 여럿이 어떤 일을 할 적에 마음을 하나로 모아서 하다
- **함께걸음** : 1. 함께 내딛는 걸음 2. 여

럿이 하나가 되는 몸짓으로 나아가는 걸음

- **함께하다** : 1. 여럿이 한자리에 모여서 한때에 하다 2. 어떤 몸짓·소리에 뒤이어 거의 한때에 하다 3. 어떤 몸짓을 한때에 하다 4. 빠뜨리거나 떼거나 떨어뜨리지 않고 하다 5. 여럿이 마치 하나처럼 움직이거나 일하거나 돕다
- **함박-** : 크거나 잔뜩, 크거나 소담스럽게, 굵거나 대단하게 있는 모습을 나타내려고 붙이는 말
- **함박갈비** : 갈빗살을 넉넉하거나 소담스럽게 다지고 양념해서 동글납작하게 뭉쳐서 굽는 먹을거리. 마치 떡처럼, 또 함박스럽게 다지고 양념해서 굽는 모습을 나타낸다
- **함박구이** : 고기를 넉넉하거나 소담스럽게 굽는 먹을거리
- **함박눈** : 굵고 소담스럽게 내리는 눈
- **함박눈물** : 크고 슬프게 짓는 눈물
- **함박돈** : 크거나 잔뜩 있는 돈, 또는 크거나 잔뜩 들어오는 돈
- **함박떡갈비** : 갈빗살을 넉넉하거나 소담스럽게 다지고 양념해서 동글납작하게 뭉쳐서 굽는 먹을거리. 마치 떡처럼, 또 함박스럽게 다지고 양념해서 굽는 모습을 나타낸다
- **함박맛** : 넉넉하거나 소담스러운 맛. 넉넉하거나 소담스럽게 짓거나 나누거나 풍기는 맛
- **함박밥** : 넉넉하거나 소담스럽게 짓거나 차리는 밥. 넉넉하거나 소담스럽게 누리는 밥
- **함박비** : 굵고 소담스럽게 내리는 비, 또는 굵게 잔뜩 쏟아지는 비
- **함박빛** : 크거나 잔뜩 진 빛, 또는 크거나 잔뜩 생기는 빛
- **함박손** : 크거나 소담스럽게 쓰는 손, 또는 크거나 넉넉하게 나누는 손
- **함박스럽다** : 크거나 잔뜩, 크거나 소담스럽게, 넉넉하거나 푸짐하게, 굵거나 대단하게 있다
- **함박웃음** : 크고 환하게 짓는 웃음
- **함찍** : 여러 사람이 한꺼번에 나오도록 찍기. '단체 촬영'을 가리킨다
- **함찍놀이** : 여러 사람이 한꺼번에 나오도록 찍으며 놀기
- **해곱다** : 해처럼 맑거나 밝으면서 몹시 부드럽고 따스하여 보기에 좋다
- **해그림** : 한 해를 지내거나 살거나 보내면서, 이동안 무엇을 하거나 이루거나 맞이하려는가를 눈으로 보면서 쉽게 알도록 풀어낸 것. '연간 계획·연간 일정표'를 가리킨다
- **해낮** : 해처럼 맑거나 밝은 낮
- **해말미** : 해마다 일을 쉬는 때. '연차'를 가리킨다
- **해맑다** : 1. 하얗고 맑다 (어지럽거나 지저분한 것이 섞이지 않다) 2. 하얗고 맑은 기운이 가득해서 보거나 듣기에 좋다 3. 마음이 해처럼 하얗고

맑아 곱다. '순수·순진·천진·천진난만'을 가리킨다

- **해바르다** : 해가 잘 들거나 바로 비치다. 해가 잘 들거나 바로 비치어서 밝고 따뜻하다 (볕바르다)
- **해받다** : 해를 몸에 고루 받도록 하다. 해를 몸에 고루 쪼이다. '일광욕·선탠'을 가리킨다
- **해밝다** : 1. 하얗고 밝다 (어지럽거나 지저분한 것이 섞이지 않다) 2. 하얗고 밝은 기운이 가득해서 보거나 듣기에 좋다 3. 마음이 해처럼 하얗고 밝아 곱다. '순수·순진·천진·천진난만'을 가리킨다
- **해씻다(해씻이)** : 해를 잘 쬐지 못해서 여리거나 아픈 몸이기에, 해를 몸에 고루 듬뿍 쪼이다
- **해좋다** : 해처럼 맑거나 밝아서 보거나 듣거나 누리기에 좋다
- **해쨈** : 해마다 일을 살짝 쉬는 때
- **해틈** : 해마다 일을 살짝 쉬는 때
- **향긋풀** : 고운 냄새를 풍기고, 몸을 살리거나 따뜻하게 하거나 밥에 곁들이거나 약에 쓰는 풀. '허브·약초'를 가리킨다
- **헌것** : 1. 많이 썼기에 앞으로 더 쓸 만하지 않다고 여기는 것 2. 한 벌 쓰거나 다른 사람 손을 거친 것 3. 긴 나날이 흐르도록 쓴 것. 또는 처음 짓고 나서 긴 나날이 흐른 것
- **헌몸** : 헌 몸. 오래 쓰거나 많이 닳아

서 뜻대로 잘 움직이지 않는 몸을 나타낸다

- **헌책집** : 사람들 손을 거친 책(헌책)을 다루거나 사고파는 곳
- **헐다(헌)** : 1. 많이 썼기에 앞으로 더 긴 나날이 지나도록 쓸 만하지 않다 2. 살갗이 다치거나 덧나서 진물이나 부스럼이 나다 3. 한 벌 쓰거나 다른 사람 손을 거치다 4. 긴 나날이 흐르도록 쓰거나 긴 나날이 흐르다 (처음으로 지은 지 긴 나날이 흐르다)
- **헛꿈** : 1. 어수선하거나 두려운 마음에 꾸는 꿈 2. 이룰 수 없다고 여길 만하지만, 이루려고 하거나 이루기를 바라는 뜻·생각·일·이야기 3. 말이 안 되거나 믿을 수 없는 뜻·생각·일·이야기
- **혼길** : 혼자 느끼고 생각하고 찾고 누리고 펴고 가꾸고 나아가는 길. 다른 길을 따지거나 살피거나 바라보지 않는다
- **혼노래** : 한 사람이 처음부터 끝까지 부르는 노래. 혼자 처음부터 끝까지 부르는 노래. '독창'을 가리킨다
- **혼놀이** : 혼자 하거나 즐기는 놀이. 다른 사람이 없이도 혼자 즐겁거나 재미있거나 넉넉하거나 느긋하게 하는 놀이
- **혼례빔** : 혼례를 할 적에 입으려고 새로 장만하는 옷. '혼례복'을 가리킨다
- **혼멋** : 혼자 느끼고 생각하고 찾고 누

리고 펴고 가꾸고 나아가는 멋. 다른 사람 눈치를 따지거나 살피거나 바라보지 않는다

- **혼찍** : 혼자 제 모습을 찍기. '독사진'을 가리킨다
- **혼찍놀이** : 혼자 제 모습을 찍으며 놀기. 혼자 저를 찍으면서 즐기는 놀이
- **훌륭님** : 됨됨이나 몸짓이 무척 좋아서 나무랄 곳이 없는, 또는 마음에 들 만큼 매우 아름다운 사람을 높이는 이름
- **훌륭빛** : 됨됨이나 몸짓이 무척 좋아서 나무랄 곳이 없는, 또는 마음에 들 만큼 매우 아름다운 사람을 높이는 이름
- **훌륭하다** : 1. 됨됨이나 몸짓이 무척 좋아서 나무랄 곳이 없다 2. 한 일이나 지은 작품이 아주 잘되다 3. 마음에 들 만큼 매우 아름답다 4. 씀씀이나 쓰임새가 아주 좋다
- **훔쳐보다** : 1. 내가 일구거나 짓거나 알아내거나 찾아낸 것이 아닌데, 다른 사람 눈에 안 띄게·느끼지 못하는 사이에 보면서 마치 내 것인 듯 삼거나 다루려고 보다. '부정행위·커닝'을 가리킨다 2. 다른 사람 몸·몸짓을 그 사람한테 말을 안 하거나 그 사람이 모르는 사이에 함부로 보다. '관음증'을 가리킨다
- **훔치다** : 1. 내 것이 아닌데, 다른 사람 눈에 안 띄게·느끼지 못하는 사이

에 가져와서 내 것으로 하다 2. 다른 사람이 일구거나 짓거나 얻거나 알아내거나 찾아낸 일·솜씨·틀·뜻·길·실마리를 그 사람한테 말을 안 하거나 그 사람이 모르는 사이에 가져오거나 그대로 따오면서, 마치 내가 일구거나 짓거나 얻거나 알아내거나 찾아낸 듯 삼거나 다루거나 쓰다 3. 야구에서, 수비에 있는 빈틈을 타서 다음 자리로 나아가다

- **훔침눈** : 1. 내가 일구거나 짓거나 알아내거나 찾아낸 것이 아닌데, 다른 사람 눈에 안 띄게·느끼지 못하는 사이에 보면서 마치 내 것인 듯 삼거나 다루려고 보는 눈 2. 다른 사람 몸·몸짓을 그 사람한테 말을 안 하거나 그 사람이 모르는 사이에 함부로 보는 눈
- **훔침질** : 1. 내가 일구거나 짓거나 알아내거나 찾아낸 것이 아닌데, 다른 사람 눈에 안 띄게·느끼지 못하는 사이에 보면서 마치 내 것인 듯 삼거나 다루려고 자꾸 보는 일 2. 다른 사람 몸·몸짓을 그 사람한테 말을 안 하거나 그 사람이 모르는 사이에 함부로 자꾸 보는 일
- **흉(흉터)** : 1. 다친 곳. 또는 다쳐서 아물고 남은 자국 2. 남한테서 비웃음을 살 만한 일
- **흉내** : 남이 하거나 보이는 말·모습·일을 그대로 하는 짓

- **흉내쟁이** : 남이 하거나 보이는 말·모습·일을 그대로 하는 사람
- **흉내질** : 남이 하거나 보이는 말·모습·일을 자꾸 그대로 하는 짓
- **흉보다(흉보기)** : 남한테서 비웃음을 살 만한 일을 들어서 말하다
- **흉질** : 남한테서 비웃음을 살 만한 일을 들어서 말하기. '뒷담화·뒷공론·디스(diss 또는 this)'를 가리킨다
- **흐름자취** : 흐름에 따라 달라지면서 남긴 모습. 긴 나날이 흐르는 동안 달라지면서 보이거나 남긴 모습. '변천사'를 가리킨다
- **흙일꾼** : 흙을 다루는 일을 하는 사람. 논밭에 씨앗을 심고 돌보아 거두는 일을 하는 사람. '농부·농사꾼'을 가리킨다
- **흰종이** : 1. 빛깔이 흰 종이. 또는 닥나무 껍질로 지은 종이. '백지'를 가리킨다 2. 아직 아무것도 쓰거나 그리지 않은 종이. 또는 아직 쓰지 않아서 깨끗한 종이 3. 아직 아무것도 넣지 않거나 담지 않은 모습 4. 무엇을 쓰거나 담을 자리만 비운 모습 5. 무엇을 아직 모르는 모습 6. 이미 하거나 이룬 어떤 일을 놓고서, 이 일을 하기 앞서나 이루기 앞서·처음으로 돌아가도록 하는 모습
- **힘쓰다** : 1. 힘을 들여서 무엇을 하다 2. 남이 하는 일이 잘되도록, 또는 힘이 덜 들도록, 함께 하거나 힘을 더하다 3. 어떤 일을 이루도록 힘을 들여서 나서다 4. 힘이 들더라도 뜻·일을 이룰 수 있도록 움직이거나 무엇을 하다. 힘이 들기에 새롭게 힘을 내어 뜻·일을 이룰 수 있도록 움직이거나 무엇을 하다. '노력·조력·협조·분투·매진·헌신'을 가리킨다

● 꽃맺는 생각

새말 짓는 나라는
사랑 짓는 삶터가 된다

《새로 쓰는 우리말 꾸러미 사전》을 다 읽으신 분이라면 '꽃맺다'라는 낱말을 살짝 넣은 "꽃맺는 생각"이 무엇인가를 문득 알아차리셨으리라 생각합니다. 이 사전을 마무르면서 굳이 끝자락에 한 마디를 보태야겠다고 여겨서 이렇게 '꽃맺음말'을 적으려 합니다. 그냥 맺음말이 아닌 '꽃맺음말'입니다.

오늘날에는 살뜰한 책이 여러모로 널리 나오기에, 한국 곁에 있는 일본이 얼마나 온힘을 기울여서 새로운 살림을 받아들이려고 애썼는가도 웬만큼 읽어서 배울 수 있습니다. 오늘 우리는 아무렇지 않게 '사회' 같은 이름을 씁니다만, 이 한자말 하나를 새로 엮어내려고 일본에서 내로라하는 이들이 대단히 오래도록 머리를 맞대거나 온힘을 기울였다고 하지요.

그러면 요즈음 일본은 어떠한가요? 지난날 일본은 서양을 배우려고 거의 모든 서양말을 일본사람이나 일본살림에 알맞게 '한자말로 엮어서 풀어내는 일'을 했습니다. 참으로 훌륭히 해냈지요. 요새 일본은 영어를 그냥 씁니다. 요새 일본에서는 일본사람이나 일본살림에 걸맞도록 '새말을 짓는 일'을 아예 안 하다시피 합니다.

　자, 한국은 어떠한가요? 한국은 조선이란 나라가 무너지고 새로운 나라가 설 즈음 일제강점기를 맞이해야 하기는 했습니다만, 우리말(조선말)을 바탕으로 어떤 삶이나 살림이나 생각을 빛내려고 애썼을까요? 해방 뒤에는? 전쟁 뒤에는? 민주물결이 일렁인 뒤에는? 촛불물결이 흐른 뒤에는? 요즈막에는?

　가만 보면 한국은 예나 이제나 우리 깜냥을 빛내거나 슬기를 밝혀서 우리 살림이나 삶터에 들어맞도록 새말을 짓는 일은 아예 안 하다시피 합니다. 그냥 중국 한자말하고 일본 한자말을 받아들이는 물결이었고, 이제는 그냥 영어를 맞아들이는 너울이기도 합니다.

　모든 한국사람이 모든 자리에서 아주 말끔하도록 오로지 한국말만 써야 할 일은 없다고 여깁니다. '한국말'이란 바구니에 깃들 말을 너무 솎아낼 수 없기도 합니다. 그렇지만 이제는 이 물결이나 흐름을 멈추어 놓고서 곰곰이 생각할 때라고 여겨요. 새물결로 나아갈 길목이라고 여겨요. 우리는 여태 어느 하루도 우리 나름대로 생각을 지어서 우리가 즐겁게 나눌 말을 지으려고 애쓰거나 힘쓰거나 마음쓴 적이 없는 줄 깨달아야지 싶어요. 이제부터 우리 나름대로 우리가 쓸 말을 우리 손으로 짓는 길에 힘이나 마음을 쓸 뿐 아니라, 사랑도 쓰고 돈도 쓰고 생각도 쓰고 슬기로운 눈빛도 쓰면서 틈틈이 '즐겁게 나누며 곱게 빛낼 한국말'을 짓는 일도 하면 훨씬 좋으리라 봅니다.

　《새로 쓰는 우리말 꾸러미 사전》은 이 같은 마음으로 걸어온 길을 갈무리한 자그마한 꾸러미입니다. 1992년에 퍼뜩 느끼고서 1994년부터 홀로 걸어온 길에 이모저모 가다듬으며 스스로 익힌 삶말을 사랑말이면서 숲말이 되도록 보듬고 싶어서 숱하게 헤매고 넘어지고 부딪히고 깨지면서 찾아내거나 지어낸 이야기꽃을 담으려고 한 꾸러미예요.

이웃님 여러분, 삶말을 사랑해 주셔요. 사랑말을 품어 주셔요. 꿈말을 심어 주셔요. 노래하는 말을 읊어 주셔요. 꽃다운 말로 이야기를 밝혀 주셔요. 아늑하면서 따사로운 보금자리를 이루는 말 한 마디가 숲으로 흐드러질 수 있는 터전을 같이 가꾸어 주셔요. 고맙습니다.